青海省高等学校教研创新团队
青海省一流本科专业（经济学） 建设成果

西方经济学学习辅导

（宏观经济学部分）

殷颂葵◎主编

中国经济出版社
CHINA ECONOMIC PUBLISHING HOUSE
北京

图书在版编目（CIP）数据

西方经济学学习辅导．宏观经济学部分／殷颂葵主编．--北京：中国经济出版社，2023.3
ISBN 978-7-5136-7242-9

Ⅰ．①西… Ⅱ．①殷… Ⅲ．①西方经济学-高等学校-教学参考资料 ②宏观经济学-高等学校-教学参考资料
Ⅳ．①F091.3 ②F015

中国国家版本馆 CIP 数据核字（2023）第 034801 号

组稿编辑　葛　晶
责任编辑　贾轶杰
责任印制　马小宾
封面设计　久品轩

出版发行　中国经济出版社
印 刷 者　北京艾普海德印刷有限公司
经 销 者　各地新华书店
开　　本　787mm×1092mm　1/16
印　　张　17
字　　数　347 千字
版　　次　2023 年 3 月第 1 版
印　　次　2023 年 3 月第 1 次
定　　价　68.00 元
广告经营许可证　京西工商广字第 8179 号

中国经济出版社 **网址** www.economyph.com **社址** 北京市东城区安定门外大街 58 号 **邮编** 100011
本版图书如存在印装质量问题，请与本社销售中心联系调换（联系电话：010-57512564）

编 委 会

主　　编　殷颂葵

编　　委　王　健　莫乃兴　姚红义　赵海荣

王世靓　曲　波　张　源　赵　玲

石鹏娟　刘广明　孙立霞　崔冀娜

目 录

Contents

第一章

宏观经济的基本指标及其衡量

一、概要及学习目标

（一）概要

宏观经济学是一门以微观经济学为基础，通过研究经济中有关总量的决定及其变化来说明资源如何得到充分利用的学科。与微观经济学不同的是，宏观经济学是以整个国民经济为研究对象，以一国经济如何实现经济持续增长、充分就业、价格稳定和国际收支平衡为目标的，这四个目标之间相互联系，相互区别，其中经济增长是基础，是主要目标。

宏观经济学的研究角度有三个：一是如何衡量经济——科学地评估经济状况；二是如何认识经济——认识经济运行状态和规律；三是如何发展经济——如何有效地利用资源、平衡市场和政府的作用。因此，学习宏观经济学要首先明确宏观经济的基本指标及其衡量的经济目标。

衡量宏观经济总量的指标有很多，但其中有几个关键的指标，了解这些指标对认识宏观经济和学习其他内容非常重要，如国内生产总值（GDP）、通货膨胀和失业率。

GDP 能让你知道一个经济体在某段时间里（通常是一年）新生产了多少产品和服务。通过这个指标，你能清楚地认识到自己国家的经济总量怎么样，自己的生活水平怎么样，与其他国家相比，到底处于一个怎样的水平，是贫穷还是富足。

在通货膨胀无处不在的今天，仅仅持有大量的现金可能并不是一个明智的选择。通货膨胀（Inflation）简称通胀，是指在一定时间内产品价格持续且普遍上涨的现象，与攀升的产品价格相比，它可能会让你所持有的现金货币财富大幅缩水。与之相反的是通货紧缩（Deflation），其代表经济体总体或平均价格水平的下降。

劳动力是一个国家或地区的重要资源。对于一个经济体而言，失业人数过多意味着劳动力资源并没有得到充分的利用，生产能力将会受到限制，与此同时，大量闲置的社会人员对人民安全和社会稳定也是一个潜在的隐患；对于个人来讲，失业意味着没有稳定的工作或者稳定的生活收入，个人的生存发展得不到有效保障。因此，失业率是衡量一个经济体劳动力资源是否充分利用的重要宏观指标。

（二）本章学习目标

总量分析是宏观经济学研究的重要方法。因此，本章学习的首要目标就是掌握宏观经济几个重要总量指标的含义以及各指标的衡量方法，为宏观经济学的学习奠定基础。

除了 GDP、通货膨胀、失业率三个基本指标外，还有一些与它们相关的指标，如名义 GDP 与实际 GDP、通货膨胀率、充分就业和自然失业率等。

二、知识脉络图

- 国内生产总值及其衡量
  - 1. GDP 的含义
    - (1) 定义：是指一定时期内（通常为一年）在一国（或地区）境内生产的所有最终产品与服务的市场价值总和
    - (2) 理解
      - ①GDP 是一个市场价值的概念
      - ②GDP 衡量的是最终产品和服务的价值，中间产品和服务价值不计入 GDP
      - ③GDP 是一国（或地区）范围内生产的最终产品和服务的市场价值
      - ④GDP 衡量的是一定时期内所生产的产品和服务的价值，是流量而不是存量
      - ⑤GDP 一般仅指市场活动导致的价值
  - 2. GDP 的衡量
    - (1) 增值法（生产法）：从国民经济各部门一定时期生产和提供的产品和劳务的总价值中，扣除生产过程中投入的中间产品的价值，从而得到各部门的增加值的总和，GDP = 总产出 - 中间产出
    - (2) 收入法：生产要素在生产中所得的各种收入之和。GDP = 劳动者报酬 + 生产税净额 + 固定资产折旧 + 营业盈余 = 工资 + 利息 + 利润 + 租金 + 间接税和企业转移支付 + 折旧
    - (3) 支出法
      - ①公式：GDP = 最终消费支出 + 资本形成总额 + 货物与服务净出口 = $C+I+G+NX$
      - ②理解
        - Ⅰ 消费支出（C）包括购买耐用消费品、非耐用消费品和服务的支出
        - Ⅱ 投资（I）指企业在厂房、设备和存货上的支出和家庭在住宅上的支出
        - Ⅲ 政府购买（G）是指各级政府部门购买产品和服务的支出
        - Ⅳ 净出口（NX）指进出口的差额
  - 3. 名义 GDP 与实际 GDP
    - (1) 名义 GDP：是用生产产品和服务的当年价格计算的全部最终产品和服务的市场价值
    - (2) 实际 GDP：是选定从前某一年作为基期，然后以基期价格核算出的某年所生产的全部最终产品和服务的市场价值

- 国内生产总值及其衡量
  - 4. 与GDP相关的其他指标
    - (1) 国民生产总值(GNP)
      - ①含义：经济社会（一国或地区）的公民所拥有的全部生产要素在一定时期内所生产的最终产品的市场价值
      - ②与GDP关系：GNP＝GDP＋本国公民在国外的要素收入额－国外公民在本国的要素收入额
    - (2) 国民生产净值（NNP）＝GNP－资本折旧
    - (3) 国民收入（NI）＝NNP－企业间接税－企业转移支付＋政府对企业的补助
    - (4) 个人收入（PI）＝NI－（未分配利润＋公司所得税＋社会保险税）＋政府给个人的转移支付
    - (5) 个人可支配收入（DPI）＝PI－个人所得税

- 价格水平及其衡量
  - 1. 价格水平的含义：经济体中一定地区在一定时期内的产品和服务价格的总体水平，是衡量货币购买力或货币所能购买的产品和服务数量的指标
  - 2. 价格水平的主要指标
    - (1) 价格指数：是同一组产品和服务在某一年的费用额同它在某一设定的基年的费用额的比率
    - (2) 价格指数
      - ①GDP平减指数：是指给定年份的名义GDP与实际GDP之间的比率

        $$t\text{ 期 GDP 平减指数}=\frac{t\text{ 期名义 GDP}}{t\text{ 期实际 GDP}}\times 100$$

      - ②消费者价格指数（CPI）：也称生活费用价格指数，是反映消费品（包括劳务）价格水平变动状况的一种价格指数

        $$\text{CPI}=\frac{\text{现期价格下“商品篮子”的费用额}}{\text{基期价格下“商品篮子”的费用额}}\times 100$$

    - (3) GDP平减指数与消费者价格指数（CPI）的区别
      - ①GDP平减指数衡量所生产的所有产品与服务的价格，而CPI只衡量消费者购买的产品与服务的价格
      - ②GDP平减指数只包括国内生产的产品，而CPI包含消费者购买的进口产品
      - ③CPI所衡量的“篮子”中的商品与服务的数量是固定的，而GDP平减指数所涉及的商品与服务的数量是变动的，它取决于每年的产量
  - 3. 通货膨胀
    - (1) 含义：是指一个经济体在一定时期内价格水平持续且普遍上升的情况
    - (2) 通货膨胀率：从一个时期到另一个时期价格水平变动的百分比

      $$\pi_t=\frac{P_t-P_{t-1}}{P_{t-1}}\times 100\%$$

失业及其衡量

1. 劳动力的构成：人口
   - 非劳动年龄人口
   - 劳动年龄人口
     - 非劳动力
     - 劳动力
       - 失业者
       - 就业者

2. 劳动力市场状况指标
   - （1）失业率：是指失业人口占劳动力总数的百分比。反映了劳动力市场上闲置的劳动力数量状况

   $$失业率=\frac{失业人数}{劳动力总数}\times100\%$$

   - （2）劳动参与率：是指劳动力人数占劳动年龄人口数的百分比。反映一国劳动力人口在该国劳动年龄人口的构成状况

   $$劳动参与率=\frac{劳动力人数}{劳动年龄人口总数}\times100\%$$

3. 失业的类型
   - （1）摩擦性失业：在生产过程中由于难以避免的摩擦而造成的短期局部性失业
     原因：经济体中信息不完善
   - （2）结构性失业：是指由于技术或经济结构变化导致工作所需技能不匹配或工作地域变化所带来的失业
     原因：劳动力市场上所需技能与劳动者实际供给技能不匹配；劳动力市场供需在不同地区不平衡
   - （3）周期性失业：是指一个经济周期内随经济衰退而上升，随经济扩张而下降的失业
     原因：有效需求不足

4. 充分就业和自然失业率
   - （1）充分就业：经济体中不存在周期性失业时（或经济体中的失业仅为摩擦性的、结构性的失业），该经济体实现了充分就业
   - （2）自然失业率：充分就业下的失业率。所对应的产出水平是一个经济的潜在产出水平（充分就业时的实际GDP水平）

宏观经济问题

1. 短期宏观经济问题
   - （1）失业：高失业率是经济问题，也是社会问题
   - （2）通货膨胀：严重的通货膨胀会导致社会财富的再分配、经济中的不确定性增加和经济秩序的混乱
   - （3）滞胀：高失业率（停滞）与高通货膨胀率并存
2. 长期宏观经济问题：经济增长问题

三、主要概念

1. 国内生产总值（Gross Domestic Product，GDP）：指一定时期内（通常为一年）在一国（或地区）境内生产的所有最终产品与服务的市场价值总和。

2. 名义 GDP（Nominal Gross Domestic Product）：是用生产产品和服务的当年价格计算的全部最终产品和服务的市场价值。

3. 实际 GDP（Real Gross Domestic Product）：是选定从前某一年作为基期，然后以基期价格核算出的某年所生产的全部最终产品和服务的市场价值。

4. 国民生产总值（Gross National Product，GNP）：是经济社会（一国或地区）的公民所拥有的全部生产要素在一定时期内所生产的最终产品的市场价值。

5. 国民生产净值（Net National Product，NNP）：指一个国家的国民在一定时期内生产的最终产品和劳务价值的净值。NNP＝GNP－资本折旧。

6. 国民收入（National Income，NI）：是一国生产要素（包括土地、劳动、资本、企业家才能等）所有者在一定时期内提供生产要素所得的报酬，即工资、利息、租金和利润等的总和。NI＝NNP－企业间接税－企业转移支付+政府对企业的补助。

7. 个人收入（Personal Income，PI）：指个人从各种途径所获得的收入的总和，包括工资、租金收入、股利股息及社会福利等所收取得来的收入。PI＝NI－(未分配利润+公司所得税+社会保险税)+政府给个人的转移支付。

8. 个人可支配收入（Disposable Personal Income，DPI）：是个人收入减去个人纳税支出后的余额。DPI＝PI－个人所得税。

9. 潜在 GDP（Potential GDP）：指在现有资本和技术水平条件下，一个经济体在充分就业状态下的产出水平。

10. 价格指数（Price indices）：是同一组产品和服务在某一年的费用额同它在某一设定的基年的费用额的比率。

11. GDP 平减指数（GDP deflator）：指给定年份的名义 GDP 与实际 GDP 之间的比率。

12. 消费者价格指数（Consumer Price Index，CPI）：也称生活费用价格指数，是反映消费品（包括劳务）价格水平变动状况的一种价格指数。

13. 通货膨胀（Inflation）：指一个经济体在一定时期内价格水平持续上升的情况。

14. 通货膨胀率（Inflation rate）：从一个时期到另一个时期价格水平变动的百分比。

15. 失业（Unemployment）：即达到就业年龄具备工作能力谋求工作但未得到就业机会的状态。

16. 失业率（Unemployment rate）：指失业人口占劳动力总数的百分比。

17. 劳动参与率（Labor participation rate）：指劳动力人数占劳动年龄人口数的百分比。

18. 摩擦性失业（Frictional unemployment）：在生产过程中由于难以避免的摩擦而造成的短期局部性失业。

19. 结构性失业（Structural unemployment）：指由于技术或经济结构变化导致工作所需技能或工作地域变化所带来的失业。

20. 周期性失业（Cyclical unemployment）：指一个经济周期内随经济衰退而上升，随经济扩张而下降的波动性失业。

21. 充分就业（Full employment）：经济体中不存在周期性失业时（或经济体中的失业仅为摩擦性的、结构性的失业），该经济体实现了充分就业。

22. 自然失业率（Natural rate of unemployment）：充分就业下的失业率。自然失业率对应的产出水平是一个经济的潜在产出水平（充分就业时的实际 GDP 水平）。

四、重点、难点

（一）重点

1. GDP 概念、名义 GDP 和实际 GDP；
2. GDP 与 GNP 的关系；
3. 支出法衡量的 GDP；
4. 失业的衡量；
5. 失业的类型和通货膨胀的含义。

（二）难点

1. 如何全面理解 GDP；
2. 传统 GDP 的局限性；
3. 支出法衡量的 GDP；
4. 价格指数；
5. 通货膨胀的衡量及原因。

五、疑难解析

1. 怎样理解产出等于收入以及产出等于支出？

答：产出指 GDP 的生产，亦即新创造的价值，而不是各经济部门的产品价值总和，例如长期以来我们所讲的工农业总产值。假定某纺纱厂 1 年产出成品（纱）值 20 万元，其中包括消耗棉花价值 15 万元（我们用棉花代表生产纱耗费的全部中间产品价值），则创造的价值只有 5 万元，而不是 20 万元。

为什么产出等于收入呢？如果我们暂不考虑折旧和间接税，那么，新创造的这 5 万元价值就被认为是生产纱所投入的生产要素（劳动、土地、资本及企业家管理才能）

共同创造的，因而要将其转化为这些要素的报酬，即工资、地租、利息和利润。其中，利润是产品卖价20万元扣除原材料价格、工资、利息和地租后的余额。假定工资是2万元，利息是1.5万元，地租是5000元，则利润就是1万元。正由于在国民收入核算中把利润看成是产品卖价扣除成本后的余额，因此，总产出等于总收入。

总产出等于总支出是指就全社会来看，总产出等于购买最终产品的总支出。例如，一件上衣卖500元，就意味着消费者购买时支出500元，而这500元又是许多与之有关的生产经营者（如棉农、纱厂、织布厂、制衣厂、售衣商等）创造的价值即产出。上衣是如此，千千万万最终产品也是如此，因而就全社会来看，总产出就等于购买最终产品的总支出。

2. 为什么人们购买债券和股票对个人来说可算是投资，但在经济学上不能称为投资？

答：经济学上所讲的投资是增加或替换资本资产的支出，即购买新厂房、设备和存货的行为，而人们购买债券和股票只是一种证券交易活动，并不产生实际的新价值，不是实际的生产经营活动。人们买了债券或股票，是一种产权转移活动，因而不属经济学意义的投资活动，也不能计入GDP。当公司从人们手里取得了出售债券或股票的货币资金再去购买厂房或机器设备时，才是投资活动。

3. 为什么住宅建筑支出不被看作耐用品消费支出而被看作投资支出的一部分？

答：住宅建筑即当年建造为私人购买和使用的房屋总值，之所以列为投资的一部分，是由于住宅能长期供人居住，提供服务。它比一般耐用消费品的使用寿命更长，因此把住房的增加看作投资的一部分。当然，房屋被消费的部分可算作消费，因此房客支付的房租要作为它的消费支出计入GDP。

4. 为什么政府转移支付不计入GDP？

答：因为政府转移支付只是简单地通过税收（包括社会保险税）把收入从一个人或一个组织转移到另一个人或另一个组织手中，并没有相应的新的货物或劳务价值的产生。例如，政府给残疾人发放救济金，并不是因为残疾人创造了收入，而是因为他丧失了创造收入的能力从而失去生活来源。失业救济金发放则是因为人们失去了工作从而丧失了取得收入的机会。政府转移支付和政府购买虽都属政府支出，但前者不计入GDP而后者计入GDP，因为后者发生了实在的交换活动。比方说，政府给公立学校教师发薪水是因为教师提供了教育工作的服务，能够产生新的价值。

5. 为什么计入GDP的只能是净出口而不是出口？

答：出口是本国生产的一部分，因而也是本国GDP的一部分，而从外国进口的货物并不是本国生产的一部分，只是外国生产的一部分，因此，需要减去进口额，从而得到净出口。但其可以被计入本国的消费支出、投资支出和政府购买的部分。例如，进口1台价值10万元的机器，被计入本国投资，进口价值5万元的香水被计入本国消费，进口价值15万元的军火被计入政府购买。如果我们计算投资、消费和政府购买时不把这30万元的进口减去，就会误把外国生产的GDP计作本国的GDP。因此，我们计算GDP时，必须从出口中扣除进口，即仅计算净出口，否则，我们就会犯多计算 GDP 的错误。

6. 储蓄投资恒等式为什么并不意味着计划储蓄总等于计划投资？

答：在国民收入核算体系中，存在的储蓄投资恒等式完全是根据储蓄和投资的定义得出的。根据定义，在两部门经济中，国内生产总值等于消费加投资，国民总收入则等于消费加储蓄，国内生产总值又等于国民总收入，这样才有了储蓄恒等于投资的关系。这种恒等关系就是两部门经济的总供给（$C+S$）和总需求（$C+I$）的恒等关系。只要遵循储蓄和投资的这些定义，储蓄和投资就一定相等，而不管经济是否充分就业或通货膨胀，即是否均衡。但这一恒等式并不意味着人们意愿的或者说事前计划的储蓄总会等于企业想要有的投资。在实际经济生活中，储蓄和投资的主体及动机都不一样，这就会引起计划投资和计划储蓄的不一致，形成总需求和总供给不平衡，引起经济扩张和收缩。分析宏观经济均衡时所讲的投资要等于储蓄，是指只有计划投资等于计划储蓄时，才能形成经济的均衡状态。这和国民收入核算中的实际发生的投资等于实际发生的储蓄这种恒等关系并不是一回事。

7. GDP 作为衡量宏观经济活动的重要指标，在被用来衡量一个国家居民的福利时存在哪些缺点？

答：GDP 在被用来衡量一个国家居民的福利时存在的主要缺点包括：

（1）有些对福利有影响的产品和服务因不进入市场而难以计入 GDP，如地下经济活动、家务、志愿者的服务等。

（2）GDP 是用具体的金额来衡量的，而产品或服务的品质与其金额不一定成正比。有些产品的品质很高，带给人们很大福利，但随着技术进步价格则越来越低，如计算机。

（3）环境的污染和恶化没有计入 GDP，但这些会造成福利的下降。

（4）闲暇也无法计入 GDP，但闲暇会带来福利的增加。

8. 如何全面理解 GDP？

答：GDP 是科学地计算总产量的方法，如果没有 GDP，怎么描述宏观经济都是一个问题，更谈不上如何调节它的运行了。GDP 是 Gross Domestic Product 的缩写，翻译成汉语就是"国内生产总值"。用一句话概括，GDP 指一国（或地区）在一定时期内（通常是指一年）所生产的全部最终产品和服务的市场价格总和。一句简单的描述却包含了极为丰富的内涵。

（1）GDP 是个地理概念。"一个国家（或地区）"强调了 GDP 这个总产出一定是属于该地区的，是按照属地原则来衡量的。例如，中国的 GDP 指在中国境内生产的全部最终产品的价值。只要是在中国境内生产的产品，都计入中国的 GDP，即使是苹果公司在中国境内生产的手机，也是中国的 GDP，而不是美国的 GDP。当然，所有在中国以外生产的产品，即使是中国人生产的也不能计入中国的 GDP。显然，GDP 与 GNP 是有差别的，GNP 只计算本国公民生产的全部最终产品和服务的市场价值，与地域空间无关。

（2）GDP 是一个市场价格概念。一个国家或地区生产的东西成千上万，种类五花八门、千差万别，从食品、衣服到汽车、住房，从教育、医疗到心理咨询和保险，从黄油到大炮，无所不有。这些东西的单位不尽相同，显然不能把它们直接加起来，这样做毫无意义。虽然产品各不相同，但它们都有价格，这是个共同的单位，在这一点上，它们是可以相加的，而且加起来也有意义。市场价格就是计算当时所有产品的价格，将它们加总起来就可以得到一个国家或地区生产的全部产品的价格总量。

GDP 是价格的总和，没有价格的东西不能算进 GDP 里。比如，你请一个保姆给你做家务，每小时要付给她 10 元钱，这个钱是可以计入 GDP 的，因为它是明确的市场交易行为，是有价格的。但是，如果是你自己做家务，你不会给自己发工资，这时就没有价格。虽然自己做跟小时工做的结果是一样的，都可以让你的房子整洁、舒适，可是因为自己做没有价格，所以不能算作 GDP 的一部分。家务劳动、农民自产自用的产品都没有市场价格，当然都不能计入 GDP 了。另外，一些逃避政府监管的黑市交易和地下经济也没有统计到 GDP 当中，因为其“市场价格”无法显现。

（3）GDP 衡量的是最终产品。“最终产品”是与“中间产品”相对的一个概念，它指用于最后消费而不再投入生产的产品；而“中间产品”指生产出来后没有用于消费，而是投入下一阶段继续生产其他产品的中间投入产品。GDP 只统计最终产品，不统计中间产品，因为 GDP 表示的是一个国家的人民所能享有的福利可能性。能增加福利的产品，只能是那些用于消费的产品，即最终产品，而不可能是中间产品，这些中间产品，只有当它们变为最终产品时，才能增进实际的福利。另外一个重要原因是，如果把中间产品也加进去，会产生重复计算的问题，会夸大一个国家 GDP 的真实水平。

（4）GDP 是个当期新生产的概念。只要是一个国家或地区新生产的东西，都可以计入 GDP，与是否进行市场交易无关。比如生产了 100 万元的产品，只卖出去 80 万元，GDP 核算的是当期新生产的这 100 万元而不是只卖出去或被消费了的 80 万元。如果生产了 100 万元而卖出了 120 万元，那么 GDP 还是当期生产的 100 万元，而不是 120 万元，多出来的 20 万元是去年没有卖出去的库存，今年又拿出来卖的结果。这 20 万元已经在去年的 GDP 中核算过了，今年就不应该再计算了。所以，GDP 统计的东西必须是这一年新生产出来的产品。再比如你购买了一辆二手汽车，就不应该计入 GDP，因为这辆二手汽车生产时已经计入当年的 GDP 了，当然买卖这辆汽车的交易手续费是计入 GDP 的。不单是非本年度生产的东西不能计入当年 GDP，即使是本年生产的东西，如果不是第一次买卖，也不能计入。这样做是为了避免重复计算，只生产了一次，不能算两次。

此外，一些涉及所有权转移的交易活动，例如购买一块土地、购买普通股票等发生的金额不能算进 GDP 里。因为土地购置、股票买卖本身跟生产没有直接的对应关系，只是所有权的转移，不能算到 GDP 中。

（5）GDP 是特定时期的流量概念。流量是一定时期内发生的变量，因为 GDP 是“一定时期（通常是指一年）”的产量，所以它是一个流量。与流量对应的是存量，存量是一定时点上存在的变量，比如财富就是个存量概念。存量与流量之间有着密切的关系，流量来自存量，如一定的国民收入来自一定的国民财富；流量又归于存量之中，即存量只能经由流量而发生变化，如新增加的国民财富是靠新创造的国民收入来计算的。从数学上来讲，某时期内的流量=期末存量-期初存量。如果用货币来表示一个人的财富和收入，在某一天，他总共有100万元存款，那么这笔存款作为这个人的财富就是一个存量表示。一个月后，他领了5000元的工资，那么这5000元就是他这个月的收入，属于流量。此时，他的财富就是1005000元。

GDP是个总量指标，比这个总量更有意义的是“人均GDP”，也就是平均每个人的GDP，这样才能贴切地表示一个国家人民的富裕程度。要注意的是，人均GDP是用GDP除以总人口得到的，但是它并不是人均可支配收入。人均GDP和人均可支配收入是两个概念，而且相差很大。人均GDP要减掉资本的折旧，减掉交给政府的税收，还要减掉其他项目，进行一系列调整，才能得到人均可支配收入。通常来讲，人均可支配收入要小于人均GDP。

9. 传统GDP的局限性是什么？

答：1968年罗伯特·肯尼迪竞选美国总统演讲时提到：“GDP并没有考虑到我们孩子的健康，他们的教育质量，或者他们游戏的快乐。它也没有包括我们的诗歌之美，或者婚姻的稳定；没有包括我们关于公共问题争论的智慧，或者我们公务员的清廉。它既没有衡量我们的勇气、智慧，也没有衡量对祖国的热爱。简言之，它衡量一切，但并不包括使我们的生活有意义的东西。”

传统GDP核算在统计中存在着一些局限或缺陷，主要表现在：①GDP不能全面地反映总体经济活动，还有一些经济活动是GDP无法体现的。国内生产总值是按物品和劳务的市场交易价格计算的，因此非市场交易活动无法被计入。自给性的生产与劳务（例如家务活儿）就不在GDP统计范围之内。另外，非法经济活动没有被计入GDP。许多国家都不同程度地存在着一些非法经济活动，如黑市交易等。②GDP不能准确地反映人们的福利状况，因为人类行为的目标是获得尽可能多的福利。GDP虽然反映了总产量水平及其变化，但是人们所得到的福利却不一定和总产量同方向变化。如产量的增加有可能伴随着人们闲暇时间的减少，进而带来的福利就会减少。此外，产量的增加更有可能带来资源耗竭与生态环境破坏。

鉴于GDP指标在反映福利方面的局限性，一些经济学家提出对GDP指标的统计项目进行部分调整：加上闲暇和地下经济、减去环境破坏与资源的过度消耗等。因此，绿色GDP开始逐渐走入人们的视野，它弥补了传统GDP的部分缺陷，得到一众科学家的追捧，成为目前研究的重要方向。

10. 如何用支出法衡量GDP？

答：支出法也称产品流动法，其基本依据是对整个经济来说，收入必等于支出。用支出法衡量GDP，就是衡量在一定时期内整个社会购买最终产品和服务的总支出。谁是最终产品的购买者呢？要看谁是产品和劳务的最后使用者。在现实生活中，产

品和劳务的最后使用者，除了居民消费，还有企业投资、政府购买及净出口。因此

$$GDP=C+I+G+(X-M)$$

C：居民个人消费总额。指对最终产品和服务的支出，分为三大部分：耐用品消费支出，如对小汽车、电视机等产品的购买；非耐用品消费支出，如对食物、服装等产品的购买；服务消费支出，如对医疗、教育、旅游等方面的支出。

I：国内私人投资支出总额。指一定时期内企业或家庭购买的不用于本期消费的最终产品的支出。投资包括两大类，分别是固定资产投资和存货投资。固定资产投资是对新厂房、机器设备和住宅的购买，它可以分为非住宅固定投资和住宅固定投资。存货投资是企业掌握的存货价值的增加（或减少）。

G：政府购买。指各级政府购买物品和劳务的支出。如政府花钱设立法院、提供国防、建筑道路、开办学校等方面的支出。政府购买只是政府支出的一部分，政府支出的另一部分如转移支付、公债利息等都不计入 GDP。

NX（$X-M$）：净出口，指进出口的差额。用 X 表示出口，用 M 表示进口，则 $X-M$ 就是净出口。从 GDP 支出法核算的视角看，进口应该从本国总购买中减去，因为进口表示收入流到国外，不是用于购买本国产品的支出；出口则应加进本国总购买量中，因为出口表示收入从国外流入，是用于购买本国产品的支出。因此，NX 可以为正值，也可以为零，还可以为负值。

11. 价格指数是什么？

答：价格指数是用来描述整个经济中的各种商品和劳务价格的总体平均数，经常涉及的有消费者价格指数（CPI）、生产者价格指数（PPI）和国内生产总值折算指数（GDP 平减指数）。

（1）消费者价格指数（CPI）

消费者价格指数是对城市消费者购买一组固定的消费性产品与服务所支付平均价格的度量指标。通过抽样调查，选择代表性的商品和服务为样本，比较根据当年价格计算的商品总价值和根据基年得到的商品总价值，得到的比值就是消费者价格指数。

$$CPI=\frac{当年价格\times基年产量}{基年价格\times基年产量}$$

CPI 只衡量消费者购买产品与服务的价格。因此，企业或政府购买的产品价格上升并不反映在 CPI 上，但反映在 GDP 平减指数上。

（2）生产者价格指数（PPI）

生产者价格指数是对生产和批发环节的有代表性的几百种原料、半成品等价格经过加权平均后的价格指标。它是一种批发物价指数，衡量批发时或生产阶段的价格水平变动。PPI 与 CPI 只是统计范围不同，计算方法是一样的。

（3）国内生产总值折算指数（GDP 平减指数）

GDP 平减指数是给定年份的名义 GDP 与实际 GDP 之间的比率。

$$\text{GDP 平减指数}=\frac{\text{名义 GDP}}{\text{实际 GDP}}\doteq\frac{\text{当年价格}\times\text{当年产量}}{\text{基年价格}\times\text{当年产量}}$$

GDP 平减指数衡量所生产的所有产品与服务的价格，但只包括国内生产的产品，进口品并不是 GDP 的一部分，而且其价格变动也不反映在 GDP 平减指数上。

12. 通货膨胀率是什么?

答：通过价格指数的变化，可以了解通货膨胀的情况。这个价格指数可以用三个价格指数来表达，其中最常用的价格指数为 CPI。

如果 P_t 表示 t 期的物价水平，P_{t+1} 表示 $t+1$ 期的物价水平，用 π_{t+1} 表示 $t+1$ 期的通货膨胀率，则有

$$\pi_{t+1}=\frac{P_{t+1}-P_t}{P_t}\times 100\%$$

13. 通货膨胀的原因是什么?

答：关于通货膨胀的原因，西方经济学家提出了种种解释，可分为三个方面：第一方面为货币数量论的解释，这种解释强调货币在通货膨胀过程中的重要性；第二方面是用总需求与总供给来解释，包括从需求角度和供给角度的解释；第三方面是从经济结构因素变动的角度来说明通货膨胀的原因。通货膨胀基本上可分为需求拉动型通货膨胀、成本推动型通货膨胀、结构型通货膨胀三种。

（1）需求拉动型通货膨胀

从总需求角度来解释通货膨胀成因，认为通货膨胀是总需求超过总供给所引起的一般价格水平持续显著地上涨，是“过多的货币追求过少的商品”的结果。

（2）成本推动型通货膨胀

从供给方面来解释通货膨胀成因，认为在没有超额需求的情况下，供给方面成本的提高也会引起一般价格水平持续和显著地上涨。供给方面解释的通货膨胀有三种：①工资推动型通货膨胀；②利润推动型通货膨胀；③进口型通货膨胀。

（3）结构型通货膨胀

在总需求和总供给处于平衡状态时，由经济结构性因素的变动所引起的物价普遍持续地上涨。对于经济结构因素的变动引起的通货膨胀的解释，一个是来自需求结构变动方面，另一个是来自劳动生产率增长速度差异方面的解释。

（4）货币主义学派对通货膨胀成因的解释

货币主义学派强调货币是影响总需求的重要因素，通货膨胀的产生主要是货币供给增加的结果。所以该学派认为中央银行如果保持货币供给稳定，那么物价水平也将稳定。

疑难解析的内容摘编自：尹伯成．现代西方经济学习题指南（宏观经济学）第七版［M］．上海：复旦大学出版社，2009.

六、案例及思考

案例 1-1　中国 GDP 的组成部分

《中国统计年鉴 2021》的数据显示，2020 年中国的 GDP 超过了 100 万亿元，按年均汇率可折算为 14.73 万亿美元，是仅次于美国的世界第二大经济体。表 1-1 列出了 2020 年中国 GDP 和各项支出的构成情况。

表 1-1　2020 年中国 GDP 及组成部分

	数额/亿元	占 GDP 的百分比/%
消费（C）	387176	37.74
投资（I）	442401	43.12
政府购买（G）	169810	16.55
净出口（NX）	26530	2.59
国内生产总值（GDP）	1025917	100

数据来源：《中国统计年鉴 2021》；数据统计范围仅为大陆地区，未包括港澳台地区。

从表 1-1 中可以看出，投资支出所占份额最大，达到了 43.12%；消费支出占 GDP 的比例为 37.74%，排在第二位；政府购买支出占 GDP 的 16.55%，居第三位；虽然净出口所占比例最低，仅为 2.59%，但是其绝对数量达到了 26530 亿元，表明中国在这一年的对外贸易为顺差。

请结合案例 1-1 与教材的表 9-1 思考以下问题：

（1）GDP 衡量的方法有哪些？按照支出法核算的 GDP 由哪些部分组成？

（2）比较中美两国 GDP 构成的差别，并说明这种差别会对中美两国宏观经济运行产生什么样的影响。

案例 1-2　2000 年以来中国的名义 GDP 与实际 GDP

名义 GDP 是用生产产品和服务的当年价格计算的全部最终产品和服务的市场价值；而实际 GDP 则是选择以前某一年份为基期，以基期价格核算出的某年所生产的全部最终产品和服务的市场价值。我们核算 GDP 的目的是衡量整个经济的运行状况，由于实际 GDP 排除了价格变动的影响，只反映了生产的产量变动，更能体现经济满足人们需要与欲望的能力。所以，当经济学家在谈论经济的 GDP 时，通常指实际 GDP 而非名义 GDP。

既然我们知道了如何定义和衡量名义 GDP 和实际 GDP，那么就可以用其来考察一个国家或地区的经济情况。统计数据显示，2000—2020 年中国的名义 GDP 由 10.03 万亿元增长至 101.6 万亿元，而实际 GDP 仅由 10.03 万亿元增加至 53.07 万亿元（见图 1-1）。这些数据最明显的特点是名义 GDP 和实际 GDP 一直在增加，其中名义 GDP 增长了 9.13 倍，实际 GDP 大约增长了 4.29 倍。如果剔除物价因素的影响，2000—2020 年中国生产的物品和劳务的产量平均每年增长8.69%，这种实际GDP的持续增长使得这一时期普通的中国人分享了更多的经济增长成果。

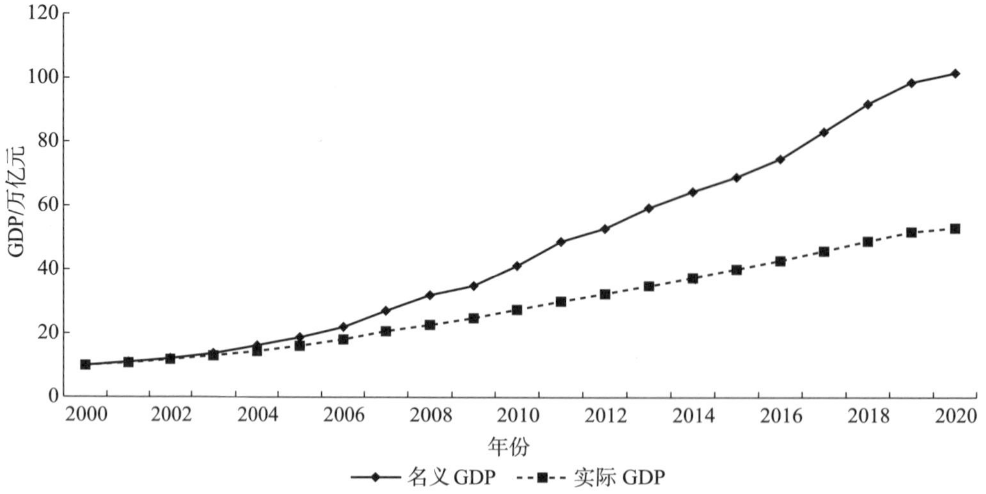

图1-1　2000—2020年中国的名义GDP与实际GDP

数据来源：《中国统计年鉴2021》；数据统计范围仅为大陆地区，未包括港澳台地区。

请结合案例1-2思考以下问题：

（1）名义GDP与实际GDP有何区别？

（2）为什么说实际GDP是一个更好的经济衡量指标？

案例1-3　“掩耳盗铃”的城镇登记失业率统计

2018年2月26日，国务院新闻办举行新闻发布会，人社部副部长游钧、张义珍在答记者问时表示，2017年全国城镇新增就业人数达到1351万人，超额完成全年目标任务，城镇登记失业率连续四个季度保持在4%以内，年末降至3.9%，是2002年以来的最低水平。

与此形成对比的是，2009年4.3%城镇登记失业率被官方认定为就业形势“非常严峻”。如果不知晓中国失业率统计的怪现象，有人一定会觉得这是在开玩笑。其实，这恰恰反映了目前仅统计城镇户籍人口的登记失业率已经无法描述真实的失业状况，基本失去了政策指导价值，这种“掩耳盗铃”的登记失业率应尽快被调查失业率替代。调查失业率采用抽样调查的方法，相比较登记失业率而言，其调查对象更为广泛，一般包括城乡常住人口的所有劳动力。

请结合案例1-3思考以下问题：

1. 什么是失业率？

2. 我国城镇登记失业率在衡量失业情况方面存在什么局限和不足？

七、练习题

（一）选择题

1. 表示一国（或地区）境内在一定时期内生产的所有最终产品和劳务的市场价值的指标是（　　）。

A. 国内生产总值　　B. 国民生产总值

C. 名义国民生产总值　　D. 实际国民生产总值

2. 实际 GDP 等于（　　）。

A. 价格水平÷名义 GDP　　B. 名义 GDP×价格水平

C. 价格水平×潜在 GDP　　D. 名义 GDP÷价格水平

3. 国民生产净值等于（　　）。

A. 国民生产总值减去折旧　　B. 国民生产总值减去原材料支出

C. 国民生产总值减去直接税　　D. 国内生产总值减去折旧

4. 充分就业指（　　）。

A. 人人都有工作，绝对没有失业者　　B. 一个经济体中不存在摩擦性失业

C. 一个经济体中不存在结构性失业　　D. 一个经济体中不存在周期性失业

5. 引起周期性失业的原因是（　　）。

A. 工资刚性　　B. 总需求不足

C. 经济结构调整　　D. 经济中劳动力正常流动

6. 下列不能正确衡量 GDP 的方法是（　　）。

A. 增值法　　B. 收入法　　C. 差额法　　D. 支出法

7. 美国某公司在中国生产的旅游鞋，其市场价值应计入（　　）。

A. 中国的 GDP　　B. 美国的 GDP

C. 中国的 GNP　　D. 中国的 GNP 和美国的 GDP

8. 下列不属于政府购买范围的是（　　）。

A. 国防支出　　B. 修建道路　　C. 开办学校　　D. 社会福利

9. 衡量一组物品价格的指标是（　　）。

A. 价格基数　　B. 价格指数

C. 通胀指数　　D. 价格变化率

10. 第 t 期的 GDP 平减指数等于（　　）。

A. t 期名义 GDP/t 期实际 GDP　　B. t 期名义 GDP×价格指数

C. t 期实际 GDP/t 期名义 GDP　　D. t 期实际 GDP×价格指数

11. 衡量从一个时期到另一个时期价格水平变动的百分比的指标是（　　）。

A. 价格指数　　B. 通货膨胀率

C. 通货紧缩率　　D. 价格水平

12. 在美国，所有16岁以上未服刑、未被医院或其他机构收留的人口总数是（　　）。
 A. 失业人口　B. 就业人口　C. 劳动年龄人口　D. 非劳动年龄人口
13. 失业率是（　　）的比率。
 A. 失业人口与劳动力总数　B. 失业人口与劳动年龄人口
 C. 劳动力人口与劳动年龄人口　D. 失业人口与非劳动年龄人口
14. 由于正常的劳动力周转所造成的失业是（　　）。
 A. 结构性失业　B. 季节性失业
 C. 摩擦性失业　D. 周期性失业
15. 随着经济的周期性波动，在经济繁荣时减少，在经济萧条时增加的失业是（　　）。
 A. 结构性失业　B. 季节性失业
 C. 摩擦性失业　D. 周期性失业

（二）判断题

1. 国内生产总值等于各种最终产品和中间产品的价值总和。（　　）
2. GDP衡量的是一国公民的总产值，而不管其生产的产值是从国内还是从国外获取的。（　　）
3. 家庭主妇提供劳务构成国民生产总值的一部分。（　　）
4. 今年生产并出售的产品价值和去年生产而在今年出售的产品价值都应计入今年的国内生产总值。（　　）
5. 国民生产总值减间接税等于国民生产净值。（　　）
6. A国公司在B国子公司的利润不应被计入B国的GNP。（　　）
7. 实际GDP是按基期不变价格计算的产品与劳务的市场价值。（　　）
8. 实际GDP的变动剔除了名义GDP中的价格变动因素，它能准确地反映一国实际产量的变化。（　　）
9. 人均GDP是衡量一个国家经济福利水平的重要指标。（　　）
10. 用收入法核算GDP就是将各种收入如工资、利息、利润、地租加总求和间接核算GDP。（　　）
11. 居民购买住房属于个人消费支出。（　　）
12. 在国民收入核算中的投资包括固定投资和存货投资。（　　）
13. 存货投资指企业存货净变动额。（　　）
14. 政府的转移支付构成GDP的一个组成部分。（　　）
15. 当一国出口大于进口，NX为正时，则是贸易逆差。（　　）
16. 无论什么人，只要没有找到工作就属于失业。（　　）
17. 新加入劳动力队伍，正在寻找工作而造成的失业属于摩擦性失业。（　　）
18. 劳动力人口指就业者与失业者数量之和。（　　）
19. 衡量一个国家经济中失业情况的最基本指标是失业率。（　　）
20. 潜在GDP是在现有条件不变时，经济在充分就业状态下所能生产的GDP。（　　）

21. 充分就业意味着失业率为零。(　　)
22. 充分就业下的失业率称为自然失业率。(　　)
23. 充分就业并不指人人都有工作。(　　)
24. 在充分就业状态下，所有的失业人口均属于摩擦性失业或结构性失业，不存在任何周期性失业。(　　)
25. 充分就业与任何失业的存在都是矛盾的，只要经济中有一个失业者存在，就不能说实现了充分就业。(　　)
26. 通货膨胀指物价水平普遍而持续地上升。(　　)
27. GDP 平减指数指给定年份的名义 GDP 与实际 GDP 之间的比率。(　　)

(三) 计算题

1. 2015 年，美国个人消费支出为 8746 亿美元，国内私人总投资为 2105 亿美元，政府对商品与劳务的采购为 2363 亿美元，商品与服务的净出口为-727 亿美元。试用支出法计算 GDP。
2. 据统计中国 2005 年经济的 CPI 为 150，2004 年的 CPI 为 140，试计算中国 2005 年的通货膨胀率。
3. 美国统计局数据显示，美国 2015 年劳动年龄人口数为 14570 万人，劳动力人口数为 13890 万人，失业人口数为 444.5 万人，试计算美国 2015 年的失业率。

(四) 问答题

1. 何为 GDP？如何理解 GDP？
2. 说明核算 GDP 的支出法。
3. 说明 GDP 这一指标的缺陷。
4. 何为通货膨胀？怎样描述它？
5. 失业主要有哪些类型？
6. 有人认为自然失业率这一概念带有一定意识形态色彩，你如何看待这一问题？

第二章

国民收入的决定：收入—支出模型

◇一、概要及学习目标

◇二、知识脉络图

◇三、主要概念

◇四、重点、难点

◇五、疑难解析

◇六、案例及思考

◇七、练习题

一、概要及学习目标

（一）概要

短期国民收入决定理论是从总需求变动角度说明均衡国民收入如何决定和产生波动，以及如何向均衡状态调整，这一理论主要涉及产品市场、货币市场、劳动市场和国际市场。

市场经济条件下均衡国民收入的决定原理：供求原理。

两部门经济下有效需求的原理：均衡国民收入决定于总需求和总供给的相等，但在短期内或经济萧条时，总供给处于充裕状态或基本无法变动的状态。因此，凯恩斯短期均衡国民收入决定的基本原理是：短期内均衡国民收入水平主要由总需求水平决定。

均衡产出（或均衡国民收入）是指和总需求相一致的产出，也就是经济社会的收入正好等于全体居民和企业想要有的支出。

消费函数和储蓄函数：随着收入的增加，消费也会增加，但是消费增加不如收入增加得快，消费和收入的这种关系称作消费函数或消费倾向。消费随收入增加而增加的比率是递减的，储蓄随收入增加而增加的比率是递增的，储蓄与收入的这种关系就是储蓄函数。

平均消费倾向和边际消费倾向：平均消费倾向（APC）指一个既定可支配收入水平上的消费支出在消费者可支配总收入中所占的比率。边际消费倾向（MPC）指每增加的 1 单位可支配收入中用于增加消费的部分所占的比率，即增加的消费额与增加的可支配收入额之比。

平均储蓄倾向和边际储蓄倾向：平均储蓄倾向（APS）指任意一个可支配收入水平上的储蓄在可支配收入中所占的比率。边际储蓄倾向（MPS）指储蓄曲线上任意一点的斜率，即该点上储蓄增量对可支配收入增量的比率。

储蓄函数和消费函数的关系：①消费函数和储蓄函数互补，消费和储蓄之和等于可支配收入；②*APC* 和 *MPC* 都随收入的增加而递减，但 $APC>MPC$；*APS* 和 *MPS* 都随收入增加而递增，但 $APS<MPS$；③*APC* 和 *APS* 之和恒等于 1，*MPC* 和 *MPS* 之和也恒等于 1。

家庭消费函数和社会消费函数：社会消费函数不等于家庭消费函数的直接加总，还需要考虑以下限制条件：①国民收入的分配状况；②政府税收政策；③公司未分配利润在利润中所占比例。此外，还有其他一些影响社会消费函数的因素。

影响消费的其他因素：①利率；②价格水平；③收入分配；④预期。

其他消费理论：①现期收入假说下的消费函数理论：绝对收入假说、相对收入假说；②恒久收入假说下的消费函数理论；③生命周期假说下的消费函数理论。

企业的主要支出是投资，投资需求又是总需求中的重要部分，投资需求的决定原则是能否获取净利润。决定投资最主要的因素有作为投资成本因素的实际利率水平、预期收益率、投资风险等。

资本边际效率（MEC）是一种贴现率，这种贴现率正好使一项资本品在使用期内各项预期收益的现值之和等于这项资本品的供给价格或者重置成本。如果资本边际效率大于市场利率，则值得投资，否则，就不值得投资。

影响预期收益的因素：①对投资项目产品的需求预期；②产品成本；③投资税抵免；④投资风险；⑤融资条件对投资需求的影响。

利率分为名义利率和实际利率，实际利率大致等于名义利率减去通货膨胀率。在决定投资量的诸因素中，实际利率是首要因素。利率上升时，投资需求量就会减少；利率下降时，投资需求量就会增加。总之，投资是利率的减函数，投资与利率之间的这种关系称为投资函数。

托宾 q 理论：企业的市场价值与其重置成本之比，可作为衡量是否进行新投资的标准，并把该比率称为 q。企业的市场价值就是该企业股票的市场价值总额，企业的重置成本指建造该企业所需要的成本。因此 q = 企业股票的市场价值/新建企业的成本。$q<1$，就不会有投资；$q>1$，就会有新的投资。

三部门经济中，政府需求可分为两类：一类是政府消费需求，另一类是政府投资需求。政府对社会产品和服务的消费需求与投资需求的影响主要表现在以下方面：①直接购买支出的影响；②税收的影响；③转移支付的影响；④制度和政策影响。

四部门经济中，国外需求的影响因素主要有：①外国的国民收入水平，特别是人均收入水平的高低；②国外人们的消费倾向高低；③产品和服务的价格。除此之外，国外对本国产品和服务需求的大小还会受到汇率、对外实际投资、国际竞争的激烈程度、贸易保护主义程度等因素的影响。

投资乘数指国民收入的变动量与带来这种变化的投资支出变动量的比率。投资乘数大小与边际消费倾向及边际储蓄倾向有关，边际消费倾向越大，或者边际储蓄倾向较小，则投资乘数就越大。

三部门经济中，与政府购买相关的乘数：①政府购买支出乘数；②税收乘数；③政府转移支付乘数；④平衡预算乘数。

（二）本章学习目标

了解国民收入决定理论的分析思路，掌握均衡国民收入的定义和实现条件；理解有效需求的原理和框架，掌握两部门经济下均衡国民收入的推导和各种乘数的推导及计算；掌握投资的托宾 q 理论，理解三部门中政府需求的内涵，明确政府对社会总需求的影响，掌握三部门经济中各种乘数的推导及计算；了解四部门经济中国外需求的影响因素以及净出口的决定。

二、知识脉络图

均衡国民收入的决定

- 1. 均衡国民收入决定原理
  - (1) 宏观经济各部分的循环流程（封闭条件下经济各部分的循环流程）

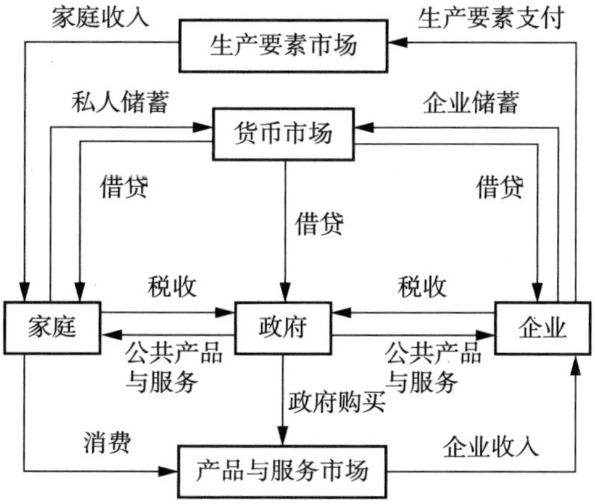

  - (2) 国民收入和国民财富的生产
    - ①一国所生产的全部产品和服务，就是该国的国民财富，同时也是该国的国民收入
    - ②国民收入是考察一定时期的全部产出。国民财富是累计的数量考察
  - (3) 国民收入和国民财富的分配
    - ①决定于一国的经济制度
    - ②市场经济制度下，按要素在经济活动中的贡献分配
  - (4) 市场经济条件下均衡国民收入的决定原理
    - ①由供求决定
    - ②均衡国民收入：总供给和总需求相一致的产出
- 2. 古典经济学和新古典经济学关于国民收入的基本原理
  - (1) 古典经济学：供给决定需求即均衡国民收入主要由经济中的总供给水平决定（萨伊定律）
  - (2) 新古典经济学：供给在长期内对均衡国民收入的决定作用
- 3. 凯恩斯主义关于均衡国民收入决定的基本原理和框架
  - (1) 凯恩斯主义考虑的是短期内的均衡国民收入决定
  - (2) 经济萧条下有效需求决定均衡国民收入
  - (3) 总需求理论框架由四部分构成：消费(C)、投资(I)、净出口(NX)和政府支出(G)
  - (4) 凯恩斯定律：有效需求决定供给
  - (5) 两部门经济短期均衡：E(计划支出)$=Y=C+I$
  - (6) 投资(I)等于储蓄(S)：两部门经济实现均衡的条件是计划投资等于计划储蓄($I=S$)

两部门经济：家庭部门

- 1. 消费函数和消费倾向
  - （1）消费函数：$C=C(Y)$；线性关系的消费函数：$C=\alpha+\beta Y$
  - （2）消费倾向
    - ①平均消费倾向（APC）：$APC=C/Y$
    - ②边际消费倾向（MPC）：$MPC=\Delta C/\Delta Y$；$MPC=\mathrm{d}C/\mathrm{d}Y$
  - （3）APC 和 MPC 的区别和意义
    - ①MPC 是消费曲线上任意一点的斜率；APC 是消费曲线任一点与原点相连而成的射线的斜率
    - ②MPC 与 APC 随收入的增加均有递减的趋势，但 $APC>MPC$
    - ③$0\leqslant MPC\leqslant 1$；$APC>1$ 或 $APC<1$ 或 $APC=1$
- 2. 储蓄函数和储蓄倾向
  - （1）储蓄函数：$S=S(Y)$
  - （2）储蓄倾向
    - ①平均储蓄倾向（APS）：$APS=S/Y$
    - ②边际储蓄倾向（MPS）：$MPS=\Delta S/\Delta Y$；$MPS=\mathrm{d}S/\mathrm{d}Y$
- 3. 消费函数和储蓄函数关系
  - （1）消费函数与储蓄函数互补，消费和储蓄之和等于可支配收入
  - （2）APC 和 MPC 都随 Y 的增加而递减，但 $APC>MPC$；APS 和 MPS 都随 Y 的增加而递增，但 $APS<MPS$
  - （3）$APC+APS=1$；$MPC+MPS=1$
- 4. 家庭消费函数和社会消费函数
  - （1）社会消费函数是家庭消费函数的总和
  - （2）社会消费函数并不是家庭消费函数的直接加总
- 5. 影响消费函数的其他因素
  - （1）影响消费的其他因素
    - ①利率
    - ②价格水平
    - ③收入分配
    - ④预期
  - （2）影响消费的其他因素对相关政策效果的影响
    - ①财富效应：利率变动影响实际财富进而影响消费
    - ②财政政策和货币政策均会影响利率，都会产生财富效应，最终影响消费
- 6. 其他消费理论
  - （1）现期收入假说下的消费函数理论
    - ①绝对收入假说
    - ②相对收入假说
  - （2）恒久收入假说下的消费函数理论
    - ①恒久收入：消费者可以预计的长期收入
    - ②消费者的消费支出由恒久收入水平决定
  - （3）生命周期假说下的消费函数理论
    - ①人们在特定时期的消费不仅与当期的收入相关，还会在更长的时间范围内计划生活的消费开支
    - ②$C=\alpha W_R+\beta Y_L$

两部门经济：企业部门

1. 投资和资本边际效率

(1) 经济学中的投资：指资本的形成，即社会实际资本的增加，包括厂房、设备和存货的增加，新住宅的建筑等

(2) 资本边际效率（*MEC*）：是一种贴现率，它正好使一项资本品在使用期内各项预期收益的现值之和等于这项资本品的供给价格或者重置成本

$R_0=R_1/(1+r)+R_2/(1+r)^2+R_3/(1+r)^3+\cdots+R_n/(1+r)^n+J/(1+r)^n$

（其中，J 代表资本品在 n 年时的报废价值，r 代表资本边际效率）

(3) 资本边际效率曲线（*MEC* 曲线）：如果资本边际效率>市场利率，值得投资。r 的数值取决于资本物品供给价格和预期收益，预期收益既定时，供给价格越大，r 越小；供给价格既定时，预期收益越大，r 越大

(4) 投资边际效率曲线（*MEI* 曲线）：由于 R_0 上升而被缩小了的 r 的数值称为投资边际效率（*MEI*），在相同的预期收益下，*MEI*<*MEC*。投资边际效率曲线比资本边际效率曲线更为陡峭

2. 影响预期收益的因素

(1) 对投资项目产品的需求预期：如果企业认为投资项目产品的市场需求在未来会增加，就会增加投资

(2) 产品成本：对于劳动密集型产品的投资项目，工资上升会降低投资需求；对于机器可替代劳动力的投资项目，工资上升会增加投资需求

(3) 投资税抵免：对投资的影响取决于抵免政策是临时的，还是长期的

(4) 投资风险：这里的风险，包括市场走势、产品价格、生产成本、实际利率、政府宏观经济政策等

(5) 融资条件对投资需求的影响：企业投资资金的主要来源为自有资金、向金融机构借贷、发行公司债券、发行新股票等。其中，任何一个融资环节受到限制时，都会影响企业的投资

3. 投资和利率

(1) 名义利率：借贷者按约定所支付的利率

(2) 实际利率：大致等于名义利率减去通货膨胀率

(3) 投资是否值得，取决于利率。如新投资的预期利润率大于利率，投资值得；反之，投资则不值得

(4) 投资函数：$I=I(r)=e-dr$（其中，I 代表投资，r 代表实际利率，e 代表自主投资，d 代表投资利率弹性）

4. 投资的 q 理论

(1) q=企业股票的市场价值/新建企业的成本（或重置成本）

(2) 当 $q<1$ 时，购买旧企业比新建企业便宜，社会上不会有新投资；当 $q>1$ 时，新建企业比买旧企业便宜，会有新投资

三部门经济：政府部门

- 1. 政府需求的内容
  - (1) 政府维持自身正常活动所涉及的消费需求
  - (2) 政府为自身或公共设施建设等产生的投资需求
- 2. 政府对社会总需求的影响
  - (1) 直接购买支出：该支出通过政府采购实现，其数额大小直接影响到社会总需求大小
  - (2) 税收
    - ①直接影响：增税较高将直接减少个人和企业的可支配收入，进而影响社会的消费需求和投资需求
    - ②间接影响：增税或税收较高导致企业和劳动者积极性下降，从而影响国民收入，再影响消费与投资需求
    - ③减税和较低收税则相反
  - (3) 转移支付：该部分会增加个人和企业的收入，从而形成他们的投资或消费需求
  - (4) 制度和政策
    - ①政府一些固定制度会对需求产生一定影响（如农产品补贴制度将使农民增加收入，从而增加消费需求）
    - ②政府的相关财政政策和货币政策将会在必要的时候鼓励和刺激社会需求的增加

四部门经济：国外部门

- 1. 国外需求的决定因素
  - (1) 外国的国民收入水平。特别是人均收入水平，人均收入水平高对别国产品和服务的需求就大
  - (2) 国外的国民消费倾向。消费倾向越高，对别国产品和服务的需求就越多
  - (3) 本国没有的产品和服务以及本国虽有但国外产品和服务的质量、价格均优于本国的产品和服务，对别国产品和服务的需求就越大
- 2. 净出口的决定
  - (1) 净出口等于一国的出口总额减去其进口总额
  - (2) 净出口由出口和进口两方面决定，因出口是由国外因素决定的，本国无法控制，因此假设出口为既定不变的外生变量
  - (3) 进口因素
    - ①本国需求水平受进口倾向和边际进口倾斜的影响；
      进口倾向：进口价值总量与国民收入总量之比
      边际进口倾向：进口增量与它引起的收入增量之比
    - ②进口倾向和边际进口倾斜取决于本国的国民收入水平、人均收入水平、消费倾向和边际消费倾向
- 3. 几个主要的国外需求影响因素
  - (1) 汇率的变动
  - (2) 经济发达程度和科学技术水平
  - (3) 国际竞争的激烈程度
  - (4) 贸易保护主义的程度

影响需求的重要因素：乘数

- 1. 支出乘数：能使支出（需求）的最终结果（总需求）成倍增加的倍数
- 2. 投资乘数和乘数原理
  - ①投资乘数：指国民收入的变动量与带来这种变化的投资支出的比率
  - ② $k=\Delta Y/\Delta I=1/(1-MPC)=1/(1-\beta)=1/MPS$
- 3. 与政府相关的乘数
  - ①政府购买支出乘数：$k_G=\Delta Y/\Delta G=1/(1-\beta)$，$\beta$ 为 MPC
  - ②税收乘数：$k_T=\Delta Y/\Delta T=-\beta/(1-\beta)$
  - ③政府转移支付乘数：$k_{tr}=\Delta Y/\Delta T_{tr}=\beta/(1-\beta)$
  - ④平衡预算乘数：$k_b=\Delta Y/\Delta G-\Delta Y/\Delta T=1-\beta/1-\beta=1$

三、主要概念

1. 消费函数（Consumption function）：凯恩斯认为，影响家庭部门消费的诸多因素中，起决定作用的是家庭部门的收入，并把消费对收入的关系叫作消费函数或消费倾向。

2. 平均消费倾向（Average propensity to consume）：指一个既定可支配收入水平上的消费支出在消费者可支配总收入中所占的比率。

3. 边际消费倾向（Marginal propensity to consume）：每增加的 1 单位可支配收入中用于增加消费的部分所占的比率，即消费增量在收入增量中所占的比例。

4. 储蓄函数（Saving function）：储蓄指收入中未被消费掉的部分，储蓄与收入的关系就是储蓄函数。

5. 平均储蓄倾向（Average propensity to save）：指任意一个可支配收入水平的储蓄在可支配收入中所占的比率。

6. 边际储蓄倾向（Marginal propensity to save）：指储蓄曲线上任意一点的斜率，即该点上储蓄增量对可支配收入增量的比率。

7. 资本边际效率（Marginal efficiency of capital）：是一种贴现率，这种贴现率正好使一项资本品在使用期内各预期收益的现值之和等于这项资本品的供给价格或者重置成本。

8. 乘数（Multiplier）：也称为倍数，在经济活动中，一个经济因素的变化常常导致另一个经济因素数倍的增长或减少，称为乘数效应。

9. 投资乘数（Investment multiplier）：指国民收入的变动量与带来这种变化的初始投资的比率。

10. 政府购买支出乘数（Government purchase expenditure multiplier）：表示国民收入变动对于引起这种变动的政府购买支出变动的比率。

11. 税收乘数（Tax multiplier）：表示国民收入变动对引起这种变动的税收变动的比率。

12. 政府转移支付乘数（Government transfer payment multiplier）：表示国民收入变

动对引起这种变动的政府转移支付变动的比率。

13. 平衡预算乘数（Balanced budget multiplier）：表示政府收入和支出同时以相等数量增加和减少时，国民收入变动对政府收支变动的比率。

四、重点、难点

（一）重点

1. 均衡国民收入决定理论，均衡国民收入的定义和实现条件；
2. 两部门经济下有效需求的理论和框架；
3. 消费需求决定理论，投资需求决定理论；
4. 各项乘数的推导和计算。

（二）难点

1. 均衡国民收入的内涵；
2. 资本的边际效率；
3. 二、三、四部门经济中国民收入的决定和变动；
4. 各项乘数的推导及经济含义。

五、疑难解析

1. 怎样理解凯恩斯的“有效需求”概念？假如某一年的总供给变得大于总需求，国民收入和就业将发生什么变化？凯恩斯认为应采取何种对策？

答：凯恩斯所讲的有效需求，是指社会上商品总供给价格和总需求价格达到均衡状态时的总需求。所谓供给价格是指企业肯雇用一定数量工人生产一定数量产品时，所必需取得的收益，这一收益必须等于生产这些产品所付出的生产要素的成本加上预期的利润，所有企业的产品供给价格之和即总供给价格；所谓需求价格是指企业预期社会上人们用来购买其产品时所愿意支付的价格，总需求价格是全部企业预期社会上人们愿意用来购买全部商品的价格的总和。总供给价格和总需求价格都随就业量增加而增加。当总需求价格大于总供给价格时，亦即一定就业量下预期收益会超过引致这一就业量所必需的收益时，企业会扩大生产，增雇工人；相反，则会缩减生产，减少雇员。只有当总供给价格和总需求价格相等时，企业才能获得最大预期利润，从而使生产既不扩大也不缩小，达到均衡状态，这时总需求就是有效需求。

因此，假定某一年的总供给变得大于总需求，同时存在着失业，表明有效需求不足，于是失业率就会上升，国民收入水平就会下降。凯恩斯认为，这时就需要由政府出面用膨胀总需求的财政政策（如增加政府支出或降低税收）或货币政策（如增加货币供给）对经济加以干预，以降低失业率，提高国民收入水平。

2. 凯恩斯的消费理论与古典学派的理论有什么区别？

答：古典学派的理论认为，利率上升会增加储蓄，抑制消费，因而消费与储蓄都和利率有关。但凯恩斯认为，消费与收入有关，是收入的函数，即 $C=C(y)$，若以线性方式表示，可写成 $C=a+bY$，其中，b 是边际消费倾向（MPC）；而平均消费倾向 $APC=\frac{a}{Y}+b$。

3. 总支出曲线和总需求曲线有什么区别？

答：总支出曲线表示在每一收入水平上的总支出量 AE，如图 2-1（a）所示，AE 线与 45°线的交点表示总支出等于总收入。AE_0 线表示其他情况不变时，价格水平为 P_0 时的总支出曲线，有 $AE=C+I+G+NX$，AE 线与 45°线的交点决定收入水平为 Y_0；AE_1 线表示价格水平上升为 P_1 时的总支出曲线，AE_1 线与 45°线的交点决定收入水平为 Y_1。

总需求曲线表示与不同的价格水平所对应的需求量之间的关系，如图 2-1（b）所示。

由图 2-1（a）导出图 2-1（b）。将不同价格和相应的均衡产量或收入（也等于总支出）的组合点连接起来，就得到总需求曲线 AD。价格水平越高，总需求量或者说均衡总支出量越小；反之亦然，也即价格水平和总需求量之间存在反向变化的关系。这是由于：①价格水平上升，人们就需要更多的货币从事交易活动。如果货币供给没有增加，货币交易需求增加，利率上升，这将使投资水平下降。②价格水平上升，以货币表示的资产（如现金、存款）的购买力下降，人们实际所有的财富减少了，消费和投资水平就会下降。③价格水平上升，导致名义收入水平增加，由于税率的累进性，从而使消费者税收负担增加，实际可支配收入下降，消费和投资水平会因此下降。④国内物价水平上升，本国公民购买外国货增加，外国公民购买本国（指物价水平上升的国家）货减少，因而净出口减少。

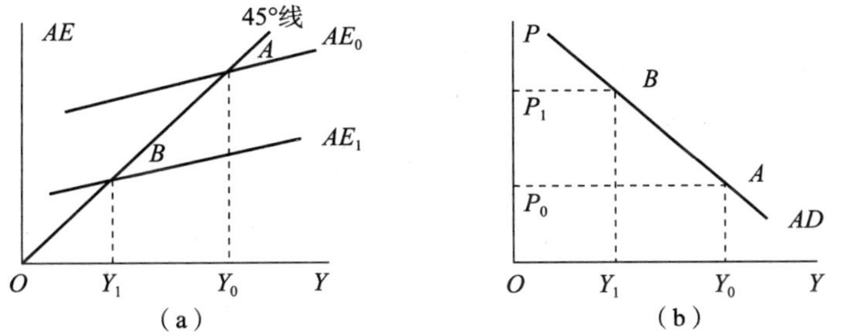

图 2-1　总支出曲线和总需求曲线异同

4. 政府购买和政府转移支付都属于政府支出，为什么计算总需求时只计入政府购买而不包括政府转移支付，即为什么 $Y=C+I+G+(X-M)$ 而不是 $Y=C+I+G+TR+(X-M)$？

答：政府增加转移支付，虽然对总需求也有影响，但这种影响是通过增加人们可支配收入进而增加消费支出实现的。如果把转移支付也计入总需求，就会形成总需求计算中的重复计算。例如，政府增加 10 亿元转移支付，边际消费倾向假定为 0.8，则会使消费增加 8 亿元。在此，首轮总需求增加是 8 亿元，而不是 18 亿元。如果把 10 亿元转移支付也看作增加的总需求，就是重复计算，一次是 10 亿元，一次是 8 亿元。

5. 在均衡产出水平上，是否计划存货投资和非计划存货投资都必然为零？

答：当处于均衡产出水平时，计划存货投资一般不为零，而非计划存货投资必然为零。

假设消费函数 $C=a+bY_d$，税收函数 $T=T_0+tY$，则 $AD=C+\bar{I}+\bar{G}=[a+\bar{I}+\bar{G}+b(\overline{TR}+T_0)]+b(1-t)Y$，如图 2-2 所示。

图 2-2 中 B 线为没有计划投资 $\bar{I}$ 时的需求线 $B=[a+\bar{G}+b(\overline{TR}+T_0)]+b(1-t)Y$，$AD$ 线和 B 线的纵向距离为 $\bar{I}$。图 2-2 中 45°线表示了收入恒等线。45°线与 B 线之差为实际投资，从图中显然可以看出，只有在 E 点实际投资等于计划投资，这时经济处于均衡状态。而计划存货投资是计划投资的一部分，一般不为零。除 E 点以外，实际投资和计划投资不等，存在非计划存货投资 IU，而在 E 点，产出等于需求，非计划存货投资为 0。

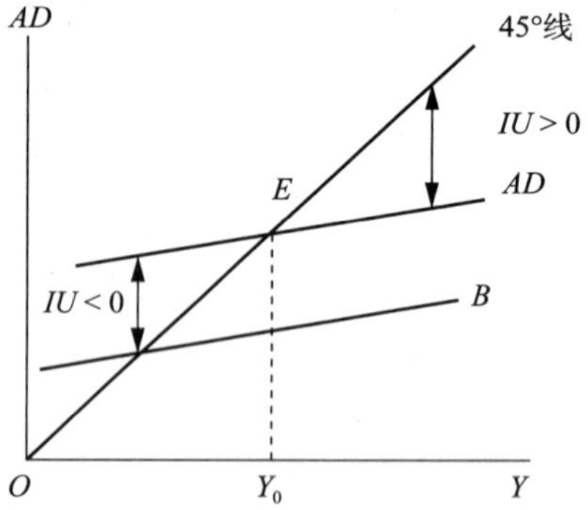

图 2-2　凯恩斯主义交叉图

6. 有的学生说：“我难以理解宏观经济学。有时收入变化似乎引起消费变化，有时消费变化似乎引起收入变化，不知哪个对。”

答：两种说法都对。假定有消费函数 $C=a+bY_d$，在此，自发消费 a 增加会引起消费 C 增加，从而使总需求（总支出）增加，进而会引起收入增加，而收入增加又会引起消费增加，即式中 bY_d 增加，这就是引致消费。引致消费增加反过来又使收入进一步增加，因此，这两种说法都正确，说明消费支出和收入是相互影响、相互促进的。

7. 消费和消费支出有何区别？

答：一般来说，消费品可分为三类，即耐用消费品、非耐用消费品和劳务。耐用消费品的特征是消费期常常会持续一年以上，比如汽车；非耐用消费品是在购买的当年就消费完的；而劳务则是购买和消费同时进行的。

消费是指消费者购买消费品的过程，消费支出则指消费者购买消费品的开支。从数量上来看，消费和消费支出的区别在于耐用消费品的消费和消费支出（购买）。由于耐用消费品的消费期不仅是购买的当年，还要持续几年；而耐用消费品的购买是在某一年一次性完成的，因此，消费的波动要比消费支出平稳。

8. 什么是消费函数之谜？

答：消费函数之谜是指根据实际消费统计资料研究的结论与消费函数理论之间的矛盾。20 世纪 40 年代后期，美国经济学家研究了消费的时间序列资料发现，根据短期消费数据得出的结论与根据长期消费数据得出的结论并不一致，而已有的消费函数理论（凯恩斯的绝对收入假说）又无法解释两者的不一致。理论与实际的矛盾被称为消费函数之谜。

根据对 1929—1941 年每年消费统计资料的研究，估算出的消费函数是 $C=47.6+0.73Y$。在式中，47.6 表示自发消费为 47.6 亿元，Y 代表可支配收入，0.73 是可支配收入的边际消费倾向。研究表明，平均消费倾向是递减的，边际消费倾向相当低。美国经济学家 S. 库兹涅茨等人研究了长期消费统计资料，得出 1869—1898 年、1884—1913 年和 1904—1933 年的平均消费倾向分别为 0.867、0.867 和 0.879。而且还发现了在长期内平均消费倾向与边际消费倾向都相当稳定，并没有递减的趋势。凯恩斯的绝对收入假说关于边际消费倾向递减和边际消费倾向低于平均消费倾向的结论与库兹涅茨关于长期消费统计资料研究得出的结论不一致。而且，凯恩斯的绝对收入假说也无法解释短期与长期消费行为的不一致性。正是这个消费函数之谜推动了消费函数理论研究的发展。

9. 生命周期理论如何解释长期消费函数的稳定性及短期消费的波动性？

答：在生命周期假说中的消费函数为 $C=a\cdot WR+c\cdot YL$

上式两边同时除以可支配收入 Y_d，可得

$$\frac{C}{Y_d}=a\cdot\frac{WR}{Y_d}+c\cdot\frac{YL}{Y_d}$$

从上式可看出，如果财产与可支配收入的比率$\frac{WR}{Y_d}$是不变的，且可支配的劳动收入与可支配收入的比率$\frac{YL}{Y_d}$也是不变的，那么，上式表明消费与可支配收入的比率$\frac{C}{Y_d}$，即可支配收入的平均消费倾向也是不变的。但如果财产与可支配收入的比率$\frac{WR}{Y_d}$是可变的，则消费倾向就是可变动的。

从长期来看，财产与可支配收入的比率大致是不变的，可支配收入中劳动收入的份额$\frac{YL}{Y_d}$也是大致不变的，因而，长期平均消费倾向是稳定的，长期边际消费倾向与平均消费倾向大致相等。这样就证明了库兹涅茨的实证研究的结论：在长期中消费函数是稳定的。

但在短期中，财产与可支配收入的比率$\frac{WR}{Y_d}$是变动的，其原因主要是资产市场的价

格变动。公众所持有的股票、债券的价值是财产的一部分并包括在财产 WR 中。当证券市场繁荣时，股票债券价格高，公众的财产也就增多，从而会增加消费；而当证券市场萧条，股票、债券价格低时，公众财产就会减少，从而减少消费。这就是说，短期资产市场的波动会影响短期消费行为，使短期中的消费波动。

10. 按照凯恩斯的观点，增加储蓄对均衡收入会有什么影响？什么是“节俭的悖论”？试解释。

答：储蓄和投资决定国民收入的模型可用图 2-3 来描述：交点 E_0 表示计划的投资等于储蓄，这点决定了均衡收入水平 Y_0。

假设消费函数为 $C=a+bY$，则储蓄函数为 $S=-a+(1-b)Y$，则增加储蓄也就是减少消费，即减少消费函数中的 a、b 值。a 变小，意味着图 2-3 中储蓄线上移；b 变小，表示储蓄线以 A 为圆心逆时针转动。这两者均会导致均衡点 E_0 向左移动，也就是使均衡收入下降。

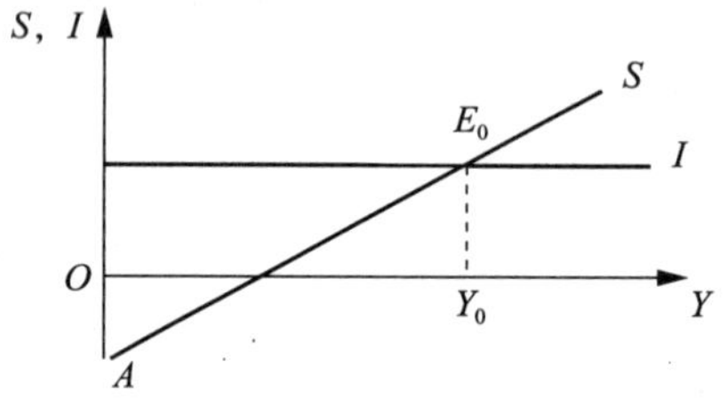

图 2-3　国民收入的模型

增加储蓄会导致均衡收入下降，这是凯恩斯主义的观点。增加消费或减少储蓄会通过增加总需求而引起国民收入增加，经济繁荣；反之，减少消费或增加储蓄会通过减少总需求而引起国民收入减少，经济萧条。由此得出一个看来是自相矛盾的推论：节制消费增加储蓄会增加个人财富，对个人来说是件好事，但由于会减少国民收入引起经济萧条，对整个经济来说却是坏事；增加消费减少储蓄会减少个人财富，对个人来说是件坏事，但由于会增加国民收入使经济繁荣，对整个经济来说却是好事。这就是所谓的“节俭的悖论”。

任何经济理论都是以一定的假设为前提，在此基础上，通过演绎推理构筑理论体系。离开了假设，理论就失去其基础，当然也就不能成立。另外，假设往往是对经济的一种理想化、简化，在此基础上构筑的经济理论当然不能全面地反映经济现实。凯恩斯的简单国民收入决定模型的前提假设是：经济中资源没有得到充分利用，从而限制国民收入增加的就不是总供给，而是总需求。凯恩斯的这一理论主要是针对 20 世纪 30 年代大危机的情况提出的，当时大量工人失业、设备闲置。在这种情况下，增加总需求，当然可以增加国民收入，使经济走出低谷。

在这个理论中包含了某些一般理论的因素，即消费对生产的刺激作用。生产决定消费，但消费对生产也有反作用。凯恩斯的国民收入决定理论强调了消费的这种作用。从总体上看，生产对消费的制约作用是主要的，但在某些特殊情况下，消费对生产的刺激作用也可以成为主要的。在资本主义社会，生产能力的无限增加与有支付能力的需求的相对缩小是其基本矛盾的表现之一。总需求不足在经济中成为一种比较普遍的、重要的制约因素。

我们不能把凯恩斯的这种理论普遍化。这是因为：①凯恩斯所用的是一种短期分析，即假设生产能力、技术条件等都是不变的。资源未得到充分利用也是短期现象。在长期中，经济的发展、国民收入的增加仍然要依靠生产能力的提高、资本的增加、技术的进步。这样，在长期中经济增长就取决于储蓄的提高，而不是消费的增加。②各国情况不同，因而，不能将之到处照搬。对于总供给不足的国家，这种理论就完全不适用。

11. 储蓄是存量还是流量?

答：存量指某一时点上的量值，流量指某一时期内发生变化的量值。储蓄是存量还是流量，要看这里储蓄的含义是什么。如果这里储蓄是指储蓄余额，例如，某家庭在某年某月某日储蓄金额已达 3 万元，这显然就是存量。但经济学中，储蓄通常指人们在一定时期获得的可支配收入扣除消费支出后的余额，政府储蓄指政府一定时期内财政收入和财政支出间的差额。这种储蓄就不是存量而是流量。因为收入、支出都是流量，其差额也必然是流量，否则，国民收入核算中的“储蓄—投资”恒等式以及宏观经济均衡中的意愿投资和意愿储蓄相等或不相等这些命题就不能成立，因为投资是流量，流量是不能和存量比较是否相等的。

12. 试分析实际利率对消费的影响。

答：与此题等价的是“分析实际利率对储蓄的影响”，因为收入中除去消费部分后的余额就是储蓄。

实际利率对消费的影响有替代效应（即现期消费和将来消费或储蓄之间的替代）和收入效应（储蓄能使收入增加）。

先分析替代效应。假如你能按名义利率 NR 借款或放款，并且一单位商品在今年的价格是 P_t，如果你今年减少 1 单位商品的消费，你将会有 P_t “节省” 到将来消费，这就是储蓄，并且挣得报酬率 NR，那样，你到明年将会有 $P_t(1+NR)$ 可用于消费。如果明年的价格水平是 P_{t+1}，那么明年你就能购买到 $P_t(1+NR)/P_{t+1}$ 单位消费品，明年你得到的额外消费是 $P_t(1+NR)/P_{t+1}-1$，由于通货膨胀率 $\pi=\dfrac{P_{t+1}-P_t}{P_t}$，上式可以改写为 $\dfrac{NR-\pi}{1-\pi}$。如果 π 很小，那么就有 $\dfrac{NR-\pi}{1-\pi}=NR-\pi$。当你正在考虑是今年消费还是明年消费时，你并不知道明年的价格，但你有对明年价格水平的预期。因此，你只能使用预期价格变动率或预期通货膨胀率，将它记作 π^e 来代替价格变动率。实际利率就成为 $R=NR-\pi^e$，即实际利率 R 等于名义利率 NR 减去预期通货膨胀率 π^e（注意此式有个前提条件就是 π^e 足够小）。

如果实际利率是正的，公众就有一种推迟消费支出的动机。前提是他们不至于等得不耐烦，他们就会那样做。经济学家对于这种不耐烦是用所谓时间偏好率来衡量的。如果实际利率高于时间偏好率，人们倾向于将他们在今年的一部分消费推迟到明年。因此，在实际利率较高时，本年的消费将可能很低。这一因素使得消费和实际利率呈反方向变动，而储蓄则和实际利率同方向变动。

再来分析收入效应。如果实际利率上升，家庭就能从积累起来的资产中获得更高的收益。这将改善家庭的经济状况，消费就将上升。显然，在这里，消费是与实际利率同方向变动的。也即储蓄是和实际利率反方向变动的。

由上可知，替代效应和收入效应的作用是相反的，两者相互抵消的趋势使得实际利率对于消费（和储蓄）的作用是不确定的。实证研究也同样证实了这一点。

13. 假若在消费中考虑利率的因素，为什么短期边际消费倾向略高于实际利率?

答：无论是生命周期假说还是持久收入假说，都可说明短期边际消费倾向略高于实际利率。我们先作如下假设：在长为 n 年的期限（如果是生命周期假说，则 n 为寿命；若是持久收入假说，则为参与收入平均的年限，一般也较大）内，消费者在考虑了实际利率因素后会计划每年的消费支出。现在假定消费者的暂时性收入增加 ΔY。如果消费者准备将 ΔY 留给后代，而自己只消费其利息，则由此带来的每年增加的消费量为 $\Delta Y \cdot r$，短期边际消费倾向为 $\frac{\Delta Y \cdot r}{\Delta Y}=r$。但在消费理论中，一般假定消费者将平稳地消费其所有收入，因而近似地可以认为今后每年增加的消费量为$\frac{\Delta Y}{n}+\Delta Y \cdot r$，从而短期边际消费倾向为$\frac{1}{n}+r$，但较$\frac{1}{n}$小，故短期边际消费倾向略高于实际利率。

14. 试述存货投资与经济周期的关系。

答：存货的调整有一个很重要的因素，就是厂商对未来的预期，根据预期使存货达到合理水平。但这种预期在经济周期中往往是不正确的，从而使存货波动大于 GDP 水平的波动。具体过程如下：在经济繁荣时期，GDP 水平增长很快，销售量也增加。这意味着厂商正在逐步用完从前的存货。这时厂商对未来抱乐观态度，要大幅增加存货。当经济衰退时，销售量开始下降，但生产水平仍很高。这时产品超过其销售额，存货开始积累。在衰退初期，由于预期有“惯性”，厂商还未从前期繁荣中清醒过来，厂商预期有高销售额，于是决定积累存货准备将来销售。随着存货的积累，厂商意识到存货已太多；另外，随着销售量下降，根据意愿存货—销量比基本不变原则，意愿存货水平要下降，厂商开始抱悲观态度，大量非意愿存货需要减少，从而就缩减产量。存货投资在经济周期中的作用正是非意愿存货和意愿存货变动相结合的结果，它加剧了经济的周期性波动。

15. 试述乘数理论的适用性。

答：在公式 $\Delta Y=a \cdot \Delta A$ 中，a 为乘数值，ΔA 为自发支出的变化，它包括投资变化 ΔI、政府购买变化 ΔG 和转移支付变化 ΔTR 等因素，这个公式表明了自发需求变化导致产出以 a 倍变化。这个理论反映了现代经济的特点，即由于经济中各部门之间的密切关系，某一部门支出（即需求）的增加必然在经济中引起其他部门的连锁反应，从而使收入以 a 倍值增加。

一般来说，需求的增加有两个后果：一是价格水平上升；二是产出水平（即收入水平）上升。当经济中存在没有得到充分利用的资源，并且假定自发需求变化时，利率、汇率等都不变化，则自发需求增加 ΔA 会导致收入水平增加 $a \cdot \Delta A$。当经济中已实现了充分就业时，即没有可利用的闲置资源时，自发需求增加 ΔA 只会导致价格水平上升而不会使产出水平（或实际收入水平）上升。一般情况下，需求的增加将导致价格水平和产出水平同时上升，上升幅度一般不等。还应该指出，有时经济中的大部分资源没有得到充分利用，但某一种或几种重要资源处于“瓶颈”状态，也会限制乘数发挥作用。因为这种“瓶颈”状态会使利用其他闲置资源成为不可能。

16. 充分就业赤字是如何计算出来的？它比实际赤字高还是低？为什么？

答：充分就业赤字是政府预算在充分就业的收入水平上出现的赤字。在经济繁荣时，实际赤字和充分就业赤字大致相等；经济衰退或萧条时，实际赤字大于充分就业赤字。因为经济不景气时，所得税会减少，但失业救济金等转移支付会增加，从而实际赤字上升，超过充分就业赤字。

疑难解析的内容摘编自：尹伯成．现代西方经济学习题指南（宏观经济学）第七版［M］．上海：复旦大学出版社，2009.

六、案例及思考

案例 2-1　投资与消费双轮驱动不可偏废

一直以来，中国的发展都被当作典型的“投资推动型”的发展模式。这不仅源于对“消费不足”的推论，也因为投资规模过大导致的一系列社会经济和生态问题。盲目投资带来的重复建设和资源浪费现象十分突出，结果在一定程度上形成了所谓“生产过剩”的潜在危机。

目前，产能过剩已经涉及钢铁、汽车、化纤、太阳能等多个行业。据估算，仅在钢铁行业，由于产能过剩带来的损失就高达 1 万亿元。实际上，产能过剩的“潜台词”就是总需求不足。

此外，大规模投资引发的环境污染、资源过度开发以及用工荒等问题，加剧了学者与民众对投资驱动模式的负面认识。对刺激需求的片面认识，导致了对投资驱动模式的怀疑、否定，甚至“妖魔化”。因此我们要对消费与投资的关系，特别是它们在推动发展中国家经济起飞和经济结构调整方面的地位和作用，有一个更为清醒和科学的认识。

首先，关于所谓“消费不足”的命题需要谨慎判断。目前，许多人对于消费不足的判断不是基于事实和理性，而是更多地出于感性的冲动。事实上，从中国的实际发展阶段来看，中国的消费水平和消费能力其实一点也不低。国家统计局的数据显示，近些年来我国的消费一直呈现高速增长的态势。2015 年，我国社会消费品零售总额超过 30 万亿元，仅次于美国，成为全球第二大消费国。诸多的证据表明，我们对中国的消费存在着严重低估的可能。

其次，关于对投资驱动的误解和责难也需要认真辨析。在大多数的经济增长模型中，投资都被认为是必不可少的重要变量。特别是对于中国这样一个发展中国家来说，投资在推动国民经济持续稳定增长和经济结构优化方面，依然占据着不可替代的重要地位。

最后，片面依赖刺激消费、走消费拉动的经济发展道路，否定投资驱动型模式，并非当前宏观经济的最优选择。

摘编自：李长安．投资与消费双轮驱动不可偏废［N］. 经济参考报，2016-05-04.

请结合案例 2-1 思考以下问题：

1. 短期国民收入的决定因素有哪些？
2. 如何辩证看待消费和投资在经济增长中的作用？
3. 为什么说否定投资驱动型模式并非我国当前宏观经济的最优选择？

案例 2-2　“4 万亿计划”的功与过

2008 年 9 月，国际金融危机全面爆发后，中国经济增速快速回落，出口出现负增长，大批农民工返乡，经济面临硬着陆的风险。为应对危机的影响，中国政府于当年 11 月 9 日正式宣布要在未来两年内投资 4 万亿元的经济刺激计划，以挽救经济，避免迅速滑坡。计划推出的力度与内容均出人意料。在最初的躁动之后，学术界对这一举措有了更多的思考，不少学者也基于自己的判断进行了解读，提出了不同的观点。赞成者认为，4 万亿元的投资是挽救当前严峻形势的当然之举，适逢其时，干脆果断，必将确保中国经济增长率达到 8%以上。甚至有研究成果声称，4 万亿元投资将拉动 GDP2~4 个百分点。而怀疑者则指出，4 万亿元投资可能并不足以挽救中国经济面临的困境，且其负面影响不容忽视。基于国民收入乘数理论估算 4 万亿元政府投资的贡献后发现，4 万亿元投资计划是一个寄望于世界经济快速复苏的权宜之举，收益是短期内稳定了经济和社会，代价是牺牲了中国经济增长方式的优化与导致市场化改革理念的可能退步。

摘编自：王曦，陆荣．危机下四万亿投资计划的短期作用与长期影响［J］. 中山大学学报（社会科学版），2009（4）：180-188.

请结合案例 2-2 思考以下问题：

1. 什么是乘数效应？
2. 乘数效应大小的影响因素有哪些？它们又是如何影响乘数大小的？
3. 如何评价 4 万亿计划对当时以及现在中国宏观经济运行的影响？

七、练习题

（一）选择题

1. 市场经济条件下的均衡国民收入指（　　）时的产出。

A. 总需求等于总供给　　B. 总需求大于总供给
C. 总需求小于总供给　　D. 市场需求等于市场供给

2. “萨伊定律”的含义是（　　）。

A. 需求总是会创造出它自身的供给　　B. 供给总是会创造出它自身的需求
C. 需求不能创造出相应的供给　　D. 供给不能创造出相应的需求

3. 古典经济学中，均衡国民收入由经济中的（　　）决定。

A. 总供给与总需求的均衡水平　　B. 总需求水平
C. 供给与需求的均衡水平　　D. 总供给水平

4. 旧凯恩斯主义认为，均衡国民收入由（　　）决定。

A. 总供给与总需求的均衡水平　　B. 总需求水平
C. 供给与需求的均衡水平　　D. 总供给水平

5. 新凯恩斯主义认为，短期内均衡国民收入由（　　）决定。

A. 需求与供给的均衡水平　　B. 有效供给水平
C. 有效需求水平　　D. 总供给水平

6. 表示任意一个收入水平上的消费支出在收入中所占比例的是（　　）。

A. *MPC*　　B. *APC*　　C. *MPS*　　D. *APS*

7. 表示每增加的 1 单位收入中用于增加消费部分的比率是（　　）。

A. *MPC*　　B. *APC*　　C. *MPS*　　D. *APS*

8. 消费曲线上任意一点的斜率，表示与这一点相对应的（　　）。

A. 平均消费倾向　　B. 平均储蓄倾向
C. 边际消费倾向　　D. 边际储蓄倾向

9. 如果存在消费函数 $C=300+0.75Y$，则边际消费倾向为（　　）。

A. 300　　B. $300+0.75Y$　　C. $0.75Y$　　D. 0.75

10. 在不考虑其他因素的情况下，以下一定会导致平均消费倾向增加的是（　　）。

A. 利率降低
B. 货币名义收入不变时，物价水平的上升
C. 收入分配越不平均
D. 利率升高

11. 美国经济学家杜森贝提出的相对收入假说认为（　　）。

A. 消费者会根据自己过去的消费习惯以及周围人们消费水准的影响决定自己的消费水平

B. 消费者的消费水平由收入水平决定

C. 消费者的消费支出不是由他的现期收入水平决定，而是由其恒久收入水平决定

D. 消费者的消费支出不仅与他们在该时期的可支配收入相联系，还与在更长时间范围内计划他们生活中的消费支出相联系

12. 在资本边际效率既定时，投资量 I 与利率 r 之间的关系正确的是（　　）。

A. 利率越高，投资量越小　　B. 利率越低，投资量越小

C. 利率越高，投资量越大　　D. 利率与投资量无明显关系

13. 资本边际效率使一项资本品在使用期内各预期收益的现值之和（　　）这项资本品的供给价格或者重置成本。

A. 大于　　B. 小于　　C. 等于　　D. 大于或等于

14. 借贷者按约定所支付的利率成为（　　）。

A. 实际利率　　B. 名义利率　　C. 银行利率　　D. 借贷利率

15. 假定某年名义利率为 10%。通货膨胀率为 4%，则实际利率为（　　）。

A. 10%　　B. 4%　　C. 14%　　D. 6%

16. 假定 $I=1250-250r$，则自主投资为（　　）。

A. 1250　　B. 250　　C. $1250-250r$　　*D.* $250r$

17. 假定 $I=1250-250r$，则 r 的系数 250 表示（　　）。

A. 投资对利率的影响系数

B. 利率对投资的影响系数

C. 利率每上升一个百分点，投资会增加 250

D. 利率每下降一个百分点，投资会减少 250

18. 以下可以增加消费需求的有（　　）。

A. 政府缩减开支　　B. 提高税收

C. 实施农产品补贴制度　　D. 减少政府转移支付

19. 净出口额等于一国的出口总额减去其进口总额，用于衡量（　　）。

A. 一国实际对外经济活动　　B. 国外对本国的需求

C. 本国对国外的需求　　D. 一国对外贸易程度

20. 以下关于投资乘数，说法错误的是（　　）。

A. 边际消费倾向越大，乘数就越大

B. 边际消费倾向越大，乘数就越小

C. 边际储蓄倾向越大，乘数就越小

D. 边际储蓄倾向越小，乘数就越大

（二）判断题

1. 凯恩斯认为，均衡国民收入由总需求水平决定。（　　）

2. 在国民收入决定理论中，当投资大于储蓄时，一国的国民收入减少。（　　）

3. 在均衡的国民收入水平上，意愿存货和非意愿存货都必然为零。（　　）

4. 凯恩斯主义交叉图中两条曲线的交点表示计划支出与实际支出相等。(　　)
5. 当计划支出大于实际支出时，非意愿存货变动就会增加。(　　)
6. 非计划存货投资可能为正，可能为负，也可能为零。(　　)
7. 实现两部门经济中均衡产出的条件是 $C=S$。(　　)
8. 平均消费倾向是凯恩斯消费函数曲线的斜率。(　　)
9. 凯恩斯消费函数的斜率就是边际消费倾向。(　　)
10. 自发消费随收入变动而变动，它取决于收入和边际消费倾向。(　　)
11. 边际消费倾向指任一收入水平上的消费支出在收入中所占的比例。(　　)
12. 平均消费倾向与平均储蓄倾向之和等于 1。(　　)
13. 根据凯恩斯消费函数，收入增加，边际消费倾向和边际储蓄倾向都递增。(　　)
14. 凯恩斯消费函数具有边际储蓄倾向递减的规律。(　　)
15. 如果边际消费倾向为 0.75，那么，边际储蓄倾向就一定是 0.25。(　　)
16. 富有者的边际消费倾向较高，而贫穷者边际消费倾向较低。(　　)
17. 对于高收入者，利率提高，会发生收入效应，从而减少储蓄。(　　)
18. 若货币收入不变，物价上升，则消费者的平均消费倾向就会降低。(　　)
19. 国民收入水平越平均，则全国性平均消费倾向越小。(　　)
20. 投资是经济中最活跃的变量，主要受利率的影响。(　　)
21. 资本边际效率是一种贴现率。(　　)
22. 在相同的预期收益下，投资边际效率大于资本边际效率。(　　)
23. 新古典经济学认为，投资需求会随工资的上升而上升。(　　)
24. 随着实际利率即投资成本的上升，投资需求不断下降。(　　)
25. 实际利率等于名义利率加上通货膨胀率。(　　)
26. 企业决定是否投资取决于市场的预期利润率和借入款项的利率之间的比较。(　　)
27. 投资是利率的减函数。(　　)
28. 政府增加税收会增加社会消费需求和投资需求。(　　)
29. 政府增加直接支出和转移支付会增加社会消费需求和投资需求。(　　)
30. 边际消费倾向越大，投资乘数就越小，两者负相关。(　　)
31. 边际储蓄倾向越高，乘数就越大。(　　)
32. 税收乘数绝对值等于边际消费倾向与边际储蓄倾向之比。(　　)
33. 平衡预算乘数的值为 1。(　　)

（三）计算题

1. 社会原来的收入水平为 1000 亿元，消费为 800 亿元，当收入增加至 1200 亿元时，消费增加至 900 亿元，请计算：

（1）收入水平为 1000 亿元时的平均消费倾向。

（2）收入水平为 1000 亿元时的平均储蓄倾向。

（3）收入水平由1000亿元增加至1200亿元时的边际消费倾向。

（4）收入水平由1000亿元增加至1200亿元时的边际储蓄倾向。

2. 根据上题所计算出的边际消费倾向，计算：当投资增加50亿元时，国民收入会增加多少？如果投资减少40亿元，国民收入会减少多少？

3. 某经济社会的消费函数和投资函数分别为$C=100+0.9Y$和$I=80$。

（1）求投资乘数及均衡国民收入。

（2）求储蓄函数及均衡时的储蓄额。

（3）当投资函数变为$I=0.05Y+30$时，均衡国民收入如何变化？

（四）问答题

1. 在均衡产出水平上，是否计划存货投资和非计划存货投资都必定为0？
2. 边际消费倾向和平均消费倾向是否总是大于0小于1？
3. 按照凯恩斯主义经济学的观点，增加储蓄对于均衡国民收入有什么影响？
4. 说明消费函数与储蓄函数的关系。
5. 简单的凯恩斯消费函数有何不足之处？
6. 投资是如何决定的？怎样看待其决定因素的地位和作用？
7. 怎样理解资本边际效率和投资边际效率的区别？
8. 可否用马克思主义的观点分析一下资本主义市场经济下消费不足的根本原因？
9. 应该怎样看待凯恩斯以心理因素说明社会消费需求和投资需求不足的理论？

第三章

国民收入的决定：*IS—LM* 模型

◇一、概要及学习目标

◇二、知识脉络图

◇三、主要概念

◇四、重点、难点

◇五、疑难解析

◇六、案例及思考

◇七、练习题

一、概要及学习目标

（一）概要

产品市场的均衡指产品在市场上的供给和需求都相等。

IS 曲线是代表产品和服务市场达到均衡状态时的一条曲线，是使投资与储蓄相等时所有代表均衡利率水平和计划投资需求水平的组合点的集合。

两部门经济中，*IS* 曲线的斜率既取决于 d，也取决于 β。d 是投资需求对于利率变动的反应程度，它表示利率变动达到一定幅度时投资变动的程度，如果 d 值越大，即投资对于利率变化比较敏感，那么 *IS* 曲线的斜率就越小，即 *IS* 曲线较平缓；β 是边际消费倾向，如果 β 值越大，边际储蓄倾向较小，即储蓄曲线较平缓，那么 *IS* 曲线的斜率就越小，*IS* 曲线也较平缓。

在三部门经济中，由于存在税收和政府支出，因此 *IS* 曲线的斜率除了与 d、β 有关外，还和税率 t 的大小有关。即当 d 和 β 固定时，税率 t 越小，*IS* 曲线就越平缓；t 越大，*IS* 曲线就越陡峭。

IS 曲线的变动：①投资需求增加，即投资曲线向右移动，*IS* 曲线也会向右移动，其移动量等于投资需求曲线移动的数量乘以投资乘数；②人们的储蓄意愿增加，储蓄曲线就会向左移动，*IS* 曲线亦会向左移动；③当消费发生变动时，*IS* 曲线会呈现出和储蓄变动相反方向的变化；④增加政府购买性支出，等于增加投资支出，会使 *IS* 曲线向右移动，移动大小取决于政府支出增量和支出乘数的大小；⑤政府增加一笔税收，则使 *IS* 曲线向左移动，相反，如果政府减税，则会使得 *IS* 曲线向右移动；⑥政府转移支付导致 *IS* 曲线变化与消费变化所产生的效果大致相同；⑦国外对本国产品和服务需求的增加或减少同国内总需求的增加或减少对 *IS* 曲线的作用是一样的。

货币需求是人们在不同条件下出于各种考虑而愿意持有一定数量货币的需求。凯恩斯认为，人们持有货币或者需要货币，是出于以下三类动机：①交易动机；②预防动机或谨慎动机；③投机动机。

对货币的需求，又称流动性偏好，指由于货币具有使用上的流动性，人们宁肯以牺牲利息收入而存储不生息的货币来保持财富的心理倾向。人们不管有多少货币都愿意持在手中，这种情况被称为凯恩斯陷阱或“流动偏好陷阱”。

货币供给是一个存量概念，它是一个国家在某一时点上所保持的不属于政府和银行所有的硬币、纸币和银行存款的总和。货币供给量由货币当局控制，因而它是一个外生变量。

LM 曲线是货币市场均衡利率与产出水平各组合的集合。

LM 曲线斜率取决于货币的交易需求曲线和投机需求曲线的斜率，即 k 和 h。h 一定时，k 越大，*LM* 曲线的斜率越大，*LM* 曲线越陡峭；k 一定时，h 越大，*LM* 曲线的斜率越小，*LM* 曲线越平缓。*LM* 曲线的三个区域为凯恩斯区域或萧条区域、中间区域和古典区域。

LM 曲线的移动：①在价格水平不变时，名义货币供给量 M 增加，*LM* 曲线向右下方移动；②价格水平 P 上升，实际货币供给量 m 就变小，*LM* 曲线就向左上方移动。

产品市场和货币市场的一般均衡：*IS* 曲线上，有很多利率与收入的组合可以使产品市场均衡；在 *LM* 曲线上，也有很多利率和收入的组合可以使货币市场均衡。*IS* 曲线和 *LM* 曲线交于一点，在该点上，产品市场和货币市场同时达到均衡，其数值可以通过求解 *IS* 曲线和 *LM* 曲线的联立方程得到。

产品市场和货币市场的非均衡：当收入与利率组合点位于 *IS* 曲线左下方时，投资大于储蓄，即 $I>S$，有超额产品需求；当收入与利率组合点位于 *IS* 曲线右上方时，投资小于储蓄，即 $I<S$，有超额产品供给；当收入与利率组合点位于 *LM* 曲线左上方时，货币需求小于货币供给，即 $L<M$，有超额货币供给；当收入与利率组合点位于 *LM* 曲线右下方时，货币需求大于货币供给，即 $L>M$，有超额货币需求。这四个区域中存在的各种不同组合的 *IS* 和 *LM* 非均衡状态，会得到调整。

产品市场与货币市场共同均衡的调整：政府可以通过财政政策和货币政策的运用，使 *IS* 曲线或 *LM* 曲线变动，导致均衡点变动，来达到宏观调控的目的。

（二）本章学习目标

了解产品市场的均衡，掌握 *IS* 曲线的含义和特性，明确 *IS* 曲线斜率的影响因素和变动规律。了解货币市场的均衡，掌握 *LM* 曲线的含义和特性，明确 *LM* 曲线斜率的影响因素和变动规律；掌握货币需求的动机和流动性陷阱理论。理解国民收入决定中产品市场和货币市场相互影响和相互依存的关系，掌握两个市场共同均衡的推导及其变动与经济政策的联系，明确 *LM* 曲线不同区域的经济含义。

二、知识脉络图

- 产品市场的均衡：IS 曲线
  - 1. IS 曲线的前提条件：产品市场的均衡，即产品市场上供需相等
  - 2. IS 曲线的含义和推导
    - （1）含义：IS 曲线是产品和服务市场达到均衡状态时的一条曲线，是使投资与储蓄相等时所有代表均衡利率水平和计划投资需求水平的组合点的集合
    - （2）两部门经济的推导 $\begin{cases} Y=C+I \\ C=\alpha+\beta Y \\ I=e-dr \end{cases} \rightarrow Y=\dfrac{\alpha+e-dr}{1-\beta}$ 或 $r=\dfrac{\alpha+e}{d}-\dfrac{1-\beta}{d}Y$
    - （3）三部门经济的推导 $\begin{cases} Y=C+I+G \\ I=e-dr \\ t\text{ 为比例税} \end{cases} \rightarrow Y=\dfrac{\alpha+e-dr+G}{1-\beta(1-t)}$ 或 $r=\dfrac{\alpha+e+G}{d}-\dfrac{1-\beta(1-t)}{d}Y$
  - 3. IS 曲线斜率及其变动
    - （1）IS 曲线斜率
      - ①d 值越大，即投资对于利率变化越敏感，IS 曲线斜率越小，即 IS 曲线越平缓
      - ②β 值越大，即边际储蓄倾向越小，IS 曲线斜率越小，即 IS 曲线越平缓
      - ③三部门中当 d 和 β 固定时，税率 t 越小，IS 曲线斜率越小，即 IS 曲线越平缓
    - （2）IS 曲线变动
      - ①投资需求增加：IS 曲线向右移动
      - ②储蓄意愿增加：IS 曲线向左移动
      - ③消费意愿增加：IS 曲线向右移动
      - ④政府购买增加：IS 曲线向右移动
      - ⑤政府税收增加：IS 曲线向左移动
      - ⑥政府转移支付增加：IS 曲线向右移动
      - ⑦国外需求增加：IS 曲线向右移动

- 货币市场的均衡：LM 曲线
  - 1. 货币需求的决定
    - （1）货币需求动机
      - ①交易动机：指个人和企业需要货币是为了进行正常的交易活动
      - ②预防动机：指人们需要货币是为了预防经济生活中预料之外的支出
      - ③投机动机：指人们持有货币是为了抓住购买有价证券的有利机会
    - （2）流动性陷阱：人们不管有多少货币都愿意持在手中的情况
    - （3）货币需求函数：$L=L_1+L_2=L(Y)+L(r)=kY-hr$（$L$、$L_1$、$L_2$ 代表对货币的实际需求，k 和 h 为常数）

货币市场的均衡：LM曲线

2. 货币供给的决定
- （1）货币供给量：一国在某一时点上所保存的所有硬币、纸币和银行存款的总和，是存量概念
- （2）货币供给曲线：一条垂直于横轴的直线
- （3）货币供给函数：$M=\overline{M}/\overline{P}$
- （4）均衡利率的决定：取决于货币市场的均衡，即货币供给量与货币需求量相等

3. *LM* 曲线的含义和推导
- （1）含义：*LM* 曲线是货币市场均衡利率与产出水平各组合的集合
- （2）推导：货币市场均衡条件 $M=L=kY-hr \Rightarrow r=\frac{1}{h}(kY-\frac{\overline{M}}{\overline{P}})$ 或 $Y=\frac{1}{k}(hr+\frac{\overline{M}}{\overline{P}})$

4. *LM* 曲线斜率及其变动
- （1）*LM* 曲线斜率
  - ①h 越大，即货币需求对利率越敏感，*LM* 曲线斜率越小，即 *LM* 曲线越平缓
  - ②k 越大，即货币需求对收入越敏感，*LM* 曲线斜率越大，即 *LM* 曲线越陡峭
- （2）*LM* 曲线三个区域
  - ①凯恩斯区域：*LM* 曲线呈水平状态，斜率为 0，即$k/h=0$
  - ②古典区域：*LM* 曲线呈垂直状态，斜率为无穷大，即 $k/h\rightarrow\infty$
  - ③中间区域：介于凯恩斯区域与古典区域之间，斜率为正
- （3）*LM* 曲线变动
  - ①投机需求增加：*LM* 曲线左移
  - ②交易需求增加：*LM* 曲线左移
  - ③实际货币供给增加：*LM* 曲线右移

产品市场和货币市场的共同均衡：IS—LM模型

1. 产品市场和货币市场的共同均衡
- （1）产品市场均衡：*IS* 曲线上的利率与收入组合
- （2）货币市场均衡：*LM* 曲线上的利率与收入组合
- （3）共同均衡：*IS* 曲线与 *LM* 曲线的交点处（*E* 点）

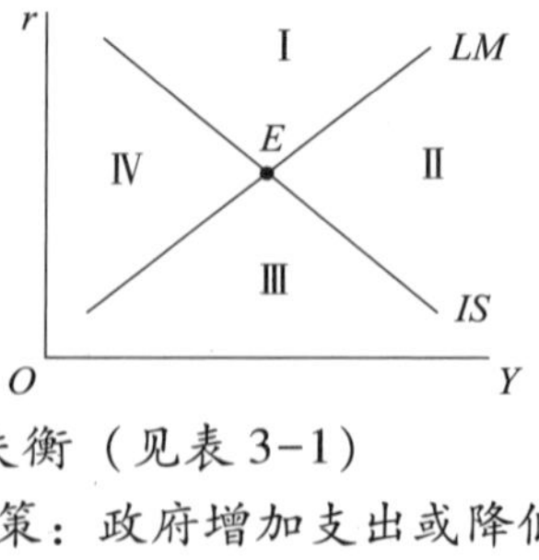

2. 产品市场和货币市场的失衡（见表 3-1）

3. 产品市场和货币市场共同均衡的调整和变动
- （1）财政政策：政府增加支出或降低税收，*IS* 曲线向右上方移动
- （2）货币政策：中央银行增加货币供给量，*LM* 曲线向右下方移动
- （3）政府通过运用财政政策和货币政策，使 *IS* 曲线和 *LM* 曲线变动，从而导致均衡点变动，达到宏观调控的目的

表 3-1　产品市场和货币市场的失衡

区域	产品市场	货币市场
Ⅰ	$I<S$，有超额产品供给	$L<M$，有超额货币供给
Ⅱ	$I<S$，有超额产品供给	$L>M$，有超额货币需求
Ⅲ	$I>S$，有超额产品需求	$L>M$，有超额货币需求
Ⅳ	$I>S$，有超额产品需求	$L<M$，有超额货币供给

三、主要概念

1. *IS* 曲线（*IS* curve）：代表产品和服务市场达到均衡状态时的一条曲线，它反映某些相关经济变量（或指标）相互作用和联动的情况。

2. 交易动机（Transaction motive）：个人和企业需要货币是为了进行正常的交易活动。

3. 预防动机（或谨慎动机）（Precautionary motive）：人们需要货币是为了预防经济生活中预料之外的支出。

4. 投机动机（Peculative motive）：人们持有货币是为了在金融市场上抓住购买有价证券的有利机会。

5. 流动性陷阱（凯恩斯陷阱）（Liquidity trap）：不管有多少货币，人们都愿意将其保持在手中的情况。

6. 流动性偏好（Liquidity preference）：人们持有货币的偏好，实际上就是人们对货币的需求。

7. 名义货币量（Nominal monetary quantity）：不考虑货币购买力是否变化，仅计算其票面值的货币量。

8. *LM* 曲线（*LM* curve）：货币市场均衡利率与产出水平各组合的集合。

四、重点、难点

（一）重点

1. *IS* 曲线的推导、斜率和移动；
2. 货币需求动机、货币的供给；
3. *LM* 曲线的推导、斜率和移动；
4. 均衡国民收入和均衡利率的确定。

（二）难点

1. 流动性陷阱；

2. 货币市场的均衡理论；

3. 均衡国民收入的变动。

五、疑难解析

1. 人们为什么需要货币？在此问题上凯恩斯理论和古典学派理论有何主要区别？

答：古典学派认为，人们需要货币是为了购买商品和劳务，因而货币的作用是作为交换媒介或支付手段；而凯恩斯认为，人们需要货币，除了要作为交易和预防的手段，还为了价值贮存，通过持有货币，保留财富或价值及利用有利时机增加财富或价值。

2. 怎样理解货币的交易性需求是收入的增函数？

答：人们出于交易动机而对货币产生的需求量是随收入增减而增减的。例如，如果一个人每月收入 1800 元，并且在 1 个月内均匀地支出全部金额即每天支出 60 元，那么他每天相应保留的货币额，在月初第一天、第二天、第三天依次为 1800 元、1740 元、1680 元，而月末倒数第一天、第二天、第三天依次为 0 元、60 元、120 元。可见，他的月平均货币余额即交易性货币需求为 900 元，即第一天和最后一天、第二天和倒数第二天、第三天和倒数第三天等的货币持有额的平均数。如果他收入和支出增加为原来的 2 倍，则所需货币额也增加 2 倍。如果他的收入改为周薪制，即每月支付 4 次，每周支付 450 元，则他平均持有的货币金额为 225 元。可见，货币的交易需求量随收入增加而增加，随收入次数增加而减少。于是，交易需求量、收入和收入的流通速度之间存在一定函数关系，可用公式表示为 $L_1=Y/V$，其中 L_1 代表交易需求量，Y 代表货币收入，V 代表收入流通速度。其中，凯恩斯认为 V 在短期内几乎稳定不变，因此 L_1 只随 Y 正比例地变化，或者说交易性货币需求是收入的增函数。

3. 怎样理解预防性货币需求是收入的增函数？

答：当收入水平上升时，人们需要较多货币以预防不测，也有能力积蓄较多货币作为预防之用。但因预防需要而持有的货币越多，牺牲的利益或者说损失的利息收入也越多。因此，预防性货币需求也是利率的减函数，但在一般情况下，预防性货币需求受利率影响而变动的量不太大，因而只把它看作收入的增函数。

4. 什么叫流动性陷阱？

答：凯恩斯提出，货币需求是利率的减函数，即利率下降时货币需求会增加，然而当利率下降到一定程度或者说达到某一临界程度时，即债券价格上升到足够高度时，人们购买生息的债券会面临亏损的极大风险。这时，人们估计，如此高的债券价格只会下降，不会再上升，于是他们不会再买债券，而宁肯保留货币。在这样的情况下，货币供给的增加就不能使利率再降低，因为人们手中即使有多余的货币，也不肯去买债券，从而不会使债券价格再上升，即利率不会再下跌。此时，就称经济正处于流动性陷阱之中。这时实行扩张性货币政策不会改变均衡利率和投资量，自然也就不会对就业和产出产生任何影响。

5. 怎样理解 *IS—LM* 模型是凯恩斯主义宏观经济学的核心?

答：凯恩斯理论的核心是有效需求原理，该理论认为国民收入决定于有效需求，而有效需求原理的支柱又是边际消费倾向递减、资本边际效率递减以及流动偏好这三个心理规律的作用。这三个心理规律涉及四个变量：边际消费倾向、资本边际效率、货币需求和货币供给。在这里，凯恩斯通过利率把货币经济和实物经济联系了起来，打破了新古典学派把实物经济和货币经济分开的两分法，认为货币不是中性的，货币市场上的均衡利率影响投资和收入，而产品市场上的均衡收入又会影响货币需求和利率，这就是产品市场和货币市场的相互联系和作用。但凯恩斯本人并没有用一种模型把上述四个变量联系在一起。汉森、希克斯这两位经济学家则用 *IS—LM* 模型把这四个变量放在一起，构成一个产品市场和货币市场之间相互作用共同决定国民收入与利率的理论框架，从而使凯恩斯的有效需求理论得到了较为完善的表述。不仅如此，凯恩斯主义的经济政策即财政政策和货币政策的分析，也是围绕 *IS—LM* 模型而展开的，因此可以说 *IS—LM* 模型是凯恩斯主义宏观经济学的核心。

6. *IS* 曲线向右下方倾斜的假定条件是什么?

答：*IS* 曲线向右下方倾斜的假定条件是投资需求是利率的减函数，以及储蓄是收入的增函数。即利率上升时，投资要减少，利率下降时，投资要增加；收入增加时，储蓄要随之增加，收入减少时，储蓄要随之减少。如果这些条件成立，那么，当利率下降时，投资必然增加，为了达到产品市场的均衡，或者说储蓄和投资相等，则储蓄必须增加，而储蓄又只有在收入增加时才能增加。这样，较低的利率必须和较高的收入配合，才能保证产品市场上总供给和总需求相等。于是当坐标图形上纵轴表示利率，横轴表示收入时，*IS* 曲线就必然向右下方倾斜。如果上述前提条件不存在，则 *IS* 曲线就不会向右下方倾斜。例如，当投资需求的利率弹性无限大时，即投资需求曲线为水平状时，则 *IS* 曲线将成为一条水平线。再如，如果储蓄不随收入而增加，即边际消费倾向等于 1，则 *IS* 曲线为水平状。由于西方学者一般认为投资随利率下降而增加，储蓄随收入下降而减少，因此一般可假定 *IS* 曲线为向右下方倾斜的。

7. *LM* 曲线向右上方倾斜的假定条件是什么?

答：*LM* 曲线向右上方倾斜的假定条件是货币需求随利率上升而减少，随收入上升而增加。如果这些条件成立，则当货币供给既定时，若利率上升，货币投机需求量减少（即人们认为债券价格下降时，购买债券从投机角度看风险变小，因而愿意买进债券而减少需要货币持有量），为保持货币市场上供求平衡，货币交易需求量必须相应增加，而货币交易需求又只有在收入增加时才会增加，于是，较高的利率必须和较高的收入相结合，才能使货币市场均衡。如果这些条件不成立，则 *LM* 曲线不可能向右上方倾斜。例如，古典学派认为，人们需要货币，只是为了交易，并不存在投机需求，即货币投机需求为零，在这种情况下，*LM* 曲线就是一条垂直线。反之，凯恩斯认为，当利率下降到足够低的水平时，人们的货币投机需求将会无限大（即认为这时债券价格太高，未来只会下降，不会再升，从而买债券风险太大，因而人们手头不管持有多少货币，也不愿去买债券），从而陷入流动性陷阱，使 *LM* 曲线呈水平状。由于西方学者认为，一般情况下，人们对货币的投机需求既不可能是零，也不可能是无限大，是介于零和无限大之间，因此，*LM* 曲线一般是向右上方倾斜的。

8. 研究分析 *IS* 曲线和 *LM* 曲线的斜率及其决定因素有什么意义？

答：分析研究 *IS* 曲线和 *LM* 曲线的斜率及其决定因素，主要是为了分析有哪些因素会影响财政政策和货币政策效果。

在分析财政政策效果时，比如分析一项增加政府支出的扩张性财政政策效果时，如果增加一笔政府支出会使利率上升很多（此时 *LM* 曲线比较陡峭），或利率每上升一定幅度会使私人部门投资下降很多（此时 *IS* 曲线比较平坦），则政府支出的挤出效应就大，从而扩张性财政政策收效甚微，反之则效果显著。可见，通过分析 *IS* 曲线和 *LM* 曲线的斜率以及它们的决定因素就可以比较直观地了解财政政策效果的决定因素：使 *IS* 曲线斜率较小的因素（如投资对利率较敏感，边际消费倾向较大从而支出乘数较大，边际税率较小从而也使支出乘数较大），以及使 *LM* 曲线斜率较大的因素（如货币需求对利率较不敏感以及货币需求对收入较为敏感），都会导致财政政策收效甚微。

在分析货币政策效果时，比如分析一项增加货币供给的扩张性货币政策效果时，如果增加一笔货币供给会使利率下降较少（此时 *LM* 曲线比较陡峭），或利率下降一定幅度会使私人部门投资增加很多（此时 *IS* 曲线比较平坦），则货币政策效果显著，反之则收效甚微。可见，通过分析 *IS* 曲线和 *LM* 曲线的斜率以及它们的决定因素就可以比较直观地了解货币政策效果的决定因素：使 *IS* 曲线斜率较小的因素以及使 *LM* 曲线斜率较大的因素，都是使货币政策效果较大的因素。

9. 消费函数中的自发消费支出和边际消费倾向变动时，*IS* 曲线会有什么变动？

答：若消费函数用 $C=a+bY$ 表示，由自发消费 a 增加或减少，会使 *IS* 曲线向右或左平行移动，而边际消费倾向 b 增大或变小，则使 *IS* 曲线斜率变小或变大，原因是 b 变大表示同样收入中会有更多的收入用于消费支出，此时储蓄减少，为使储蓄和一定利率水平上的投资相等，现在需要有更多的收入才能产生相应的储蓄，从而要有更多的收入和一定的利率相结合才能使 $I=S$，这就使 *IS* 曲线变得更为平缓。

10. 为什么利率和收入的组合点位于 *IS* 曲线右上方时，反映产品市场上供过于求的情况？

答：产品市场上供过于求是指储蓄大于投资的情况，在 *IS* 曲线右上方的任何收入和利率的组合点之所以都表明储蓄大于投资，这是因为相对于一定收入而言，利率太高了，从而使该收入提供的储蓄超过了该利率所导致的投资，或者是相对于一定利率而言，收入太高了，从而该利率所导致的投资水平低于该收入所提供的储蓄，这些情况可用图 3-1 表示。

在图 3-1 中，A 点位于 IS 曲线之上，相对于收入 Y_1，利率 r_2 太高了，若利率为 r_1，则 $I=S$，然而 $r_2>r_1$，由 r_2 所决定的投资小于 r_1 决定的投资，从而使由 r_1 决定的储蓄大于 r_2 决定的投资。$S>I$ 的情况也可以这样来解释，相对于利率 r_2 而言，收入 Y_1 太高了，若收入为 Y_2，则 $I=S$。然而，$Y_1>Y_2$，由 Y_1决定的储蓄大于 Y_2 决定的储蓄，从而使由 r_1 决定的储蓄大于 r_2 决定的投资。

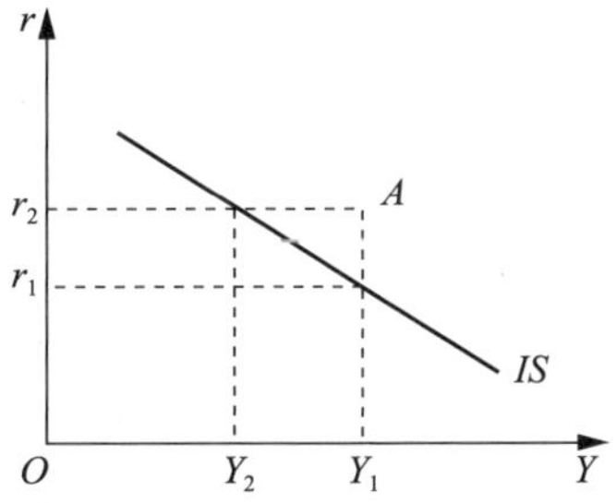

图 3-1　IS 曲线与产品市场的均衡

11. 什么是 LM 曲线的三个区域，其经济含义是什么？

答：LM 曲线上斜率的三个区域分别指 LM 曲线从左到右所经历的水平线、向右上方倾斜线、垂直线的三个阶段。LM 曲线这三个区域分别称为凯恩斯区域、中间区域、古典区域。其经济含义指，在水平线阶段的 LM 曲线上，货币的需求曲线已处于水平状态，对货币的投机需求已达到利率下降的最低点流动性陷阱阶段，货币需求对利率敏感性极大。凯恩斯认为，当利率很低，即债券价格很高时，人们觉得用货币购买债券风险极大，因为债券价格极高，从而只会跌不会涨，因此买债券很可能亏损，人们宁愿持有货币，也不肯去买债券，这时，货币投机需求无限大，从而使 LM 曲线呈水平状态。由于这种分析是凯恩斯提出的，所以水平的 LM 区域被称为凯恩斯区域。在垂直阶段，LM 曲线斜率为无穷大，或货币的投机需求对利率已毫无敏感性，从而货币需求曲线的斜率（$1/h$）趋向于无穷大，呈垂直状态，表示无论利率如何变动，货币的投机需求均为零，从而 LM 曲线也呈垂直状态（k/h 趋向于无穷大）。由于古典学派认为货币需求只有交易需求而无投机需求，因此垂直的 LM 区域被称为古典区域，介于垂直线与水平线之间的区域则被称为中间区域。

12. 在 IS 和 LM 两条曲线相交时所形成的均衡收入是否就是充分就业的国民收入？为什么？

答：两个市场同时均衡时的收入不一定就是充分就业的国民收入。这是因为 IS 和 LM 都只是表示产品市场上供求相等和货币市场上供求相等的收入和利率的组合，因此，两条曲线的交点所形成的收入和利率也只表示两个市场同时达到均衡时的利率和收入，它并没有说明这种收入一定是充分就业的收入。当整个社会的有效需求严重不足时，即使利率甚低，企业投资意愿也较差，这也会使较低的收入和较低利率相结合达到产品市场的均衡，即 IS 曲线离 IS 曲线坐标图形上的原点 O 较近，当这样的 IS 曲线和 LM 曲线相交时，交点上的收入往往就是非充分就业的均衡收入。

13. 为什么政府支出增加会使利率和收入均上升，而中央银行增加货币供给会使收入增加而利率下降？

答：政府支出的增加意味着总需求（或总支出）的增加，这将使产量和收入增加，从而增加对货币的交易需求量，在货币供给量不变的条件下（或 *LM* 曲线不变），新增加的货币需求会使利率上升，最终引起投机动机的货币需求的下降来保证货币市场均衡。这个过程，在 *IS—LM* 模型上，表现为在 *LM* 曲线不变，*IS* 曲线向右移动，总需求的增加引起收入和利率的同时增加。中央银行增加货币供给量，而货币需求不变的话，利率将会下降。从产品市场看，在 *IS* 曲线上，在既定投资函数上，利率的下降会导致投资和国民收入的增加，这个过程表现为在 *IS* 曲线不变条件下，*LM* 曲线向右移动。

疑难解析的内容摘编自：尹伯成．现代西方经济学习题指南（宏观经济学）第七版［M］．上海：复旦大学出版社，2009.

六、案例及思考

案例 3-1　两周内四次熔断，如何拯救美国股市

2020 年 3 月 3 日，美联储宣布大幅降息 50 个点，将联邦储备基金利率目标区间降至 1%~1.25%。美联储称，美国经济基本面依然强劲，然而新冠肺炎疫情给经济活动带来了不断演变的风险，鉴于这些风险，为了支持实现最大限度的就业和价格稳定目标，决定降息。

此次降息是美联储 2020 年以来首次降息，然而，3 月 12 日，美股开始熔断，触发熔断后，美联储向市场投放了 1.5 万亿美元的流动性资金；3 月 15 日，美联储宣布紧急降息，罕见地将联邦基金利率下调 100 个基点至 0~0.25%。这是美联储历史上第一次单日降息达到 100 个基点，即便是应对 2008 年次贷危机，美联储的单次最大降息幅度也止步于 75 个基点。除了降息，美联储还推出 7000 亿美元规模的量化宽松计划。不过，市场被上述“大礼包”吓了一跳。当地时间 3 月 16 日，美股开始熔断。3 月 17 日，美联储重启金融危机时期的商业票据融资机制（CPFF），绕过银行，直接给企业放贷输血。与此同时，美国财政部宣布将出台 1 万亿美元的经济刺激计划。这一计划包括为小企业提供 3000 亿美元的贷款，向市场注入 2000 亿美元来保持稳定性，还有两轮 2500 亿美元的支票发放。至此，桥水基金创始人达里奥划分的货币政策三种进阶形态——利率调控、量化宽松、“直升机撒钱”都被采用了。然而，政策组合拳依然没有赢得市场的信心。美股在短暂反弹后掉头向下，于当地时间 3 月 18 日开盘后，再次触发熔断机制，遭遇两周内第 4 次熔断。

参考资料：【解局】两周内 4 次熔断！美股这是怎么了？［EB/QL］. https：//mp.weixin.qq.com/s/-CsigA7XYswEpdyTf0Gp_ g.

请结合案例 3-1 思考以下问题：

（1）降息的传导机制是什么？降息对于美国经济有何影响？

（2）为什么上述措施会造成美股熔断？

（3）美联储降息对世界经济有何影响？中国应如何应对？

案例 3-2　年轻人月均储蓄 1624 元，储蓄率创 3 年来新高

年轻一代每月储蓄比例正在上升，月储蓄金额均值为 1624 元——这是 10 月 27 日富达国际发布的 2021 年《中国养老前景调查报告》中的内容。超过 2 万名受访者参与此次调查，其中 18~34 岁的年轻人占比为 44%。调查显示，养老储备日渐受到中国年轻人（18~34 岁）的重视，储蓄率创下 2018 年以来的新高，而年轻人投资养老的观念仍待加强。数据显示，改善财务健康、增强养老储备有利于提升中国年轻一代整体幸福感。报告显示，年轻一代每月的储蓄比例由 2020 年的 20%跳升到 2021 年的 25%，每月储蓄金额平均达到 1624 元。该报告认为，储蓄率的提升受到多个原因的影响。一方面，去年以来，疫情余波未平，76%的年轻人表示计划增加应急储备。同时，相对于 35 岁以上人群，年轻人的养老储备目标更高。年轻人平均到 31 岁才开始启动养老储备计划，时间仍然偏晚，不利于他们的养老金累积。调查还显示，87%的年轻受访者表示，每月的财务收支比例影响到他们对达成养老财务目标的信心，合理有效的预算规划具有积极意义。数据显示，每月固定生活支出金额低于总收入 50%的受访人，对实现养老储备目标更有信心。虽然年轻人在增加储蓄的道路上取得进展，但仍然缺乏合理而充分的投资。调查显示，接近 1/4 的年轻人仍将现金存款视作养老储备的主要形式，23%的年轻受访者表示自己缺乏相关技能和知识，导致较少参与投资。

数据来源：2021 年《中国养老前景调查报告》。

参考资料：年轻人月均储蓄 1624 元，储蓄率创 3 年来新高［EB/QL］. https：//mp. weixin. qq. com/s/j0Gp8GiAbjJVBE0MIJjGkw.

请结合案例 3-2 思考以下问题：

（1）储蓄增加对国民经济建设有什么影响？

（2）年轻一代储蓄增加是否有利于经济发展？

案例 3-3　中国的 *IS—LM* 模型及政策含义

IS—LM 模型在宏观经济学中占有重要地位，常被用来分析宏观经济运行和宏观经济政策的作用，该模型是以凯恩斯“萧条经济学”为基础的，因此在经济低迷与需求不振的时候，人们就会更多地想到它。

在理论模型的基础上，通过对实证变量的选定和有关统计指标的处理可以借助计量经济学方法构建中国的 *IS—LM* 模型。

表 3-2　中国 *IS—LM* 模型相关函数估计及协整检验结果

函数名称	拟合方程（括号内的数值是 t 统计量）	残差的 ADF 值	EG 临界值（置信度 5%）	结论
消费函数	$C_t=583.8725+0.4398Y_t-308.0622D_t$ (4.0251)　(48.7005)　(-4.2499) 注：①虚拟变量在 1993 年和 1994 年取 1，其余年份取 0；②调整后的 $R^2=0.9921$	-4.2896	-3.7429	协整
投资函数	$I_t=-616.2224+0.4127Y_t-27.924r_t$ (-4.0741)　(35.4926)　(-3.0105) 注：①投资与利率之间的反向关系较为明显；②调整后的 $R^2=0.9867$	-4.0811	-3.7429	协整
进口函数	$IMP_t=670.4236+0.1425Y_t-2301.3964E\ (P/P^*)\ t+447.1261D_t$ (1.062)　(5.0752)　(-1.1588)　(2.9118) 注：①虚拟变量在 1994 年取 1，其余年份取 0；②真实汇率的系数不显著，说明中国对外贸易在研究期内受汇率的影响较小，另外进口与汇率呈反向关系是反常的；③调整后的 $R^2=0.7216$	-3.8191	-3.7429	协整
汇率函数	$E(P/P^*)_t=0.25+0.0022r_t$ (11.8678)　(0.5873) 注：①利率的系数估计值极不显著，说明研究期内中国的利率与汇率几乎没有直接关系；②$R^2=-0.04$			
货币需求函数	$(M_t/P)_t=0.5083Y_t-126.0613I_t+522.1906D_t$ (36.6999)　(-5.5313)　(2.1961) 注：①虚拟变量在 1993 年取 1，其余年份取 0；②利率对货币需求已有显著影响，且影响方向是正常的；③$R^2=0.9880$	-4.0127	-3.7429	协整

由表 3-2 可以整理出我国的 *IS—LM* 模型。需要说明的是，研究期内我国的汇率对进出口的影响极不显著，且汇率和利率的关系也极其微弱，所以根据计量经济学中的约化理论，在整理 *IS—LM* 曲线方程时，可以忽略汇率对进口的影响，即只将进口看作收入的函数。于是，我国的 *IS—LM* 模型的曲线方程为

$$IS：Y=3.4483(G+\mathrm{EXP}-702.7735)-96.2897r$$

$$LM：Y=1.9849(M_1/P)+250.2209r$$

这两个线性方程简略地描述了我国 1978—1999 年几个宏观经济变量之间的关系，并可在平面上画出相应的 *IS—LM* 曲线。

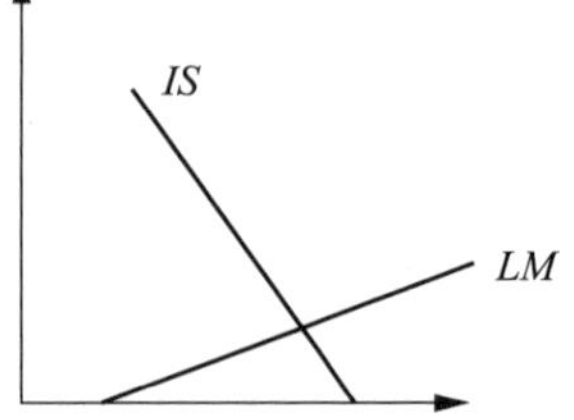

图 3-2　中国 *IS—LM* 曲线的相对位置示意图

IS 曲线和 *LM* 曲线与坐标轴的相对位置是由描述产品市场和货币市场的参数决定的，而这些参数反映了宏观经济政策的作用特点。由图 3-2 可以看出，我国 *IS* 曲线较为陡峭，而 *LM* 曲线较为平缓，这种相对位置表明，财政政策比货币政策在影响总产出方面具有更为显著的效果。因为当 *LM* 曲线较为平缓

时，财政政策的挤出效应较小，而采用货币政策则会出现理论上总产出变化较大而实际上总产出变化不大的现象。

摘编自：司春林，王安宇，袁庆丰．中国 *IS—LM* 模型及其政策含义［J］．管理科学学报，2002（1）：46-54.

请结合案例 3-3 思考以下问题：

（1）*IS* 曲线向右下方倾斜和 *LM* 曲线向右上方倾斜的假设条件分别是什么？

（2）分析研究 *IS* 曲线和 *LM* 曲线的斜率及其决定因素有什么意义？

（3）我国 *IS—LM* 曲线的相对位置对宏观经济政策的调整有何启发？

七、练习题

（一）选择题

1. 引起 *LM* 曲线向左方移动的原因是（　　）。

A. 物价水平不变，中央银行在公开市场上购买政府债券

B. 物价水平不变，中央银行提高要求的准备率

C. 实际国民生产总值减少

D. 中央银行的货币供应没有任何变动，但物价水平下降了

2. 在 *IS* 曲线和 *LM* 曲线的交点（　　）。

A. 实际支出等于计划支出

B. 实际货币供给等于实际货币需求

C. *Y* 值和 *r* 值同时满足产品市场均衡和货币市场均衡

D. 以上都对

3. 以下导致 *IS* 曲线将向右移动的是（　　）。

A. 消费者对经济的信心增强

B. 公司对经济更加乐观并决定在每个利息水平都增加投资

C. 政府将增加转移支出

D. 以上都对

4. *IS* 曲线的斜率由（　　）决定。

A. 边际消费倾向　　　　B. 投资对利率的敏感程度

C. 两者都是　　　　D. 两者都不是

5. *IS* 曲线为 $Y=500-2000r$，下列（　　）利率和收入水平的组合不在 *IS* 曲线上。

A. $r=0.02$，$Y=450$　　　　B. $r=0.05$，$Y=400$

C. $r=0.07$，$Y=360$　　　　D. $r=0.10$，$Y=300$

6. 利率和收入的组合点出现在 *IS* 曲线右上方、*LM* 曲线左上方的区域中，则表示（　　）。

A. 投资小于储蓄，且货币需求小于货币供给

B. 投资小于储蓄，且货币需求大于货币供给

C. 投资大于储蓄，且货币需求小于货币供给

D. 投资大于储蓄，且货币需求大于货币供给

7. 当经济不在 *IS* 曲线与 *LM* 曲线的交点时，就会发生自发的调节过程。假设现在经济均衡时的一点在 *LM* 曲线上，但在 *IS* 曲线的左方，那么，调节过程就将是（　　）。

A. 实际国民生产总值增加，利率上升　　B. 实际国民生产总值增加，利率下降

C. 实际国民生产总值减少，利率上升　　D. 实际国民生产总值减少，利率下降

8. 假定 *IS* 曲线和 *LM* 曲线的交点所表示的均衡国民收入低于充分就业水平，那么要达到充分就业水平而不让利率上升，政府应该（　　）。

A. 增加政府支出

B. 在增加政府支出的同时增加货币供给量

C. 减少货币供给量

D. 在减税的同时减少货币供给量

9. 如果边际消费倾向提高，则 *IS* 曲线（　　）。

A. 向外平移　　B. 向内平移　　C. 变得更为陡直　　D. 变得更为平坦

10. 当中央银行增加货币供应量时，*LM* 曲线将（　　）。

A. 向左上方移动　　B. 向右下方移动

C. 变得更陡直　　D. 变得更平坦

11. 政府增加政府支出，同时中央银行增加货币供应量，那么（　　）。

A. 均衡收入增加，利率水平提高　　B. 均衡收入增加，利率水平降低

C. 均衡收入减少，利率水平提高　　D. 均衡收入增加，利率水平不确定

12. *IS—LM* 模型研究的是（　　）。

A. 在利率与投资不变的情况下，总需求对均衡国民收入的决定

B. 在利率与投资变动的情况下，总需求对均衡国民收入的决定

C. 把总需求与总供给结合起来，研究总需求和总供给对国民收入和价格水平的影响

D. 考虑价格变动因素时，研究总需求对均衡国民收入的影响

13. *IS* 曲线向左下方移动的条件是（　　）。

A. 自发总需求增加　　B. 自发总需求减少

C. 价格水平下降　　D. 货币供给减少

14. 收入增加时，货币的交易需求将（　　）。

A. 增加　　B. 不变

C. 减少　　D. 根据货币的交易需求情况而定

15. 利率提高时，货币的投机需求将（　　）。

A. 增加　　B. 不变　　C. 减少　　D. 不能肯定

16. 假定货币供给量不变，货币的交易需求和预防需求增加将导致货币的投机需求（　　）。

A. 增加　　B. 不变　　C. 减少　　D. 不能肯定

17. 货币供给的增加（　　）。

A. 将使 *LM* 曲线向左移动　　B. 将使 *LM* 曲线向右移动

C. 将使 *IS* 曲线向右移动　　D. 将使 *IS* 曲线向左移动

18. 自发投资支出增加 30 亿元，会使 IS 曲线（　　）。

A. 右移 30 亿元　　B. 左移 30 亿元

C. 右移，投资乘数乘以 30 亿元　　D. 左移，投资乘数乘以 30 亿元

19. 使投资与储蓄相等时，所有代表均衡利率水平和均衡收入水平的组合点的集合是（　　）。

A. *IS* 曲线　　B. *LM* 曲线　　C. 需求曲线　　D. 供给曲线

（二）判断题

1. 其他条件不变，利率越低，为满足投机需求的货币需求量越小。（　　）
2. 债券价格和利率之间是正方向变动。（　　）
3. *IS—LM* 无法表现财政政策或者货币政策对经济的影响。（　　）
4. 在 *IS—LM* 模型中，如果 *IS* 曲线向右上方移动，*LM* 曲线同时向右下方移动，则可能出现收入增加而利率不变的情况。（　　）
5. 如果货币供给量超过货币需求量，利率会下降。（　　）
6. 边际储蓄倾向越大，*IS* 曲线越平坦，表明 Y 对 r 的变化更为灵敏。（　　）
7. 在名义货币供给量不变时，物价水平上升使 *LM* 曲线向右移动。（　　）
8. *IS* 曲线和 *LM* 曲线交点的利率和收入就是产品市场和货币市场同时达到均衡时的利率和收入。（　　）
9. 投资需求的增加使投资需求曲线左移，使 *IS* 曲线右移。（　　）
10. 在凯恩斯区域，投资增加使国民收入增加，利率不变。（　　）

（三）计算题

1. 假定某经济中消费函数为 $C=0.8(1-t)Y$，税率为 $t=0.25$，投资函数为 $I=900-50r$，政府购买为 $G=800$，货币需求为 $L=0.25Y-62.5r$，实际货币供给为 $M/P=500$，试求：

（1）*IS* 曲线。

（2）*LM* 曲线。

（3）两个市场同时均衡时的利率和收入。

2. 假定货币需求函数为 $L=0.2Y-5r$，价格水平不变（$P=1$）。

（1）若名义货币供给量为 150，找出货币需求与供给均衡时的 *LM* 曲线。

（2）若名义货币供给量为 200，找出货币需求与供给均衡时的 *LM* 曲线，它与（1）中的 *LM* 曲线比较有什么不同？

（3）对于（2）中这条 *LM* 曲线，若 $r=10$，$Y=1100$，货币需求与供给是否均衡？若非均衡，利率该如何变化？

（四）问答题

1. 什么是流动性陷阱？当经济处于流动性陷阱时，扩张性货币政策是否有效？
2. *LM* 曲线有哪三个区域？在这三个区域，货币需求的利率弹性有什么不同？这三个区域分别与什么样的经济状况相对应？
3. 如果经济中的收入和利率的组合不在 *IS* 曲线和 *LM* 曲线的交点上，市场能否使产品市场和货币市场的这种非均衡走向均衡？

第四章

国民收入的决定：AD—AS模型

◇一、概要及学习目标
◇二、知识脉络图
◇三、主要概念
◇四、重点、难点
◇五、疑难解析
◇六、案例及思考
◇七、练习题

一、概要及学习目标

（一）概要

总需求是在一定价格水平下经济社会对产品和劳务的需求总量，这一需求总量通常以产出水平来表示。在开放经济条件下，总需求由消费需求、投资需求、政府需求和国外需求构成。总需求函数被定义为以产量（国民收入）所表示的需求总量和价格水平之间的关系，它可以从产品市场与货币市场的同时均衡中得到。在以价格水平为纵坐标、产出水平为横坐标的坐标系中，总需求函数的几何图形就是总需求曲线（*AD* 曲线）。总需求曲线向右下方倾斜，表明需求总量与价格水平存在反向变动的关系。

总需求曲线向右下方倾斜的原因。价格变动的效应：①利率效应（凯恩斯利率效应）：一般价格水平变动引起利率同方向变动，进而使投资和产出水平反方向变动（传导机制：当物价水平降低时，人们的货币需求减少，在货币市场上会导致利率下降，利率下降反映到产品市场上使得投资增加，最终导致总需求和产出增加）；②实际余额效应（或财富效应）：价格水平变动，会使人们所持有货币的实际购买力及其他以货币计价的资产的实际价值提高或降低，人们会相对富有或贫穷，消费水平会相应提高或下降；③税收效应：价格水平上升，人们名义收入增加，进入更高纳税档次，税负增加使可支配收入下降，从而导致消费水平下降。

总需求曲线的变动：扩张性财政政策会使总需求曲线在价格水平不变的情况下向右移动，扩张性货币政策也会使总需求曲线在价格水平不变的情况下向右移动。紧缩性的财政政策和货币政策则与之相反。

总供给是经济社会所提供的总产量（或国民收入），即经济社会投入的基本资源所生产的产量，它描述了经济社会的资源用于生产时可能达到的产量。一般而言，总供给主要是由总量的劳动、资本存量和技术水平决定的。在以价格水平为纵坐标、总产量为横坐标的坐标系中，总供给函数的几何图形就是总供给曲线（*AS* 曲线）。总供给曲线是在劳动市场和生产函数模型基础上，加上价格的变化推导出来的，有短期总供给曲线和长期总供给曲线。当然，各学派基本认同总需求曲线向右下方倾斜的观点，但对总供给曲线的认知却有所不同。

特殊的总供给曲线：极端的短期总供给曲线（形状是水平的直线）和极端的长期总供给曲线（一条垂直的直线）。

总供给曲线的类型及其原因。①价格不变时的凯恩斯主义曲线。当价格不能发生变动，即价格出现刚性时，总供给曲线是一条处于水平状态的直线，此时意味着经济对总供给不存在任何限制，总供给量可以任意改变，即生产函数中劳动力可以任意增加。②价格可变动时的凯恩斯主义曲线。价格处于黏性或者弹性变动中，总供给发生变化时，总供给曲线是一条斜率为正、向右上方倾斜的曲线，在此阶段经济基本上处于正常状态。③古典的总供给曲线。价格处于弹性变动中，总供给曲线是一条垂线，意味着经济已经处于充分就业状态，技术水平也无法改变，所以总供给量不变。

总供给曲线的变动：①可得到的劳动量增加使总供给曲线向右方移动；②物质资本或人力资本增加使短期总供给曲线向右移动；③自然资源可获得性的增加使短期总供给曲线向右移动；④技术知识进步使短期总供给曲线向右移动；⑤预期价格水平上升一般会减少物品与劳务的供给量，并使短期供给曲线向左移动。

AD—AS 模型表明的是总供求和总价格水平（一般价格水平）之间的关系，基本可以分为三类：一般情况、极端的短期情况和极端的长期情况。

（二）本章学习目标

掌握总需求曲线的含义、推导和影响因素；了解总供给曲线的分析思路，掌握总供给曲线的含义、推导和影响因素，掌握几种不同类型的总供给曲线及其特性；了解 *AD—AS* 模型的含义、基本类型；理解 *AD—AS* 模型对外来冲击的反应。

二、知识脉络图

- *AD* 曲线及其变动
  - 1. *AD* 曲线的含义和相关效应
    - （1）含义：总需求函数的几何图形，表明以产量（国民收入）所表示的需求总量和一般价格水平之间的对应关系
    - （2）相关效应
      - ①利率效应：指价格水平变动引起利率同方向变动，进而使投资和产出水平反方向变动
      - ②财富效应（实际余额效应）：价格水平变动使人们的实际购买力发生变化，从而导致人们的消费水平发生变化
      - ③税收效应：价格水平变化导致名义收入水平变化，进而影响税负和可支配收入水平，从而影响人们的消费水平

AD曲线及其变动

- 2. *AD* 曲线的推导
  - (1) *IS—LM* 模型

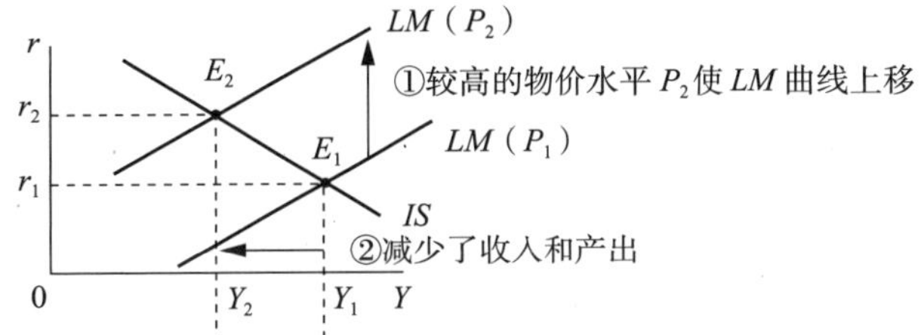

  - (2) 总需求曲线

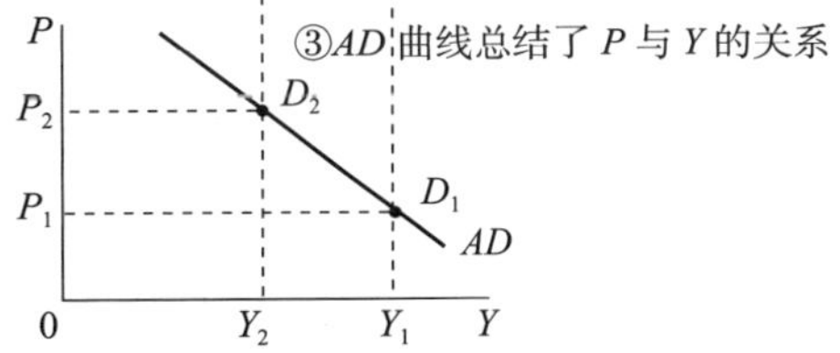

- 3. *AD* 曲线变动和影响因素
  - (1) 财政政策变动对 *AD* 曲线的影响
    - ①扩张性财政政策使 *AD* 曲线右移
    - ②紧缩性财政政策使 *AD* 曲线左移
  - (2) 货币政策变动对 *AD* 曲线的影响
    - ①扩张性货币政策使 *AD* 曲线右移
    - ②紧缩性货币政策使 *AD* 曲线左移
  - (3) *AD* 曲线变动的影响因素
    - ①其他因素不变时，消费、投资、政府支出、出口、名义货币供给量的自发增加，使 *AD* 曲线右移
    - ②其他因素不变时，税收额、税率进口、实际货币需求的自发增加，使 *AD* 曲线左移

AS曲线及其变动

- 1. *AS* 曲线的含义：总供给函数的几何图形，表明总产量与一般价格水平之间的关系
- 2. *AS* 曲线的推导
  - (1) 短期总供给曲线的推导
  - 假设条件：货币工资下降具有刚性

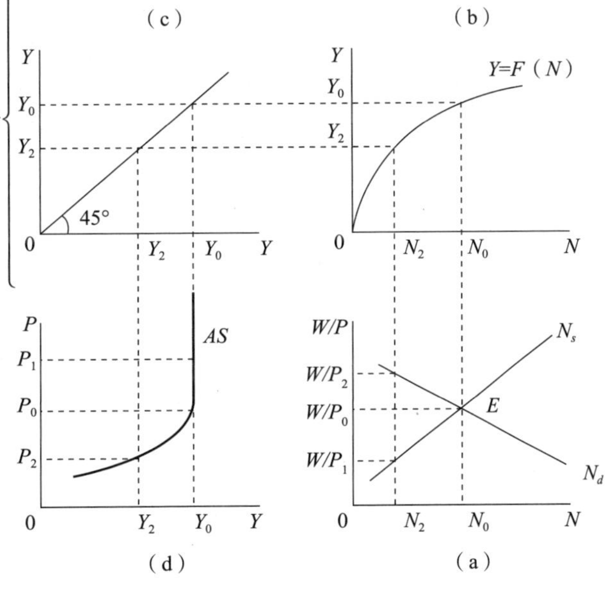

- AS曲线及其变动
  - 2. AS 曲线的推导
    - （2）长期总供给曲线的推导

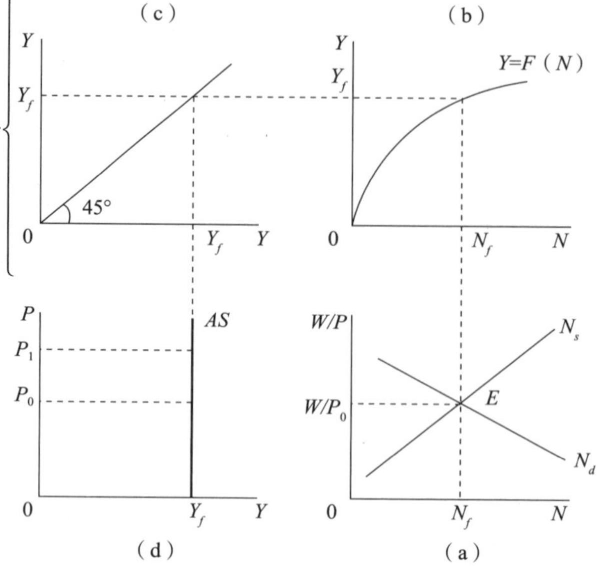

  - 3. AS 曲线的变动和影响因素
    - （1）技术进步：AS 曲线右移
    - （2）劳动需求增加：AS 曲线右上方移动
    - （3）劳动供给增加：AS 曲线右移
  - 4. 特殊的 AS 曲线及其变动
    - （1）极端的短期总供给曲线
      - ①凯恩斯主义萧条情况下的 AS 曲线
      - ②特征：呈水平状，斜率为 0
      - ③变动因素：只有经济状况有较大好转才可能使其发生改变
    - （2）极端的长期总供给曲线
      - ①古典的长期稳定情况下的 AS 曲线
      - ②特征：呈垂直形状，斜率为∞
      - ③变动因素：生产率的提高或减少会使其右移或左移
  - 5. AS 曲线不同特征的经济含义
    - （1）常规的总供给曲线：经济中既存在数量调节，也存在价格调节
    - （2）极端的短期总供给曲线：经济中只有数量调节，不存在价格调节
    - （3）极端的长期总供给曲线：经济中只有价格调节，不存在数量调节

三、主要概念

1. 总需求（Aggregate demand）：在一定价格水平下经济社会对产品和劳务的需求总量，这一需求总量通常以产出水平来表示。

2. 总需求曲线（函数）（Aggregate demand curve）：表明了以产量（国民收入）所表示的需求总量和一般价格水平之间的对应关系。在以价格水平为纵坐标、产出水平为横坐标的坐标系中，总需求函数的几何图形就是总需求曲线（AD 曲线）。

3. 利率效应（Interest rate effect）：价格水平变动引起利率同方向变动，进而使投资和产出水平反方向变动。

4. 实际余额效应（财富效应）（Actual balance effect）：价格水平变动，会使人们所持有货币的实际购买力及其他以货币计价的资产的实际价值提高或降低，人们会变得相对富有或贫穷，于是人们的消费水平就相应地提高或下降。

5. 总供给（Aggregate supply）：是经济社会的总产出（或收入总量），它描述了经济社会的资源用于生产时可能达到的产量。

6. 总供给曲线（函数）（Aggregate supply curve）：总产量与一般价格水平之间的关系。在以价格水平为纵坐标、总产量为横坐标的坐标系中，总供给函数的几何图形就是总供给曲线（*AS* 曲线）。

7. 潜在产量（Full-employment output）：在现有资本和技术水平条件下，经济社会的潜在就业量所能生产的产量。

8. 潜在就业量（充分就业量）（Potential employment）：一个社会在自然失业率条件下所达到的就业量。

9. 自然失业率（Natural rate of unemployment）：经济中达到潜在就业量时社会存在的失业率。

10. 货币中性（Money neutrality）：货币存量的变动仅导致价格水平的变化而实际变量未发生变化的这种情况。

四、重点、难点

（一）重点

1. 总需求曲线的推导及移动；
2. 总供给曲线的推导及移动，总供给曲线不同特征的经济含义；
3. *AD*–*AS* 模型的一般情况、极端的短期情况和极端的长期情况。

（二）难点

1. 总供给曲线的不同类型；
2. *AD*–*AS* 模型的应用。

五、疑难解析

1. 总需求曲线向右下倾斜时为什么可能相对无弹性？

答：总需求曲线向右下倾斜，是因为价格水平下降，总产出增加，即总支出曲线向上移动，与45°线相交形成的均衡收入增加，因而呈现出总需求与价格水平之间的负向关系。但是，价格水平下降只会使总支出曲线略有上移。这是因为价格水平下降虽然会使消费增加，但根据凯恩斯边际消费倾向递减的心理规律，消费增加不如收入上升得快。同时，价格下降使收入增加时，税收和进口也会因之增加，这些都是阻止总需求增加的原因。不仅如此，价格下降也会挫伤厂商投资意愿，这些都使价格水平下降时均衡产出水平略微增加，从而使总需求曲线可能相对无弹性。

（答题角度为总需求曲线向右下方倾斜的三个原因：①利率效应。价格水平下降，使得利率下降，会挫伤厂商的投资意愿。②实际余额效应。价格水平下降，人们的支付能力提高，消费增加。③税收效应。）

2. 怎样理解总供给曲线通常有一个正斜率？

答：总供给曲线表示总产出量与一般价格水平之间的关系。总供给曲线具有正斜率是指总产出与价格水平之间具有同方向变动关系。然而，究竟是产出变动引起价格变动，还是价格变动引起产出变动，经济学家有种种说法。

一种说法是产出变动引起价格变动，即认为产出增加导致就业增加，失业率下降，进而导致名义工资上升。由于工资是产品成本的主要构成部分，因此，名义工资上升会导致产品价格上升，反之亦然。其实，菲利普斯曲线也含有这类看法。

另一种说法是价格引起产出变动。这里面又包含多种讲法。一种讲法是经济中总产出是各行各业中所有厂商产出的总和，而厂商生产多少与产品价格有关，价格越高，厂商生产会越多，因此，总供给曲线会向上倾斜。

还有一种比较流行的说法是，产品价格上升时，工资水平不会立即同比例相应上升，这或者是由于工资的变动会受劳动合同约束，在合同期内，即使物价上升了，工资也并不会立即跟着上升；或者是由于工人对价格的预期滞后于实际，价格上升时，工人并不立即要求工资同比例上升。不管哪种情况，都意味着价格水平上升时，实际工资在下降，厂商会增加就业与生产。因而，总供给曲线会向上倾斜。

3. 为什么名义工资不会经常变动？

答：名义工资虽然和一般产品价格一样要受供求关系调节，即供不应求时上升，供过于求时下跌，但劳动力市场和产品市场毕竟还有所不同。工人在就业时要与企业签订 1 年或更长时间的雇用合同，其中规定合同期内工人的工资水平及其他就业条件。一旦就业，企业就不希望轻易调换工人，工人也不希望经常变动职业和工作单位。这样，在劳动力市场上有失业存在时，企业也不会随便辞退原有工人而以低薪雇新工人，因为新工人没有原有工人的技术及熟练程度。在劳动力市场供不应求时，工人也无法要求提高工资，因为有合同限制。因此，即使当工人意识到价格水平在上升从而使自己的实际工资下降时，其名义工资也无法立即调整。

4. 总需求曲线 AD 和总供给曲线 AS 如图 4-1（a）所示，在充分就业产出水平 Y_e 和价格水平 P_0 处达到均衡。试问：

（1）在其他条件不变时，若提高税收，会对 IS、LM 和 AD 曲线如何影响？

（2）解释价格水平是如何调整由增税所引起的非均衡的？

答：（1）增税将使 IS 曲线向左移至 IS'，如图 4-1（b）所示；在 P_0 的价格水平下，总需求减少，AD 向左移至 AD'，如图 4-1（a）所示；增税时 LM 曲线无影响，这时总需求 Y_1 低于充分就业的产出水平 Y_e。

（2）如果价格可以自由变化，价格水平就会下降。如图 4-1（a）所示，从 P_0 下降到 P_1，沿着 *AD* 曲线直到总需求重新等于 Y_e。价格水平的下降使货币市场上实际货币供给增加，*LM* 曲线向下移至 *LM*（P_1），如图 4-1（b）所示，利率从 r_1 下降到 r_2，总需求增加到 Y_e。经济重新恢复均衡。

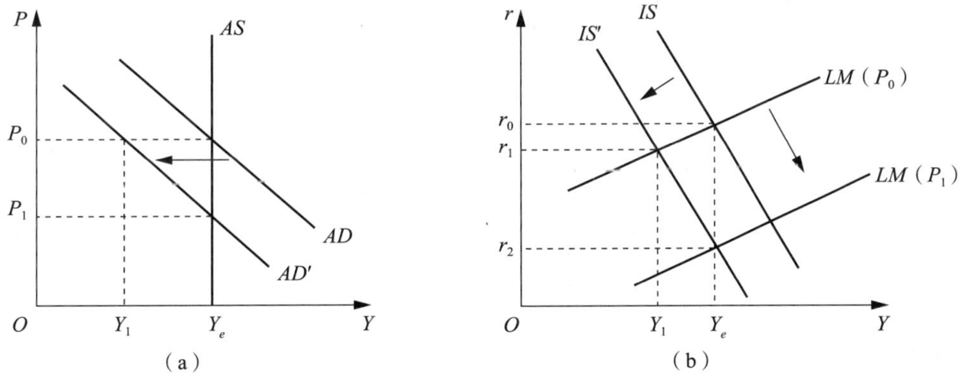

图 4-1　增加税收引起的变化

5. 用 *IS* 曲线和 *LM* 曲线说明，为什么在古典供给情况下货币是中性的？

答：如图 4-2（b）所示，总供给曲线 *AS* 垂直于充分就业产出 Y_f 水平上，当货币供给增加时，*LM* 曲线右移到 *LM′*［图 4-2（a）］，相应地，总需求曲线从 *AD* 右移到 *AD′*。在原来价格水平（P_0）下，现在有一超额需求，在图 4-2（b）中为 Y_fY' 的水平距离。在古典总供给情况下，产量不可能扩大，超额需求只会引起价格水平向上移动（如箭头所示），直到 P_1 为止，价格水平上升引起实际货币供给（*M/P*）减少。在图 4-2（a）中，*LM′* 仍向左上方移动，仍回到 *LM* 位置，结果价格上升了，产出没有变化，显示出货币中性。

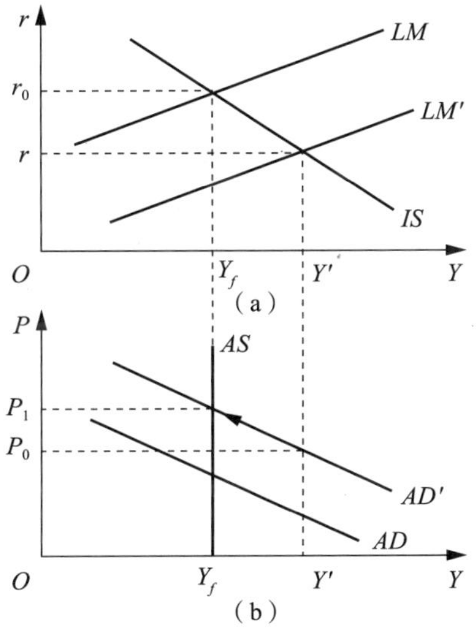

图 4-2　古典供给情况下货币中性

6. 什么是实际余额效应？它与庇古效应和凯恩斯效应的关系是什么样的？

答：实际余额效应是指，价格水平变动会使人们所持有货币的实际购买力及其他以货币计价的资产的实际价值提高或降低，人们会变得相对富有或贫穷，于是人们的消费水平就相应地提高或下降。实际余额效应解释了价格水平下降导致消费和投资都增长的现象。实际余额效应是以色列经济学家帕廷金把庇古效应和凯恩斯效应结合在一起提出来的，他考虑到了价格变动对商品市场的影响，也考虑到了价格变动对货币市场的影响。

当价格水平下降时，人们持有货币的实际价值就会上升，在原有的消费和投资模式下就会有多余的货币实际价值，这一部分增加的货币实际价值可以被用来购买商品和服务，导致消费增加，进而促进就业和增加国民收入（凯恩斯效应）；也可以用于借贷，导致货币供给增加，利率下降，投资增加，进而促进就业和增加国民收入（庇古效应）。

疑难解析的内容摘编自：尹伯成．现代西方经济学习题指南（宏观经济学）第七版［M］．上海：复旦大学出版社，2009.

六、案例及思考

案例 4-1　“罗斯福新政”救美国于危难之中

1929 年 10 月 29 日，美国金融界崩溃了，股票一夜之间由 5000 多亿美元的顶峰跌入深渊，5000 多亿美元的资产化为乌有，价格下跌之快，连股票行情自动显示器都跟不上趟，股票市场的大崩溃导致了持续 4 年的经济大萧条。

从此，美国经济陷入了经济危机的泥淖，以往蒸蒸日上的美国社会逐步被存货山积、工人失业、商店关门的凄凉景象代替。86000 家企业破产，5500 家银行倒闭，全国金融界陷入窒息状态，千百万美国人多年的辛苦积蓄付诸东流。GNP 由危机爆发时的 1044 亿美元急降至 1933 年的 742 亿美元，失业人数由不足 150 万人猛升到 1700 万人以上，比整个劳动大军的 1/4 还多，整体经济水平倒退至 1913 年。农产品价值降到最低点，经营者将牛奶倒入大海，把粮食、棉花当众焚毁的现象屡见不鲜。

1933 年 3 月 4 日，富兰克林·罗斯福临危受命，当选为美国第 32 届总统，他针对当时的实际情况，顺应广大人民群众的意志，大刀阔斧地实施了一系列旨在克服经济危机的措施，被誉为“罗斯福新政”，其主要内容有：第一，整顿银行与金融系统，下令银行休业整顿，逐步恢复银行的信用，并放弃金本位制，使美元贬值以利于出口。第二，复兴工业（中心措施），通过《国家工业复兴法》与蓝鹰行动来防止盲目竞争引起的生产过剩；加强政府对资本主义工业生产的控制与调节。第三，调整农业政策，给减耕减产的农户发放经济补贴，提高并稳定农产品价格。第四，推行“以工代赈”，这是其中最重要的一项措施。第五，大力兴建公共工程，缓和社会危机和阶级矛盾，增加就业，刺激消费与生产。第六，建立社会保障体系，让退休工人可以得到养老金和保险金，失业者可以得到失业保险金，子女年幼的母亲、残疾人可以得到补助。

罗斯福新政的实施，引起了一系列政治、经济和社会变革，不仅在美国历史上留下了深刻的烙印，而且对后来世界资本主义的发展也产生了深远的影响。罗斯福新政开创了国家干预经济的新模式，对美国以及许多资本主义国家经济政策的发展产生了重要的影响。

摘编自：李庚．罗斯福新政与美国干预型政府职能模式的兴起——以炉边谈话为线索［J］．长春师范大学学报，2018，37（11）：40-44.

请结合案例 4-1 思考以下问题：

（1）“罗斯福新政”中各项经济政策的出发点是什么？

（2）从经济学角度如何评价“罗斯福新政”？

案例 4-2　金融危机对中国经济的影响及政策效果

2008 年的全球性金融危机给美国、欧洲和日本等发达经济体以及以金砖国家为代表的新兴经济体和发展中国家都带来严重的冲击。随着金融风险通过各类渠道扩散到全球，各国实体经济出现不同程度的放缓或衰退。全球通货膨胀压力缓解，通货紧缩风险同步增加。

在全球金融危机的影响下，我国经济下行压力也逐渐加大。第一，经济增速急速回落。从 GDP 季度增长情况看，2008 年一季度和二季度，增速略高于 10%，而三季度和四季度则分别下降到 9%和 6.8%，2009 年一季度更是滑落到 6.2%。工业生产月度增长率由 2008 年 2 月的 17.8%下降到 6 月的 16%，再下降到 9 月的 11.4%。之后增幅持续回落，到 2009 年 1—2 月，只有 3.8%。第二，出口额显著下降。从 2008 年 11 月开始，我国出口月度同比增速连续 13 个月出现负增长；2009 年 2—8 月出口的下降幅度都在 20%以上，直到 2009 年 9 月，降幅才逐步趋缓。2009 年，我国外贸出口下降了 16%，增速比上年回落了 33 个百分点。2008 年，我国净出口对国内生产总值增长的贡献率下降到 9%，同比降低了近 9 个百分点，净出口对经济增长的拉动点数只有 0.9 个百分点，同比降低了 1.7 个百分点；2009 年，净出口的贡献率为-37.4%，拉动经济增长-3.5 个百分点。这是 1993 年以来外需最明显的一轮下降，影响超过亚洲金融危机。第三，负面影响波及多个行业。纺织、钢铁、房地产等行业生产经营陷入困境。尽管国家逐渐调高出口退税率，试图拉动加工贸易型企业的发展，但是，一些劳动密集型产品产量增长仍然明显放慢，沿海地区的加工贸易型企业大批破产。钢材销售量急剧下滑，钢价持续下跌，钢厂减产，铁矿石库存不断增加。到 2008 年 11 月，我国粗钢和钢材产量同比分别下降 12.4%和 11%。全国企业家信心指数由 2008 年一季度的 140.6 下降到 12 月的 94.6；制造业采购经理指数（PMI）由 2008 年 3 月的 58.4 下降到 11 月的 38.8。第四，通货紧缩态势明显。居民消费价格指数（CPI）由 2008 年 2 月的 8.7%迅速回落到年底 1.2%的低水平，2009 年还出现了通货紧缩的局面，全年 CPI 比上年下降 0.7%。生产者价格指数（PPI）由 2008 年 8 月的 10.1%下降到年底的不足 2%；2009 年各月继续收缩，到 10 月，PPI 同比下降了 5.8%。房地产开发综合景气指数由

2008 年 1 月的 106.59 直线下降到 2009 年 3 月的 94.74。

针对国内外经济形势的变化，中央及时调整宏观经济政策取向，迅速出台扩大国内需求的 10 项措施，包括加大政府投入、提高城乡居民收入、减税和增大金融支持力度，其中加大政府投入的主要内容就是实施 4 万亿元的投资计划。

在积极的财政政策和宽松货币政策的共同作用下，我国经济在短期内全面复苏。第一，经济增长实现 V 形反转。2009 年一季度中国经济增长率为 6.2%，第二、三、四季度，经济增长率分别达到 7.9%、8.9%和 10.7%。工业增速持续上升，从季度数据看，2009 年规模以上工业增加值增长率分别为 5.1%、9.1%、12.4%和 18%，形成强劲回升势头。第二，投资平稳较快增长。投资刺激计划的顺利实施，有力地带动了固定资产投资的增长。2009 年全社会固定资产投资增长 29.9%，比 2008 年提高了 4.1 个百分点，投资对经济增长的拉动作用显著扩大。2001—2008 年，资本形成对 GDP 的贡献率大都在 40%~50%。而 2009 年，资本形成对 GDP 的贡献率迅速提升到 87.6%，有力地弥补了净出口贡献率明显下降对经济增长造成的负面影响。

摘编自：刘立峰 .4 万亿投资计划回顾与评价 [J]. 中国投资，2012（12）：35-38.

请结合案例 4-2 思考以下问题：

（1）2008 年金融危机对中国宏观经济运行带来哪些影响？

（2）中国政府应对金融危机采取了哪些政策措施？采取这些政策措施的理论依据是什么？

（3）应该如何评价这些政策措施的效果？

七、练习题

（一）选择题

1. 在名义货币供给不变和价格水平上升时，会（　　）。

A. 减少实际货币供给并使 AS 曲线右移　　B. 减少实际货币供给并使 AS 曲线左移

C. 增加实际货币供给并使 AS 曲线右移　　D. 增加实际货币供给并使 AS 曲线左移

2. 总需求曲线向右下方倾斜是由于（　　）。

A. 价格水平上升时，投资会减少　　B. 价格水平上升时，消费会减少

C. 价格水平上升时，净出口会减少　　D. 以上几个因素都是

3. 假定经济实现了充分就业，总供给曲线是垂直线，减税将（　　）。

A. 提高价格水平和实际产出　　B. 提高价格水平但不影响实际产出

C. 提高实际产出但不影响价格水平　　D. 对价格水平和产出均无影响

4. 假定经济尚未实现充分就业，总供给曲线有正斜率，那么减税会使（　　）。

A. 价格水平上升，实际产出增加　　B. 价格水平上升但不影响实际产出

C. 实际产出增加但不影响价格水平　　D. 实际产出和价格水平都不变

5. 当总供给曲线有正斜率，大部分产品的原材料的价格上升时，总供给曲线会移

向（　　）。

A. 右方，价格水平下降，实际产出增加　B. 左方，价格水平下降，实际产出增加

C. 右方，价格水平上升，实际产出减少　D. 左方，价格水平上升，实际产出减少

6. 总供给曲线右移可能是因为（　　）。

A. 其他情况不变而厂商对劳动需求增加　B. 其他情况不变而所得税增加了

C. 其他情况不变而原材料涨价　D. 其他情况不变而劳动生产率下降

7. 要素价格上升对总需求和总供给的影响是（　　）。

A. 总需求不变而总供给增加　B. 总需求不变而总供给减少

C. 总需求增加而总供给不变　D. 总需求减少而总供给不变

8. 短期总供给曲线向右下方移动表示（　　）。

A. 价格水平上升，总供给增加　B. 价格水平下降，总供给增加

C. 价格水平不变，总供给增加　D. 价格水平不变，总供给减少

9. 下列预期会使总需求曲线向左移动的是（　　）。

A. 政府支出增加　B. 净出口减少

C. 劳动力参与减少　D. 采用先进生产技术

10. 下列预期会使总需求曲线向右移动的是（　　）。

A. 政府支出增加　B. 净出口减少

C. 劳动力参与减少　D. 税收增加

11. 下列经济现象可以使总供给曲线向右移动的是（　　）。

A. 政府支出增加　B. 净出口减少

C. 投入劳动力减少　D. 采用先进生产技术

12. 如果经济处于低于充分就业的均衡水平，总供给曲线向右上方倾斜，那么总需求增加会引起（　　）。

A. 物价水平上升和实际国民生产总值增加

B. 物价水平上升和实际国民生产总值减少

C. 物价水平下降和实际国民生产总值增加

D. 物价水平下降和实际国民生产总值减少

13. 在资源闲置情况下，根据 *AD–AS* 模型，扩张性财政政策使产出（　　）。

A. 增加　B. 减少

C. 不变　D. 不确定

14. 根据总供求模型，扩张性货币政策使价格水平（　　）。

A. 增加　B. 减少

C. 不变　D. 不确定

15. 如果在当前价格水平上总需求量超过总供给量，则（　　）。

A. 总需求曲线将会向左移动　B. 总需求曲线将会向右移动

C. 会出现价格上升　D. 会出现价格下降

16. 假定某经济的 MPS 为 0.20，存在 500 亿元的通货膨胀缺口，并处于总供给曲线的垂直部分，如果要使该经济的价格降回原来的水平，则必须（　　）。

A. 使总需求曲线右移 500 亿元　　B. 使总需求曲线左移 500 亿元

C. 使总需求曲线左移 2500 亿元　　D. 使总需求曲线左移 100 亿元

17. 已知消费 $C=90+0.8Yd$，投资 $I=150-6r$，税收 $T=100$，政府购买 $G=100$，名义货币供给 $M=160$，货币需求 $L=0.2Y-4r$，则当价格水平为 1.25 时，产品市场和货币市场同时均衡时的收入水平和利率水平为（　　）。

A. 均衡收入为 1000，利率为 10　　B. 均衡收入为 904，利率为 13.2

C. 均衡收入为 1000，利率为 13.2　　D. 均衡收入为 904，利率为 10

18. 已知总供给曲线 AS 为 $Y=250$，总需求曲线 AD 为 $Y=300-25P$，如果总需求上升 10%，其他条件不变，新的供求均衡点的价格水平和收入水平为（　　）。

A. 价格水平 $P=2$，收入水平 $Y=250$　　B. 价格水平 $P=3$，收入水平 $Y=275$

C. 价格水平 $P=2.9$，收入水平 $Y=250$　　D. 价格水平 $P=1$，收入水平 $Y=275$

19. 已知总供给曲线 AS 为 $Y=250$，总需求曲线 AD 为 $Y=300-25P$，如果总供给上升 10%，其他条件不变，新的供求均衡点的价格水平和收入水平为（　　）。

A. 价格水平 $P=2$，收入水平 $Y=250$　　B. 价格水平 $P=3$，收入水平 $Y=275$

C. 价格水平 $P=3.2$，收入水平 $Y=250$　　D. 价格水平 $P=1$，收入水平 $Y=275$

20. 假定消费 $C=1000+0.75Yd$，投资 $I=250-20r$，税收 $T=tY=0.2Y$，政府购买 $G=150$，名义货币供给 $M=600$，货币需求 $L=0.5Y-100r$，则（　　）。

A. 总需求函数是 $Y=240/P+2800$　　B. 总需求函数是 $Y=220/P+2800$

C. 总需求函数是 $Y=220/P+2500$　　D. 总需求函数是 $Y=240/P+2500$

（二）判断题

1. 价格水平下降，引起国民收入增加，总需求曲线向右下方倾斜。（　　）
2. 在短期总供给曲线上，总需求的变动会引起国民收入与价格水平反方向变动。（　　）
3. 在总需求不变时，短期总供给的增加会使国民收入增加，价格水平下降。（　　）
4. 垂直的总供给曲线意味着长期而言经济能达到充分就业状态。（　　）
5. 利率效应是影响总需求的因素之一。（　　）
6. 其他条件不变，生产力的提高会使总供给曲线右移。（　　）
7. 单位生产成本下降会使总供给曲线向左移动。（　　）
8. 总供给曲线的垂直部分又可以称作非充分就业部分。（　　）
9. 1929 年大危机时美国经济是在其供给曲线的水平部分运行的。（　　）
10. 当名义货币供给不变时，价格水平的变动将引起总需求的变动。（　　）
11. IS 曲线的利率弹性越大，AD 曲线就越陡峭。（　　）
12. 货币需求的利率弹性越大，AD 曲线就越陡峭。（　　）
13. 财政政策通过对 LM 曲线位置的影响而影响 AD 曲线。（　　）
14. 总供给曲线同时反映了货币市场和产品市场的均衡状态。（　　）

（三）计算题

1. 经济的充分就业产出水平为 800，已知在 $P=1.25$ 时，$C=120+0.75Yd$，$I=140-10r$，$T=80$，$G=100$，名义货币供给 $M=150$，货币需求 $L=0.25Y-8r$，试求：

（1）IS 方程和 LM 方程。

（2）价格水平作为内生变量时的总需求曲线。

2. （1）如果消费需求 $C=100+0.8Y_D$（这里 Y_D 为可支配收入），投资需求 $I=150-6r$，税收 $T=50$，政府支出 $G=40$，求解产品市场均衡的 IS 方程。

（2）如果经济的名义货币供给为 150，货币需求为 $0.2Y-4r$。求解分别在 1、1.2 和 1.5 的价格水平下使产品市场和货币市场同时到达均衡的国民收入水平和利率水平。

（3）如果在 $P=1$ 的价格水平下，名义货币供给从 150 元分别下降到 125 元和 100 元，货币市场与产品市场的均衡有何变化？

（四）问答题

1. 说明总需求曲线为什么向右下方倾斜。
2. 说明长期总供给曲线的推导过程。
3. 比较在古典总供给曲线和凯恩斯主义总供给曲线模型中，货币供给量增加时，价格水平、总产出、名义 GNP、利率和就业量的变化情况。

第五章

失业、通货膨胀和经济周期

◇一、概要及学习目标
◇二、知识脉络图
◇三、主要概念
◇四、重点、难点
◇五、疑难解析
◇六、案例及思考
◇七、练习题

一、概要及学习目标

（一）概要

失业是指处于法定劳动年龄阶段、具有劳动能力且有工作意愿的劳动者找不到工作岗位的经济现象。

失业的宏观经济学解释：①古典经济学对失业原因的解释。古典经济学家认为经济社会中不存在失业，充分就业是一个始终存在的倾向，如果存在失业现象，也只是摩擦性失业和结构性失业。②凯恩斯对失业原因的解释。凯恩斯认为除了摩擦性失业和结构性失业外，还存在非自愿失业，原因是有效需求不足，出现有效需求不足是由于三大基本心理规律，即边际消费倾向递减、资本边际效率递减和流动性偏好。③新凯恩斯主义经济学对失业原因的解释。新凯恩斯主义者提出工资在短期内具有黏性，失业率不会随着劳动需求做出充分调整。④现代货币主义对失业原因的解释。现代货币主义的失业理论可以简单归结为自然失业率假说。自然失业率是指在任何时候，都存在着与实际工资率结构相适应的某种均衡失业水平。它在现代社会中是始终存在的，但并不是一个固定不变的量。

失业的影响：①失业给个人和家庭带来物质和精神的负面影响，影响家庭收入、个人的身心健康及家庭声望；②失业影响社会稳定；③失业影响经济发展。

奥肯定律指失业率每高于自然失业率 1 个百分点，实际 GDP 将低于潜在 GDP 2 个百分点。其中一个重要结论是：在 GDP 没有达到充分就业水平时，实际 GDP 必须保持与潜在 GDP 同样快的增长速度，以防止失业率上升。

通货膨胀指一个经济体在一定时间内价格水平的普遍、持续上升。通货膨胀的分类：①按照通货膨胀的程度可分为爬行的通货膨胀（温和的通货膨胀）、加速的通货膨胀（奔驰的通货膨胀）、超速的通货膨胀（恶性通货膨胀）；②按照通货膨胀发生的原因可分为需求拉上型通货膨胀、成本推动型通货膨胀、结构型通货膨胀。③按照对价格影响的差别可分为平衡的通货膨胀和非平衡的通货膨胀。④按照人们的预期程度可分为预期到的通货膨胀和未预期到的通货膨胀。

通货膨胀的原因：①需求拉上型通货膨胀；②成本推动型通货膨胀；③结构型通货膨胀；④货币数量论。

通货膨胀的惯性：通货膨胀不是价格水平的一次性改变，而是持续上升过程，一旦发生通货膨胀，这一通货膨胀会有不断持续下去的趋势。

通货膨胀的后果：①通货膨胀的社会成本，持有货币的"鞋底成本"、"菜单成本"、通货膨胀导致的税收扭曲；②通货膨胀的经济影响，对收入与分配的影响、通货膨胀的产出效应、恶性通货膨胀的影响。

短期菲利普斯曲线表示通货膨胀率与失业率之间存在负相关关系。

适应性预期条件下，短期的菲利普斯曲线向右下方倾斜，即通货膨胀率上升，短期内失业率会下降；在长期，通货膨胀可以完全预期，通货膨胀率与失业率之间不存在交替关系，菲利普斯曲线是一条垂线，即长期垂直的菲利普斯曲线。理性预期条件下，菲利普斯曲线无论在长期还是短期都是垂直的。

从菲利普斯曲线角度理解通货膨胀的原因，即预期通货膨胀率、失业率的变化、供给冲击都会对通货膨胀率产生影响。

通货紧缩是与通货膨胀相对立的一种货币现象，是一种价格下降和货币升值的过程，即它是在货币供应量不能满足流通中货币的实际需要量或在其他决定货币供需因素的影响下，导致一般价格水平持续、普遍、显著下跌。

通货紧缩的影响：①对 GDP 增长的影响；②对就业的影响；③对进出口贸易的影响。

滞胀是经济生活中出现了生产停滞、失业增加和物价水平居高不下并存的现象。其主要特征是 GDP 增长缓慢甚至出现负增长，同时物价上升加快，通货膨胀率一般超过 5%甚至更高。滞胀的原因在供给方面主要有三类：一是实际因素的变动；二是预期因素的变动；三是社会福利政策的变化。

经济周期一般指经济活动沿着经济发展的总体趋势所经历的有规律的扩张和收缩。经济周期的主要特征：①市场经济中经济运行所不可避免的波动；②经济周期发生时的经济波动是总体经济活动的波动；③一个经济周期可以分为繁荣、衰退、萧条和复苏四个阶段；④一个经济周期时间长短存在较大的差别。

经济周期大致可以分为两个阶段：一是扩张阶段，包括复苏、繁荣，它是总体经济活动上升期；二是收缩阶段，包括衰退、萧条，它是总体经济活动的下降期。

经济周期的类型：①康德拉季耶夫周期（长周期）：50~60 年；②朱格拉周期（中周期）：9~10 年；③基钦周期（短周期）：2~4 年。

较早时期的经济周期理论：①消费不足论；②投资过度论；③货币信用过度论；④创新经济周期论；⑤太阳黑子论；⑥政治经济周期论；⑦乘数—加速数理论。

现代经济周期理论：①新凯恩斯主义和新古典主义宏观经济学关于经济周期的基本理论；②实际经济周期理论；③动态随机一般均衡理论。

（二）本章学习目标

了解不同经济理论对失业原因的解释，明确失业的类型及其影响，掌握奥肯定律；

掌握通货膨胀的类型和成因，理解通货膨胀的惯性、后果和经济影响；明确失业与通货膨胀的关系，理解菲利普斯曲线的含义，掌握适应性预期与理性预期对菲利普斯曲线形状的影响；了解通货紧缩的定义和影响，明确滞胀的定义和原因，并利用菲利普斯曲线解释通货膨胀和滞胀等经济现象；了解经济周期理论，理解经济周期的定义、阶段和类型。

二、知识脉络图

- 失业
  - 1. 失业原因的宏观经济学解释
    - (1) 古典经济学：失业只是生产过程中局部的、短暂的失调，充分就业是始终存在的倾向
    - (2) 凯恩斯：有效需求不足
    - (3) 新凯恩斯主义：工资在短期内具有黏性，失业率不会随劳动需求做出充分调整
    - (4) 现代货币主义：在任何时候，都存在着与实际工资率结构相适应的某种均衡失业水平。它在现代社会中是始终存在的，但并不是一个固定不变的量
  - 2. 失业的影响和奥肯定律
    - (1) 失业的影响
      - ①给个人和家庭带来物质和精神的负面影响
      - ②影响社会稳定
      - ③影响经济发展
    - (2) 奥肯定律
      - ①含义：失业率每高于自然失业率 1 个百分点，实际 GDP 将低于潜在 GDP 2 个百分点
      - ②公式：$\frac{Y-Y_f}{Y_f}=-\alpha(u-u^*)$
      - ③重要结论：在 GDP 没有达到充分就业水平时，实际 GDP 必须保持与潜在 GDP 一致的增长速度，以防止失业率上升

- 通货膨胀
  - 1. 通货膨胀的类型
    - (1) 按通货膨胀程度
      - ①爬行的通货膨胀（温和的通货膨胀）
      - ②加速的通货膨胀（奔驰的通货膨胀）
      - ③超速的通货膨胀（恶性通货膨胀）
    - (2) 按通货膨胀原因
      - ①需求拉上型通货膨胀
      - ②成本推动型通货膨胀
      - ③结构型通货膨胀
    - (3) 按对价格影响的差别
      - ①平衡的通货膨胀
      - ②非平衡的通货膨胀
    - (4) 按人们预期程度
      - ①预期的通货膨胀
      - ②未预期的通货膨胀

通货膨胀

2. 通货膨胀的原因
   - (1) 需求拉上型通货膨胀：从总需求角度认为通货膨胀是总需求超过总供给所引起的通货膨胀
   - (2) 成本推动型通货膨胀：从供给角度认为在无超额需求时，供给方面成本的提高引起的通货膨胀
   - (3) 结构型通货膨胀：在供需均衡时，由于经济结构性因素的变动所引起的通货膨胀
   - (4) 作为货币现象的通货膨胀：货币供给与通货膨胀存在关系，交易方程式为 $mv=py$

3. 通货膨胀的惯性：通货膨胀不是价格水平的一次性改变，而是持续上升的过程，一旦发生就会有不断持续下去的趋势

4. 通货膨胀的社会成本
   - (1) 持有货币的“鞋底成本”：指通货膨胀提高消费者和企业持有货币的成本
   - (2) “菜单成本”：指通货膨胀期间企业变动价格的成本
   - (3) 税收扭曲：通货膨胀的发生会改变人们的税收负担

5. 通货膨胀的经济影响
   - (1) 对收入与分配的影响
     - ①不利于靠固定收入维持生活的阶层
     - ②损害债权人的利息收入
     - ③对财富分配的影响
   - (2) 通货膨胀的产出效应
     - ①平衡的和预期到的通货膨胀：产量与就业不受影响
     - ②平衡的和未预期到的通货膨胀：容易刺激私人投资，从而增加产出
     - ③非平衡的和预期到的通货膨胀：消费品价格上涨的幅度可能会高于投资品价格上涨的幅度
     - ④非平衡的和未预期到的通货膨胀：短期内扩大总需求，刺激经济增长；但不利于长期经济增长
   - (3) 恶性通货膨胀的影响：导致经济崩溃

菲利普斯曲线

1. 定义：短期菲利普斯曲线是表示通货膨胀率与失业率之间存在负相关关系的曲线，横坐标为失业率 u，纵坐标为通货膨胀率 π

- 通货紧缩与滞胀
  - 2. 从短期总供给曲线到菲利普斯曲线
    - (1) 菲利普斯曲线的推导
    - 总供给曲线：$Y=Y^{*}+\alpha(P-P^{E})+v$
    - 变形：$P=P^{E}+\dfrac{Y-Y^{*}}{\alpha}-\dfrac{v}{\alpha}$
    - 减去上一期的物价水平，结合奥肯定律，得
    - 菲利普斯曲线：$\pi=\pi^{E}-\beta(u-u^{*})+\mu$
    - (π^{E} 为预期通货膨胀率，u^{*} 为自然失业率，$\beta>0$，$\mu<0$)
    - (2) 预期因素在菲利普斯曲线中的作用
      - ①短期预期错误：曲线倾斜
      - ②长期预期正确：曲线垂直
  - 3. 适应性预期与菲利普斯曲线
    - (1) 适应性预期：指预期某个经济变量在未来的数值时，人们会根据过去实际发生的数值和过去对该经济变量的预期，修正过去预期的错误
    - (2) 短期倾斜的菲利普斯曲线：负斜率倾斜
    - (3) 长期垂直的菲利普斯曲线：长期内通货膨胀率与失业率无替换关系
    - (4) 不让通货膨胀加速的失业率：自然失业率
  - 4. 理性预期与菲利普斯曲线
    - (1) 理性预期：指人们对通货膨胀的预期不会出现系统性错误
    - (2) 理想预期下的菲利普斯曲线：无论是短期还是长期，都是垂直的
  - 5. 从菲利普斯曲线的角度理解通货膨胀的原因
    - (1) 预期通货膨胀率：人们预期通货膨胀率越高，实际的通货膨胀率也越高
    - (2) 失业率的变化：失业率下降，通货膨胀率会提高
    - (3) 供给冲击：供给冲击表现为菲利普斯曲线上移
- 菲利普斯曲线
  - 1. 通货紧缩
    - (1) 定义：与通货膨胀相对应的一种货币现象，是一种价格下降和货币升值的过程
    - (2) 影响
      - ①使 GDP 的增长放慢或停滞不前
      - ②失业率明显上升，影响就业
      - ③进出口额大幅缩减，影响进出口贸易
    - (3) 解决措施
      - ①调整、优化产业结构
      - ②综合运用投资、消费、进口等拉动经济增长
  - 2. 滞胀
    - (1) 定义：经济生活中出现生产停滞、失业增加和物价水平居高不下并存的现象
    - (2) 原因
      - ①实际因素的变动
      - ②预期因素的变动
      - ③社会福利政策的变动

- 经济周期
  - 1. 经济周期的定义、阶段和类型
    - (1) 定义：指经济活动沿着经济发展的总体趋势所经历的有规律的扩张和收缩
    - (2) 阶段
      - ①扩张阶段：复苏、繁荣
      - ②收缩阶段：衰退、萧条
    - (3) 类型
      - ①长周期：50~60 年
      - ②中周期：9~10 年
      - ③短周期：2~4 年
  - 2. 较早时期的经济周期理论
    - (1) 消费不足论
    - (2) 投资过度论
    - (3) 货币信用过度论
    - (4) 创新经济周期论
    - (5) 太阳黑子论
    - (6) 政治经济周期论
    - (7) 乘数—加速数理论
  - 3. 现代经济周期理论
    - (1) 新凯恩斯主义宏观经济学
    - (2) 新古典主义宏观经济学
    - (3) 实际经济周期理论
    - (4) 动态随机一般均衡理论

三、主要概念

1. 失业（Unemployment）：指处于法定劳动年龄阶段、具有劳动能力且有工作意愿的劳动者找不到工作岗位的经济现象。

2. 非自愿失业（Involuntary unemployment）：指劳动者愿意接受现有的工资水平但找不到工作岗位的现象。

3. 有效需求（Effective demand）：是商品总供给和总需求达到均衡状态的社会总需求。

4. 有效需求不足（Insufficient effective demand）：指社会总需求小于既定的总供给的状态。

5. 自然失业率（Natural rate of unemployment）：指在没有货币因素干扰的情况下，劳动力市场和商品市场的自发供求力量发挥作用时应有的、处于均衡状态下的失业率。

6. 奥肯定律（Okun's law）：在经济周期中，失业与产出之间存在着反向变动的关系。假设自然失业率不变，失业率每高于自然失业率 1 个百分点，经济增长率会比充分就业的增长率低 2 个百分点。

7. 通货膨胀（Inflation）：指一个经济体在一定时期内价格水平普遍、持续地上升。

8. 需求拉上型通货膨胀（Demand-pull inflation）：即社会总需求超过总供给所引起的一般物价水平的持续显著的上涨。

9. 成本推动型通货膨胀（Cost-push inflation）：即通货膨胀源于总供给的变化。具体指由于产品成本上升，即原材料价格上涨、工资成本上升，企业为了保持一定利润水平，从而使物价水平普遍上涨的一种经济现象。

10. 结构型通货膨胀（Structural inflation）：即物价的上涨是由于某些部门的产品需求过多引起的。

11. 货币数量论（The quantity theory of money）：通货膨胀的产生主要是因为货币供给增加，如果中央银行保持货币供给稳定，那么物价水平也将稳定。

12. 菲利普斯曲线（Phillips curve）：短期表示通货膨胀率与失业率之间存在负相关关系。但是长期而言，两者之间没有关系，即无论通货膨胀率如何变化，对失业率均没有影响，失业率持续处于自然失业率水平。

13. 适应性预期（Adaptive expectations）：指预期某个经济变量未来的数值时，人们会根据过去实际发生的数值和过去对该经济变量的预期，修正过去预期的错误。

14. 理性预期（Rational expectations）：指人们在预测经济变量未来的走势时，会利用所有可得的信息和知识做最好的处理，来求得该经济变量的期望值。

15. 通货紧缩（Deflation）：是与通货膨胀相对立的一种货币现象，是一种价格下降和货币升值的过程。它是在货币供应量不能满足流通中货币的实际需要量或在其他决定货币供需因素的影响下，导致一般价格水平持续、普遍、显著下跌的经济现象。

16. 滞胀（Stagflation）：指经济生活中出现了生产停滞、失业增加和物价水平居高不下并存的现象。

17. 经济周期（Business cycle）：一般指经济活动沿着经济发展的总体趋势所经历的有规律的扩张和收缩。

四、重点、难点

（一）重点

1. 失业的类型，通货膨胀的成因；
2. 菲利普斯曲线的内涵、特征和政策含义；
3. 经济周期的定义、阶段和类型。

（二）难点

1. 短期和长期通货膨胀原因的解释；
2. 短期菲利普斯曲线和长期菲利普斯曲线的区别和内涵；
3. 滞胀的解释。

五、疑难解析

1. 一般价格水平和通货膨胀的区别是什么？

答：把一定时期各种商品的价格与商品的交易量相乘后相加，可得到某一时期的价格总额。选一个时期为基期，购买同等量商品的本期价格总额除以基期价格总额就得到本期的一个价格指数，这个价格指数反映了本期经济的物价总水平或一般物价水平。因此，一般物价水平的高低是衡量购买一定数量的商品所需支付的货币数量的多少，或一定数量的货币所能购买的商品和劳务的数量多少的指标。通货膨胀是价格水平的增长率，它衡量的是从一个时期到另一个时期一般价格水平变动的百分比。因而，通货膨胀率的高低是反映价格水平变动幅度大小的指标。

2. 消费者价格指数能够完美地衡量人们的生活费用吗?

答：消费者价格指数能够在很大程度上反映人们的生活费用，但不能完美地衡量人们的生活费用。

（1）消费者价格指数的“一篮子”商品和服务组合的种类和数量是固定的，如果一些消费者实际消费的“一篮子”商品和服务的组合及数量与 CPI 不一致，这些消费者的生活费用及其变化就不能完全在 CPI 上反映出来。比如目前中国的 CPI 中食品的权重很高，而高收入者的主要消费支出可能用于医疗保健和个人用品、娱乐教育、文化用品和服务等，高收入者的生活费用及其变化就会与定期公布的 CPI 不一致。

（2）CPI 没有考虑到消费者的替代倾向。当商品和服务的价格变动时，它们并不是同比例变动的，一些商品和服务的价格上涨比较明显，一些商品和服务的价格上涨比较缓慢，而另一些商品和服务的价格甚至会下降。对此消费者会进行消费商品和服务的替代，即少消费价格上升明显的商品和服务，多消费价格上升缓慢甚至下降的商品和服务。但 CPI 的“一篮子”商品和服务的组合是固定的，因此 CPI 会高估生活费用的变化。

（3）CPI 没有考虑到新产品或新服务的出现。当新产品或新服务出现后，消费者有了更多的选择，而更多的选择意味着消费者为了维持既定生活水平所需要支出的钱可以减少了。因此 CPI 会高估生活费用的变化。

（4）CPI 难以反映和衡量产品和服务质量。如果一种产品和服务的质量提高了，而这种产品和服务的价格保持不变，意味着单位货币的实际购买力上升了；反之则实际购买力下降。但由于 CPI 的“一篮子”商品和服务的组合是固定的，所以也难以反映和衡量产品和服务质量。

3. 工资上涨会导致消费增加，试问工资推动型通货膨胀可否也可看作需求拉动型通货膨胀?

答：不可。工资推动型通货膨胀属于成本推进型通货膨胀，因为工资是产品成本的主要构成部分。工资上涨虽然会使消费增加，并引起总需求增加，但总需求增加并不会在任何情况下都会引起通货膨胀。按需求拉动型通货膨胀定义，需求拉动型通货膨胀是由于需求增长过度，超过了产量增长速度而引起的通货膨胀。在工资上升从而消费需求上升进而推动总需求水平上升时，如果经济中有大量过剩生产能力存在，并不一定引起通货膨胀，而可能主要是刺激生产，增加就业。

4. 为什么发生恶性通货膨胀时，人们宁愿坐出租车而不愿坐公交车？

答：一般来说，坐公交车比较费时，坐出租车比较省时。恶性通货膨胀发生时，相对价格变得极不稳定，货币流通速度极大地加快。人们手中的货币像烫手的山芋，必须越快越好地把它使用出去，否则会很快贬值。人们坐公共汽车所节省的钱，也许远比因坐公共汽车所耗费的时间里所发生的货币贬值造成的损失要少得多，而坐出租车虽多费钱，但可以少受自己所拥有的货币贬值的损失。这样，从机会成本角度考虑，人们就宁愿坐出租车而不愿坐费时的公交车了。

5. 为什么通货膨胀有通货膨胀税的说法？它与铸币税是一回事吗？

答：铸币税指的是政府凭借对货币发行权的垄断而获得的对一部分社会资源的索取权，铸币税的数额等于所发行的货币面值与其实际发行成本之间的差额，实际发行成本主要包括纸张成本及印制费等。

如果货币供给的增加触发物价上涨，导致通货膨胀，势必削弱社会公众手中所持有货币的购买力，引起一部分货币购买力由社会公众向货币发行者转移，这种转移犹如一种赋税，因而被称为通货膨胀税。

只要政府发行货币与发行成本之间存在差额，则必定存在铸币税；但如果所发行的货币恰好为经济活动所需要，没有相应出现通货膨胀，则不存在通货膨胀税；只有在过度发行货币引致通货膨胀的时候，才会存在通货膨胀税。

6. 通胀预期与通货膨胀之间是什么关系？怎样管理通胀预期？

答：通胀预期不是通货膨胀。通胀预期是对通货膨胀的“想象”，但想象不等于现实，很多现象也从来没有成为现实；通胀预期可以在没有实际通胀的时候较长时期存在，并且不一定必然导致实际通胀。

但通胀预期与实际通胀有着密切联系。通胀预期的基础往往是现实中已经发生的通货膨胀。而且，通胀预期是导致通货膨胀的重要原因之一。比如，一旦消费者和投资者形成强烈的通胀预期，认为某些产品和资产的价格会上升，且上升的速度快于存款利率，就会将存款从银行提出，去购买这些产品或资产，以达到保值或对冲通胀的目的。这种预期导致的对产品和资产的需求会使其价格加速上涨，而且通胀预期与实际通胀可能会相互强化。比如，一旦有实际物价水平的上升，就容易形成通胀预期；而当通胀预期形成后，它不仅会刺激总需求，而且在短期内还会限制总供给，使得社会总供求缺口扩大，物价水平进一步上升；这反过来又会增强人们的通胀预期，由此形成一个正反馈循环，导致通胀预期的自我强化和真实通胀的自我实现。

因此管理通胀预期就非常重要。美国任职时间最长的美联储主席威廉·马丁有一句名言“在盛宴之前撤掉酒杯”，意思就是对通胀的管理不能等通胀恶化了才动作，一定要提前管理，包括对通胀预期的管理。

对应导致通胀预期的因素，管理通胀预期的政策措施包括：适时采取合适的方式改变流动性过剩的货币环境；合理控制银行的信贷规模；密切关注资产价格的过度上涨，多种手段并举，大力挤压资产泡沫；努力保持国内农产品和资源类产品价格的基本稳定；加强跨境短期资本流动的监测管理；加强政策宣传和舆论引导，控制非理性预期；等等。

7. 摩擦性失业与结构性失业相比，哪一种失业问题更严重些？

答：一般来说，结构性失业比摩擦性失业问题更严重些，因为摩擦性失业的失业者都可以胜任可能获得的工作，增强失业（就业）服务机构的作用、增加就业信息、协助劳动者家庭搬家等都有助于减少摩擦性失业，可是结构性失业是由劳动力供求失衡造成的。一些劳动部门需要劳动力，即有职位空缺，但失业者缺乏到这些部门和岗位就业的能力，而这种能力的培训非一朝一夕所能完成，因而结构性失业比摩擦性失业难对付一些。

8. 哪些失业是可以消除的，哪些失业是无法消除的？为什么？

答：西方学者认为，对于由摩擦性失业和结构性失业所构成的自然失业，只能降低其失业程度，而不可能完全消除，因为摩擦性失业产生的主要原因是劳动力市场的不断变化（如工作岗位、工作单位、家庭地点等的不断变化）及信息不完备性（一些工作岗位需要人，一些人要寻求工作，但互相不通信息）。在这两个条件约束下，劳动力流动需要一个过程，因而摩擦性失业不可避免。结构性失业产生于经济结构的变化，而这种结构的变化在经济增长过程中是必然会发生的，从衰落行业中游离出来的劳动者一时适应不了新兴行业的就业要求时，结构性失业必然要发生。因此，摩擦性失业和结构性失业是无法消除的。另一些失业，如需求不足型失业是有效需求不足引起的。对于这种失业，凯恩斯主义者认为，通过国家积极干预经济，设法刺激有效需求，是可以消除的。

9. 能不能说有劳动能力的人都有工作了才是充分就业？

答：不能。充分就业并不意味着100%的就业，因为即使有足够的职位空缺，失业率也不会等于零，经济中仍然会存在摩擦性失业和结构性失业。在一个日新月异的经济中，永远会存在职业流动和行业的结构性兴衰，所以总有少部分人处于失业状态。因而充分就业不可能做到有劳动能力的人都有工作。除教材引言中对充分就业的定义外，另外一些经济学家还认为，如果空缺职位总额，恰好等于寻业人员的总额，也就是需求不足型失业等于零的话，经济就实现了充分就业。还有些经济学家认为，如果再要提高就业率，必须以通货膨胀为代价的话，那么经济就实现了充分就业。

10. 试述凯恩斯主义、货币主义和理性预期学派在失业与通货膨胀关系问题上观点的主要差异。

答：(1) 凯恩斯主义认为，失业和通货膨胀之间是负相关关系。较高的通货膨胀率对于降低失业率有好处。

凯恩斯主义以有效需求原理为基础看待失业和通货膨胀问题。凯恩斯的有效需求是指商品的总供给价格和总需求价格达到均衡状态时的社会总需求。凯恩斯理论以三大心理规律为基础，从而认为仅靠市场自发的力量不能达到供给和需求的均衡状态，不能消灭非自愿失业，原因在于社会总需求无法达到实现充分就业的需求，即有效需求不足。

而通货膨胀的出现是由于供给小于需求，因此失业和通胀之间存在此消彼长的关系。

（2）货币主义承认失业和通货膨胀之间存在一定程度的替代关系，但是弗里德曼认为菲利普斯曲线最大的弱点在于采用名义工资率来替代通货膨胀率，并由此推断通货膨胀率和失业率之间存在稳定的替代关系。但这仅是短期内通货膨胀尚未被人们预期时的情况，在此货币主义引入适应性预期。货币主义认为，在短期内，当预期的通货膨胀率与实际的通货膨胀率不一致时，存在失业率和通货膨胀率之间的关系。但在长期中，人们会根据适应性预期来调整自己的行为，即人们可以根据过去的预期来修改对未来的预期。因此菲利普斯曲线在短期是一条斜线，在长期是一条垂线。

（3）理性预期学派则认为不论短期还是长期菲利普斯曲线都是一条垂直线。理性预期学派的基本观点之一是理性预期假设。理性预期的定义：经济活动当事者的预期由于相同的信息背景，趋向于理论一致预测的结果。换言之，经济活动当事者根据同样的信息背景，将得出一致的预期结果。他们认为由于人们的预期是理性的，预期的通货膨胀率与以后实际发生的通货膨胀率是一致的，不会出现短期内实际通货膨胀率大于预期通货膨胀率的情况，所以无论在短期或长期，菲利普斯曲线所表示的失业与通货膨胀的关系都不存在。

11. 如果现在社会上失业率很高，人们会估计政府要实行膨胀性经济政策，这属于适应性预期还是理性预期？为什么？

答：这属于理性预期。这是人们根据失业率与通货膨胀率的关系做出的判断。如果失业率较高，根据失业率与通货膨胀率之间存在的此消彼长的关系，人们预计政府会提高通货膨胀率以降低失业率。于是人们抢先一步把预期的通货膨胀率考虑到工资合同中去，这样在政府推行扩张性政策时，由于货币工资率与物价同步上涨，实际工资没有下降，所以厂商并不扩大产量和增雇工人，政府即使在短期也不能用提高通货膨胀率的方法来降低失业率。这里，人们对通货膨胀所做的判断不是依据过去通货膨胀的经验做出，因此，不属于适应性预期。

疑难解析的内容摘编自：尹伯成．现代西方经济学习题指南（宏观经济学）第七版［M］．上海：复旦大学出版社，2009.

六、案例及思考

案例 5-1　一下子去掉 6 个 0，委内瑞拉能否走出通货膨胀泥潭？

根据美联社加拉加斯消息，因多年严重通货膨胀已导致原来的货币几乎不值钱，给现金交易和记账系统带来严重阻碍，委内瑞拉自 2021 年 10 月 1 日起启用去掉 6 个 0 的新版货币。据报道，新版货币与旧版货币的兑换比为 1∶100 万，旨在为现金交易和记账提供方便，并不改变委内瑞拉货币的实际价值。据报道，旧版货币最大面值为 100 万玻利瓦尔，在 9 月 30 日的价值不足 25 美分。

参考资料：委内瑞拉新货币，一下子去掉 6 个 0［EB/QL］. https：//baijiahao. baidu. com/s? id=1712429965009032723&wfr=spider&for=pc.

请结合案例 5-1 思考以下问题：

（1）按照通货膨胀的速度，委内瑞拉的通货膨胀属于什么类型？

（2）委内瑞拉的通货膨胀会对其国内经济运行产生什么样的影响？

（3）为应对通货膨胀的影响，委内瑞拉政府可以采取哪些宏观经济政策？

案例 5-2　西班牙失业率再居欧盟榜首

根据欧盟统计局公布的欧洲劳动力调查数据，2021 年 8 月西班牙的失业率下降了 5/10，为 14%。尽管失业率呈现出下降趋势，但西班牙的失业率却再次位居欧盟失业率榜首，希腊以 13.2%位居第二。尽管 5/10 的减少是迄今为止新冠肺炎疫情期间失业率的最大下降幅度，但西班牙失业率还是欧盟平均水平的两倍。与欧洲其他国家相比，西班牙的失业率下降幅度排名第三，排在塞浦路斯（减少 8/10）和芬兰（6/10）之后。

根据欧盟统计局的数据，西班牙有 320 万人失业，这一数字使西班牙成为失业人数最多的欧盟国家，高于法国（238 万人）、意大利（230 万人）和德国（150 万人）。整个欧盟共有 1446.9 万名失业者，其中 22%来自西班牙。

年轻人在新冠肺炎疫情中受到的打击尤其严重。2021 年 8 月，欧盟年轻群体的失业率达到 42%，比同年 3 月的水平上升了 11.2 个百分点。此外，统计数据显示，尽管 25 岁以下人群的失业率由 2021 年 7 月的 34.7%下降至 8 月的 33%，但仍处于高位。

参考资料：西班牙失业率再居欧盟榜首［EB/QL］. https://mp.weixin.qq.com/s/ZbKP4EEvzo0uDePTtcI9zg.

请结合案例 5-2 思考以下问题：

（1）欧盟国家失业率高企的可能原因有哪些？

（2）为了降低失业率通常可以采取哪些政策措施？

（3）年轻人失业率过高会给欧盟国家的宏观经济运行带来哪些影响？

七、练习题

（一）选择题

1. 总需求减少导致经济衰退，此时产生的失业叫作（　　）。

   A. 周期性失业　　B. 摩擦性失业　　C. 结构性失业　　D. 自然失业

2. 如果经济中的物价与工资可以随时充分调整，市场机制非常完善，那么预期到的通货膨胀对经济的影响是（　　）。

   A. 增加总产出　　B. 降低失业率

   C. 引起收入和财富的再分配　　D. 对产出、就业和分配没有影响

3. 关于通货膨胀与失业的关系，下列说法（　　）是对的。

   A. 两者在任何时候都存在交替关系

B. 可以通过提高失业率来降低通货膨胀率

C. 短期中要降低通货膨胀率，可能需要承受失业率提高的代价

D. 长期中政府应用扩张性政策能降低失业率，还会推动通货膨胀率上升

4. 关于通货膨胀，以下哪个变化不是其原因？（　　）

A. 总需求增加　　B. 总供给减少

C. 技术进步　　D. 初级产品和原材料价格上涨

5. 结构性通货膨胀的主要原因有（　　）。

A. 需求结构的变化加上不易改变的工资和价格

B. 使价格上升的过度需求

C. 生产成本的增加

D. 大型企业的垄断

6. 结构性通货膨胀指（　　）。

A. 不同部门或产业不同的劳动生产率所引起的价格上涨

B. 由过多的政府支出引起的价格上涨

C. 由超额的总需求引起的价格上涨

D. 由商品价格上涨而不是实际交易量的增加引起的销售额的增加

7. “滞胀”指（　　）。

A. 产出和一般物价水平的同时上涨

B. 产出和一般物价水平的同时下降

C. 一般物价水平上升，同时实际产出和就业下降

D. 一般物价水平下降，同时实际产出和就业增加

8. 需求拉动的通货膨胀（　　）。

A. 通常用于描述某种供给因素所引起的价格波动

B. 通常用于描述某种总需求的增长所引起的价格波动

C. 表示经济制度已调整过的预期通货膨胀率

D. 以上均不是

9. 成本推动的通货膨胀（　　）。

A. 通常用于描述某种由供给因素所引起的价格波动

B. 通常用于描述某种由总需求的增长所引起的价格波动

C. 表示经济制度已调整过的预期通货膨胀率

D. 以上都不是

10. 短期菲利普斯曲线说明（　　）。

A. 通货膨胀导致失业　　B. 通货膨胀是由行业工会引起的

C. 通货膨胀率与失业率负相关　　D. 通货膨胀率与失业率正相关

11. 长期菲利普斯曲线说明（　　）。

A. 政府需求管理政策无效　　B. 政府需求管理政策有效

C. 经济主体存在货币幻觉　　D. 自然失业率可以变动

12. 下列人员中，不属于失业人员的是（　　）。
A. 调动工作的间歇在家休养者
B. 在校硕士研究生
C. 季节工
D. 对薪水不满意而待业在家的大学毕业生

13. 奥肯定律说明了（　　）。
A. 失业率和实际国内生产总值之间呈负相关的关系
B. 失业率和实际国内生产总值之间呈正相关的关系
C. 失业率和物价水平之间呈负相关的关系
D. 失业率和物价水平之间呈正相关的关系

14. 以下可以称为温和的通货膨胀的情况是（　　）。
A. 通货膨胀率在 10%以上，并且有加剧的趋势
B. 通货膨胀率以每年 10%的速度匀速增长
C. 在数年之内，通货膨胀率一直保持在 2%~3%的水平
D. 通货膨胀率每年在 50%以上

15. 由于工资提高而引起的通货膨胀是（　　）。
A. 需求拉动型通货膨胀　　B. 成本推动型通货膨胀
C. 需求拉动和成本推动的通货膨胀　　D. 结构型通货膨胀

16. 在下列通货膨胀的原因中，（　　）最可能是成本推动的通货膨胀的原因。
A. 银行贷款的扩张　　B. 预算赤字
C. 进口商品价格的上涨　　D. 投资率下降

17. 一般来说，短期菲利普斯曲线是一条（　　）。
A. 向右上方倾斜的曲线　　B. 向右下方倾斜的曲线
C. 水平线　　D. 垂线

18. 关于菲利普斯曲线的形状，货币主义认为（　　）。
A. 向右下方倾斜
B. 是一条水平线
C. 是一条垂直线
D. 短期内向下倾斜，长期内为一条垂直线

19. 以下哪种现象不伴随通货紧缩发生？（　　）
A. 有效需求不足　　B. 经济衰退
C. 失业率下降　　D. 物价下跌

20. 某个国家在充分就业情况下的产出是 5000 亿元，而自然失业率是 5%。假定现在的失业率是 8%，那么奥肯系数为 2 时，根据奥肯定律，该国目前的产出为（　　）。
A. 4500 亿元　　B. 4900 亿元　　C. 4800 亿元　　D. 4700 亿元

21. 经济周期的四个阶段依次是（　　）。

A. 繁荣、萧条、衰退、复苏　　B. 衰退、复苏、繁荣、萧条

C. 衰退、萧条、繁荣、复苏　　D. 繁荣、衰退、萧条、复苏

22. 某国在一段时期内 GDP 的增长率在不断降低，但是总量却在不断提高，从经济周期的角度看，该国处于（　　）阶段。

A. 复苏　　B. 繁荣　　C. 衰退　　D. 萧条

23. 根据乘数—加速数理论，经济之所以会发生周期性波动，是因为（　　）。

A. 乘数作用　　B. 加速数作用

C. 乘数和加速数的交织作用　　D. 外部经济因素的变动

24. 朱格拉周期是一种（　　）。

A. 短周期　　B. 中周期　　C. 长周期　　D. 不能确定

25. 基钦周期是一种（　　）。

A. 短周期　　B. 中周期　　C. 长周期　　D. 不能确定

26. 加速原理断言（　　）。

A. GDP 的增加导致投资数倍增加　　B. GDP 的增加导致投资数倍减少

C. 投资的增加导致 GDP 数倍增加　　D. 投资的增加导致 GDP 数倍减少

27. 经济周期分析是一种（　　）。

A. 短期的比较静态的分析　　B. 长期的动态分析

C. 局部均衡的分析　　D. 长期的静态分析

28. 乘数原理和加速原理的关系是（　　）。

A. 乘数原理说明国民收入的决定，加速原理说明投资的决定

B. 两者都说明投资的决定

C. 乘数原理解释经济如何走向繁荣，加速原理说明经济怎样陷入萧条

D. 只有乘数作用时，国民收入的变动比乘数、加速数作用相结合时的变动要更大一些

（二）判断题

1. 当经济开始复苏时，统计到的失业率一定会下降。（　　）
2. 只要存在失业工人，就不可能有工作空位。（　　）
3. 从终结原因看，只要货币供给与总产出保持相同的增长速度，就不会出现需求拉动的通货膨胀，也不会出现成本推动的通货膨胀。（　　）
4. 在任何经济中，只要存在通货膨胀压力，就会表现为物价水平的上升。（　　）
5. 如果通货膨胀率相当稳定，而且人们可以完全预期，那么通货膨胀对经济的影响就很小。（　　）
6. 当经济发生通货膨胀时，大家均受其害。（　　）
7. 在通货膨胀时期，使用大量已有资本进行商业活动，要负担相对更多的税。（　　）
8. 菲利普斯曲线所表示的通货膨胀率和失业率之间的关系是互为因果的关系。（　　）

9. 菲利普斯曲线与总供给曲线本质上讨论的是同一个问题。(　　)
10. 弗里德曼认为，从长期看，通货膨胀和失业之间不存在替换关系。(　　)
11. 菲利普斯曲线的左移使得一个社会能够通过货币政策和财政政策的运用改进在通货膨胀率和失业率之间进行的相机抉择。(　　)
12. 自然失业率指经济社会在正常情况下的失业率，它是劳动市场处于供求稳定状态时的失业率，这里的稳定被认为是既不会造成通货膨胀也不会导致通货紧缩的状态。(　　)
13. 菲利普斯曲线表明，当失业率较低时，货币工资增长率也较低；反之，当失业率较高时，货币工资增长率也较高。(　　)
14. 通货膨胀似乎有一种惯性，产生这种现象的原因在于，如果经济中大多数人都预期到同样的通货膨胀率，那么这种通货膨胀预期就会变成经济运行的现实。(　　)
15. 无论通货膨胀的原因如何，只要通货膨胀开始，需求拉上和成本推动过程几乎都发挥着作用，即使导致通货膨胀的初始原因消失了，通货膨胀也可以自行持续下去。(　　)
16. 通货膨胀可以从不同角度进行分类，既可按照价格上升的速度进行分类，又可按照对价格影响的差别进行分类，还可按照人们的预料程度进行分类。(　　)
17. 菲利普斯曲线最初反映的是失业率与通货膨胀率之间的关系。现代的菲利普斯曲线主要反映的是失业率与工资上涨率之间的关系。(　　)
18. 平衡的通货膨胀即每种商品的价格都按相同比例上升。非平衡的通货膨胀即各种商品价格上升的比例并不完全相同。(　　)
19. 对通货膨胀的预期会加剧实际的通货膨胀。(　　)
20. 乘数的作用导致国民收入增加，加速数的作用导致国民收入减少。因此，乘数和加速数的交织作用造成经济的周期性波动。(　　)
21. 一般在经济繁荣时期，总需求大于总供给，经济中存在通货膨胀，政府通过紧缩性的财政政策来压抑总需求，可以实现物价稳定。(　　)
22. 加速原理是一种用外部因素的变化来解释经济周期的原理。(　　)
23. 经济周期是总体经济活动的波动，也就是国民收入的波动。(　　)
24. 熊彼特周期是一种长周期。(　　)
25. 在经济繁荣和萧条时期，大多数重要的经济指标将同方向运动。(　　)
26. 在经济周期的繁荣阶段，失业率会上升。(　　)
27. 根据加速数原理，在国民收入停止增长的时候，净投资一定会下降。(　　)
28. 经济周期是经济活动总水平的长期的、波浪式的运动。(　　)

（三）计算题

1. 设一经济有以下菲利普斯曲线：$\pi-\pi^{E}=0.5\,(u-0.06)$。
   （1）该经济的自然失业率为多少？
   （2）为使通货膨胀率减少 5 个百分点，必须有多少周期性失业？

2. 如果失业率与 GDP 之间关系满足奥肯定律：$(Y-Y_f)/Y_f=-3(u-u^*)$，其中 u 是失业率，u^* 是自然失业率，Y 是 GDP，Y_f 是潜在 GDP。又假定 1991 年、1992 年、1993 年和 1994 年的失业率分别为 5%、4%、5%和 6%。求：

（1）当自然失业率 $u^*=6\%$ 时，1991—1994 年各年失业率所对应的 GDP 缺口。

（2）比较 4 年中实际 GDP 和潜在 GDP 的关系。

（3）若 1993 年的实际 GDP 为 2000 亿元，计算当年的潜在 GDP 水平。

（四）问答题

1. 为什么发生超速的通货膨胀时，人们宁愿坐出租车而不愿坐公交车？
2. 高价格和通货膨胀的区别是什么？
3. 工资上涨会导致消费增加，试问工资推动型通货膨胀是否也可看作需求拉动型通货膨胀？
4. 摩擦性失业是不是一种自愿失业？为什么？
5. 摩擦性失业与结构性失业相比，哪一种失业问题更严重些？
6. 如果现在社会上失业率很高，人们会估计政府要实行膨胀性经济政策，这属于适应性预期还是理性预期？为什么？
7. 恶性通货膨胀对宏观经济运行效率将产生哪些不利影响？
8. 哪些失业是可以消除的，哪些失业是无法消除的？为什么？

第六章 开放条件下的宏观经济

◇一、概要及学习目标
◇二、知识脉络图
◇三、主要概念
◇四、重点、难点
◇五、疑难解析
◇六、案例及思考
◇七、练习题

一、概要及学习目标

（一）概要

国际收支是指在一定时期内一个经济体的居民与非居民之间因各种经济往来而发生的收入和支付的系统记录。其概念应该从以下几方面加以把握：①国际收支是一个流量概念；②国际收支反映的是以货币数量记录的全部国际经济交易；③国际收支记录的是居民与非居民之间发生的经济交易。国际收支所反映的国际经济联系，最核心的是商品和服务的贸易、资本的流动。

国际交易通常要求一种货币被换成另一种货币，这样就涉及两种货币相互兑换的比率，即汇率或汇价。汇率可以分为名义汇率和实际汇率：名义汇率是两个国家或地区货币的相对价格，即一种货币能兑换另一种货币的数量。名义汇率的两种标价法：直接标价法、间接标价法。实际汇率就是用两个国家或地区价格水平对名义汇率加以调整后的汇率。

汇率制度指一国或地区货币当局对本国汇率变动的基本方式所做的一系列制度安排或规定。汇率制度可以分为固定汇率制和浮动汇率制。

净出口是出口与进口的差额，本国流向国外的资本量减去国外流向本国的资本量所得的差额称为资本项目差额或资本净流出，净出口与资本净流出的差额称为国际收支差额，用 BP 表示。当一国的国际收支平衡时，国际收支差额等于零，即 $BP=0$，此时达到外部均衡状态。

国际收支函数表示在国际收支平衡时利率 r 和收入 Y 的相互关系。反映国际收支平衡条件下国民收入与利率相互关系的曲线，称为国际收支均衡曲线（BP 曲线）。BP 曲线的斜率受资本净流出曲线斜率以及净出口曲线斜率的影响，且所有影响净出口、资本净流出变动的因素都会使 BP 曲线发生移动，主要包括国际收支状况、汇率变化和价格水平变动等。

蒙代尔—弗莱明模型是 *IS—LM* 模型在开放经济中的形式，拓展了开放经济条件下不同政策效应的分析，可以解释短期开放经济的变动和汇率制度的关系及宏观经济政策效果。开放经济条件下IS^*和LM^*曲线综合在一起就形成了蒙代尔—弗莱明模型，其交点表示两个市场均衡时的名义汇率与收入水平。

固定汇率制下的财政政策和货币政策：在固定汇率制和完全资本流动的假设下，实行扩张性财政政策的同时增加货币供给，会增强扩张性财政政策的效果，财政政策作用产生的增量等同于经济增量。但货币政策是无效的。

浮动汇率制下的财政政策和货币政策：小国在开放条件下实行扩张性财政政策，结果是汇率上升和（或）净出口减少，从而抵消了扩张性财政政策的效果，财政政策无效。实行扩张性的货币政策，即货币供给增加时，汇率下降，收入水平提高，小国的货币政策通过汇率变化影响产出。

国际金融三元悖论：不可能的三位一体，即一个经济体不可能同时实现资本完全流动、固定汇率和独立的货币政策。

（二）本章学习目标

了解国际收支所反映的国际经济联系，理解汇率与汇率制度的一般知识，理解名义汇率和实际汇率的区别；掌握国际收支平衡的内涵及影响因素，理解 *BP* 曲线的推导，掌握 *BP* 曲线移动的经济含义；掌握蒙代尔—弗莱明模型的基本思想，并能利用其分析财政政策和货币政策在开放条件下的效应；掌握不同汇率制度下的财政政策、货币政策和贸易政策的经济效果；掌握国际金融三元悖论的基本内容和理论依据。

二、知识脉络图

国际收支与汇率
- 1. 国际收支
  - （1）含义：指在一定时期内一个经济体的居民与非居民之间因各种经济往来而发生的收入和支付的系统记录
  - （2）反映的国际经济联系
    - ①商品和服务贸易：包括出口和进口
    - ②资本流动：包括资本流入和资本流出
- 2. 汇率与汇率制度
  - （1）汇率
    - ①含义：两种货币相互兑换的比率
    - ②名义汇率：两个国家或地区货币的相对价格
    - ③实际汇率：用两个国家或地区价格水平对名义汇率加以调整后的汇率
    - ④关系式：$\varepsilon=eP/P_f$（P、P_f 分别为本国、外国商品价格）
  - （2）汇率制度
    - ①含义：一国或地区货币当局对本国汇率变动的基本方式所做的一系列制度安排或规定
    - ②分类：固定汇率制和浮动汇率制

国际收支与汇率

3. 国际收支的平衡

（1）净出口 NX

①含义：净出口是出口与进口的差额，即

$$NX=X-M$$

②函数表达式

$$NX\left(Y,\ \frac{eP}{P_f}\right)=X\left(\frac{eP}{P_f}\right)-M\left(Y,\ \frac{eP}{P_f}\right)=q-\gamma Y-n\frac{eP}{P_f}$$

③主要影响因素：实际汇率、价格水平

（2）资本净流出 F

①含义：本国流向国外的资本量与国外流向本国的资本量的差额称为资本净流出

②函数表达式：$F=\sigma\ (r_W-r)$

③主要影响因素：利率水平

（3）国际收支差额 BP

①含义：净出口与资本净流出的差额

②函数表达式

$$BP=NX\left(Y,\ \frac{eP}{P_f}\right)-F(r)$$

③国际收支平衡的条件：$BP=0$

4. BP 曲线

（1）BP 曲线的推导

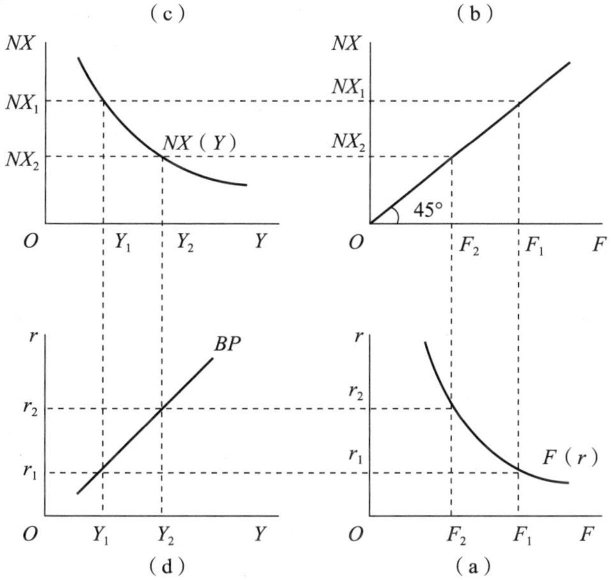

（2）BP 曲线斜率的影响因素：资本净流出曲线的斜率、净出口曲线的斜率

（3）BP 曲线的不同形状

①资本完全流动：BP 曲线为水平线，斜率→0

②资本完全不流动：BP 曲线为垂直线，斜率→∞

③资本不完全流动：BP 曲线为倾斜线，斜率>0

（4）BP 曲线移动的影响因素

①国际收支状况

②汇率变化：实际汇率下降，BP 曲线左移

③价格水平变动：P 上升，BP 曲线左移

蒙代尔—弗莱明模型

1. 含义：IS—LM 模型在开放经济中的形式，即引入 BP 曲线所建立的分析国内外均衡的 IS—LM—BP 模型称为蒙代尔—弗莱明模型

2. 价格不变的情形

（1）假设前提

①价格短期内不变，经济中的产出完全由需求决定

②实际货币需求与收入正相关，与实际利率负相关

③国内市场利率与世界市场利率一致

（2）开放条件下的曲线：曲线向右下方倾斜

$$Y=C(Y-T)+I(r_w)+G+NX(e)$$

（3）开放条件下的 LM 曲线：LM^* 曲线是垂直的

$$M=L(r_w,\ Y)$$

（4）开放条件下的 IS—LM 模型：

IS^*：$Y=C(Y-T)+I(r_w)+G+NX(e)$ 商品市场均衡

LM^*：$M=L(r_w,\ Y)$ 货币市场均衡

（收入 Y 和名义汇率 e 为内生变量，其他变量为外生变量）

3. 价格变动的情形

IS^*：$Y=C(Y-T)+I(r_w)+G+NX(\varepsilon)$ 商品市场均衡

LM^*：$M=L(r_w,\ Y)$ 货币市场均衡

（收入 Y 和实际汇率 ε 为内生变量，其他变量为外生变量）

4. 蒙代尔—弗莱明模型中小国开放条件下的政策效果（见表 6-1）

表 6-1　蒙代尔—弗莱明模型中小国开放条件下的政策效果

政策	收入 Y		汇率 e		净出口 NX	
	固定汇率	浮动汇率	固定汇率	浮动汇率	固定汇率	浮动汇率
扩张性货币政策	0	↑↑	0	↓	0	↑
扩张性财政政策	↑↑	0	0	↑	↓	↓
贸易保护政策	↑↑	0	0	↑	不确定	0

注：双上升箭头代表影响收入的作用得到强化。

固定汇率制下的政策效果

1. 财政政策

（1）扩张性财政政策：IS^* 曲线右移；增加货币供给：LM^* 曲线右移　结果：汇率固定，产出水平提高

（2）紧缩性财政政策：IS^* 曲线左移；减少货币供给：LM^* 曲线左移　结果：汇率固定，产出水平下降

2. 货币政策：固定汇率制下的货币政策是无效的

3. 贸易政策：与固定汇率制下的财政政策的经济机制一致，不同的仅仅是引起 IS^* 曲线移动的原因，贸易政策源于净出口的变化，而财政政策则源于其他因素的变化

浮动汇率制下的政策效果

- 1. 财政政策
  - （1）扩张性财政政策：IS^* 曲线右移，结果：汇率上升和（或）净出口减少，产出没有变化
  - （2）紧缩性财政政策：IS^* 曲线左移，结果：汇率下降和（或）净出口增加，产出没有变化
- 2. 货币政策
  - （1）扩张性货币政策：LM^* 曲线右移，结果：汇率下降，净出口增加，产出水平提高
  - （2）紧缩性货币政策：LM^* 曲线左移，结果：汇率上升，净出口减少，产出水平降低
- 3. 贸易政策：与浮动汇率制下的财政政策的经济机制一致，不同的仅仅是引起 IS^* 曲线移动的原因，贸易政策源于净出口的变化，而财政政策则源于其他因素的变化
- 4. 国际金融三元悖论：不可能的三位一体
  - （1）资本完全流动
  - （2）固定汇率
  - （3）独立的货币政策

三、主要概念

1. 国际收支（International balance of payment）：指在一定时期内一个经济体的居民和非居民之间因各种经济往来而发生的收入和支付的系统记录。

2. 出口（Export）：一个国家或地区把商品和服务输出到其他国家或地区，同时得到等值的外汇收入。

3. 进口（Import）：一个国家或地区从其他国家或地区输入商品和服务，同时支付等值的外汇。

4. 净出口（Net exports）：是出口与进口的差值，从价值角度理解为一个国家或地区在一段时期内通过商品和服务的进出口而净流入的外汇收入。

5. 资本流入（Capital inflow）：指境外资本流入境内，是境外对境内资产的购买或组建，也表现为外汇的流入。

6. 资本流出（Capital outflow）：是境内资本的流出，是对海外资产的购买或在海外投资形成资产，也表现为外汇的流出。

7. 汇率（Exchange rate）：又称汇价，指两种货币相互兑换的比率。

8. 名义汇率（Nominal rate of exchange）：是两个国家（或地区）货币的相对价格，即一种货币能兑换另一种货币的数量。

9. 直接标价法（Direct quotations）：是用本国货币形式表示的国外货币的价格，即购买 1 单位或 100 单位的外币应该付出多少本国货币，故又称为应付标价法。

10. 间接标价法（Indirect quotation）：即用国外货币表示本国货币的价格。它以购买一定单位（如 1 单位）的本国货币为标准来计算应收多少单位外币，故又称为应收标价法。

11. 实际汇率（Real exchange rate）：是用两国（或地区）价格水平对名义汇率加

以调整后的汇率。

12. 汇率制度（Exchange rate arrangement）：指一国（或地区）货币当局对本国汇率变动的基本方式所做的一系列制度安排或规定。

13. 固定汇率制（Fixed exchange rates）：规定本国货币与其他国家货币之间维持一个固定比率，汇率波动被限制在一定范围内，由官方干预来保证汇率的稳定。固定汇率制是在金本位制度和布雷顿森林体系下通行的汇率制度。

14. 浮动汇率制（Floating exchange rates）：指一国不规定本币与外币的黄金平价和汇率上下波动的界限，货币当局也不承担维持汇率波动幅度的义务，汇率随外汇市场供求关系变化而上下自由浮动的一种汇率制度。

15. 资本净流出（Net capital of outflow）：本国流向国外的资本量减去国外流向本国的资本量所得的差额称为资本项目差额或资本净流出。

16. 国际收支差额（Balance of payments）：净出口与资本净流出的差额。

17. 蒙代尔—弗莱明模型（Mundell-Fleming model）：是在凯恩斯主义框架下对宏观经济均衡体系分析的延伸。它扩展了米德开放条件下不同政策效应的分析，通过引入货币均衡、利率和国际资本流动，将 *IS—LM* 模型扩展为开放经济理论模型。蒙代尔—弗莱明模型可以解释短期开放经济的变动和汇率制度的关系，以及宏观经济政策效果。

18. 不可能的三位一体（The impossible trinity）：又称国际金融三元悖论，指一个经济体不可能同时实现资本完全流动、固定汇率和独立的货币政策，即这三个政策目标不可能三合一地同时出现，每次只能出现两个。

四、重点、难点

（一）重点

1. 国际收支的定义及其所反映的国际经济联系，国际收支平衡的内涵；
2. 名义汇率和实际汇率的区别；
3. 蒙代尔—弗莱明模型的基本思想。

（二）难点

1. *BP* 曲线的推导；
2. 利用蒙代尔—弗莱明模型解释短期开放经济的变动和汇率制度的关系，以及宏观经济政策效果。

五、疑难解析

1. 什么是国际贸易中的里昂惕夫之谜（The Leontief Paradox）？对里昂惕夫之谜的解释有哪些？

答：根据赫克歇尔—俄林定理，一国应出口密集使用本国相对充裕要素生产的产品，进口密集使用本国相对稀缺要素生产的产品。一般认为，美国是一个资本充裕而劳动力相对不足的国家，因此，美国应该出口资本密集型产品而进口劳动密集型产品。但美国经济学家里昂惕夫（W. Leontief）发现20世纪四五十年代美国出口商品具有劳动密集型的特征，而进口替代品更具有资本密集型的特点，与赫克歇尔—俄林定理不符。这就是里昂惕夫之谜。

对里昂惕夫之谜的解释包括：

（1）劳动力非同质理论，即复杂劳动是简单劳动的倍加。如果将劳动力区分为熟练劳动力和非熟练劳动力，则美国是一个熟练劳动力比较充裕的国家，美国的出口以物质资本加熟练劳动力密集型产品为主，符合赫克歇尔—俄林定理。

（2）一些自然资源密集型的产品往往也是资本密集型的，比如能源。而美国某些自然资源是相对稀缺的。

（3）要素密度逆转，即同一种产品中要素的比例在不同的国家会有重大不同，如某些产品在发展中国家属于劳动密集型产品，但在发达国家却属于资本密集型产品。要素密度逆转的原因是要素间的替代。

（4）需求逆转。不同国家消费者偏好不可能完全相同。虽然美国的资本相对充裕，但如果美国的消费者主要需求的是资本密集型的产品，则仍然会大量进口资本密集型产品。

2. 什么是斯托帕—萨缪尔森定理（The Stolper-Samuelson theorem）？

答：斯托帕—萨缪尔森定理是指国际贸易会使得一个国家密集地出口使用本国相对充裕的要素生产出来的产品，从而导致对相对充裕要素的需求提高，同时进口使用本国稀缺要素生产的外国产品，使得本国对稀缺要素的需求下降，导致该国相对充裕的要素的实际价格或报酬提高，而相对稀缺的生产要素的实际价格或报酬反而会下降，从而产生要素价格均等化的趋势。

3. 为什么本国货币升值使进口增加，出口减少？

答：这主要是由于本国货币对外国货币的交换比价变化后，会影响两国的进出口商品及劳务的国内价格，从而影响到各自的进出口数量。例如，如果本国货币对外国货币升值，即本国货币汇率上升，则使外国的进口商品价格以本币表示时会下降，有利于促进销售，使进口增加；而本国商品出口时，以外国货币表示的本国商品价格则上涨，不利于在外国市场上的销售，使出口受阻。因此，本国货币升值可以使进口增加、出口减少；反之，本国货币贬值可以使出口增加、进口减少。故可以通过调整汇率，来调整一国的国际贸易状况。打个比方，当1美元值150日元变为值100日元时，这表示日元升值、美元贬值。因此，某件美国产品单价为2美元的话，日元未升值时，在日本要卖300日元，日元升值后，只卖200日元了，即价格下降了，这有利于美国产品在日本市场上销售，从而日本进口要增加。相反，从日本出口看，本来300日元1件的日本产品在美国市场上只卖2美元，日元升值后要卖3美元了，即在美国市场上价格上升了，这不利于日本产品在美国市场上销售，因而会减少日本的出口。可见，汇率上升，可以消除国际贸易顺差；而汇率下降，则有利于消除国际贸易逆差。

4. 什么是“马歇尔—勒纳条件”（Marshall-Lerner condition）？

答：汇率上升（直接标价）或者说本国货币贬值能在多大程度上增加出口、减少进口，从而改变国际收支，取决于该国出口商品在世界市场上的需求弹性和该国国内市场对进口商品的需求弹性。先看出口：只有出口商品的需求弹性大，本币贬值所引起的商品出口增加的幅度才会大于本币贬值幅度，从而使外汇收入增加；如果出口商品的需求弹性小，本币贬值（从而使出口商品便宜）所引起的出口增加幅度会小于本币贬值幅度，就只会使外汇收入减少。再看进口：本币贬值使进口减少，但如果国内市场对进口商品的需求弹性很小，则本币贬值（从而使进口商品价格上升）所引起的进口商品减少幅度会很小，这时外汇支出不仅不会减少，反而还会增加。因此，货币贬值能否改善一国经常项目收支状况，取决于出口商品的需求弹性和进口商品的需求弹性。如果两者之和的绝对值大于1，则本币贬值可改善一国经常项目收支状况，这一理论首先由英国经济学家马歇尔提出，后又经美国经济学家勒纳发展，因此，称“马歇尔—勒纳条件”。

5. 什么是贸易J曲线？

答：一国货币贬值或升值时，该国贸易收支状况往往并不能立即改善或恶化，这是因为，进出口变动速度往往慢于价格变动速度。例如，本币贬值时，出口并不会立即增加，进口也并不会立即减少。这是因为，在贬值之前，进出口合同一般早已签订好，进口或出口的数量一般都在事前几个月就规定了。本国货币贬值后，在新的出口或进口合同还未签约前，进出口数量仍照旧合同执行。本币贬值，即外币升值后，一国出口余额反而会减少。例如，假定1美元从值6元人民币变为值8元人民币时，如果按旧合同出口一定数量商品原来可以得4万美元的话，现在只能得3万美元了。也就是说，在贬值初期，一国出口收入可能反而减少，进口支出可能反而增加，因而经常项目收支状况可能反而恶化。只有经过一段时间以后，随着旧合同结束，新合同履行，一国出口收入才会增加，进口支出才会减少，从而使经常项目收支状况得以改善。当本币升值时，经济项目收支状况的变动则往往先有改善，随着时间的推移，才会逐步恶化。这种变动的轨迹呈J字形状，故称J曲线。J曲线可见图6-1。

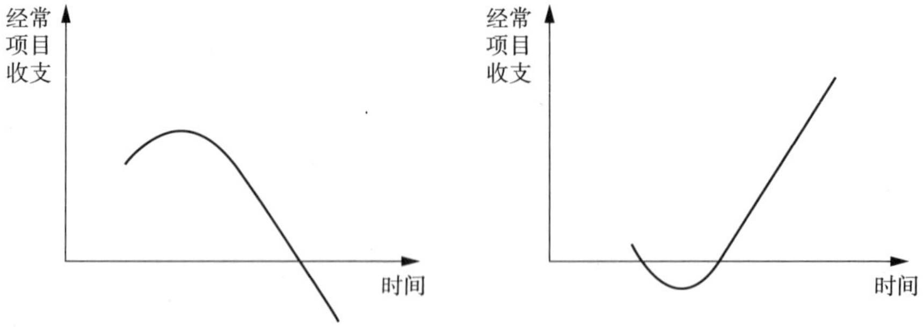

（a）本国货币升值　　（b）本国货币贬值

图6-1　汇率与经常项目收支变动的J曲线

疑难解析的内容摘编自：尹伯成．现代西方经济学习题指南（宏观经济学）第七版［M］．上海：复旦大学出版社，2009.

六、案例及思考

案例 6-1　1.9 万亿出台，美国要割世界的韭菜？

2021 年 3 月 6 日，经过近 25 小时的审议后，美国参议院以 50 票赞成、49 票反对一票之差的结果通过了 1.9 万亿美元经济刺激计划。

1.9 万亿美元是什么概念？按照现行汇率计算，美国直接推出 12 万亿元人民币的刺激计划，是 2008 年我国经济刺激计划的 3 倍！根据目前的数据，美国联邦债务总额已逼近 28 万亿美元，公共债务占 GDP 的比重已经超过 100%，而美联储资产负债表也突破了 7.4 万亿美元。这个接近 2 万亿美元的经济刺激计划，叫作“美国救援计划”。加上 2 月刚通过的一个 9000 亿美元的救助计划，美国即将实施总规模高达 2.8 万亿美元的经济刺激计划。

在这样的背景下，谁为美元超发埋单呢？答案是全世界！美元作为世界通用结算货币，可以薅全世界羊毛。超发的美元，通过从海外进口各类生产、生活商品，流通于全世界，造成世界各国手里拥有大量美元。当美国继续印钞时，其他国家手里的美元就会大幅贬值！

通过这种方式，美国成功实现了国内通货膨胀的乾坤大挪移，收割了全球的财富！

参考资料：1.9 万亿刺激会带来超级通胀吗？美国民主党人争论不休［EB/QL］. https://baijiahao.baidu.com/s? id=1691092933015673717&wfr=spider&for=pc.

请结合案例 6-1 思考以下问题：

（1）美国的经济刺激计划给美国经济和世界经济带来哪些影响？

（2）美国经济刺激计划影响世界其他国家经济运行的机制是什么？

（3）在现行汇率制度下我国应该如何应对美国经济刺激计划的影响？

案例 6-2　RCEP 将为全球经济复苏注入新动力

区域全面经济伙伴关系协定（RCEP）保管机构东盟秘书处近日发布通知，宣布文莱、柬埔寨、老挝、新加坡、泰国、越南 6 个东盟成员国和中国、日本、新西兰、澳大利亚 4 个非东盟成员国已向秘书长正式提交核准书，达到协定生效门槛。RCEP 将于 2022 年 1 月 1 日对以上 10 国生效，将造福区域内约 35 亿人口，也必然会推动全球经济的复苏与持续增长。

RCEP 为充满不确定性的全球经济注入了新动力。新冠肺炎疫情大流行加上贸易保护主义盛行，世界经济充满不确定性风险。WTO 贸易政策监测报告显示，疫情发生后全球共实施了 136 项贸易限制性措施，其中 84%是出口限制措施，大约影响了 2058 亿美元的国际贸易。后疫情时期，全球经济和国际贸易呈现出不平衡、不稳定的复苏。WTO 预期，2022 年全球贸易总量仍将低于疫情前的水平。

RCEP 的生效和实施，将极大地提振信心，稳定市场，助力经济复苏。国际知名智库彼得森国际经济研究所测算，到 2025 年，RCEP 将拉动成员国出口、对外投资存量、GDP 分别增长 10.4%、2.6%、1.8%。到 2030 年，RCEP 将带动成员国出口净增加 5190 亿美元，国民收入净增加 1860 亿美元。东亚地区仍将是世界上最富经济活力、最具增长动力的地区之一，继续保持着世界经济“火车头”的地位。

支持多边主义、支持自由贸易和开放是参与各国的自主选择。坚定地推进 RCEP 生效实施，表明各国最大限度地达成了共识，提高了区域凝聚力和向心力。以开放合作为导向，加以灵活和务实的态度，是符合亚太地区经济一体化的道路。

RCEP 生效后，将促进地区经济互联互通，区域生产网络进一步融合。经济合作应当尊重市场规律，以区域内企业间贸易、投资、生产、消费之间的联系为基础。研究表明，2007—2017 年，RCEP 国家的整体价值链参与度从 38.3%上升到 40.5%。RCEP 签署后，东亚国家之间正在逐步形成更加紧密的生产链、供应链和消费链。

RCEP 是中国签署的第一个以负面清单方式安排投资章节的自贸协定，参与 RCEP 是重要规则的“干中学”过程。改革开放 40 余年以来，中国的对外开放已经从基于知识学习和技术引进的“单向开放”，转向基于商品和要素自由流动的“双向开放”，并正在向基于规则、体制、理念双向经验交流互鉴的“制度型开放”升级。

作为 RCEP 最大的经济体，中国将持续推动高水平开放，建立开放型经济新体制。RCEP 生效后，这些制度红利和开放红利将长期持续释放。中国已经做好充分的准备，产学研紧密结合，提高 RCEP 利用率，为促进全球经济复苏和亚洲地区繁荣贡献中国力量。

参考资料：RCEP 将为全球经济复苏注入新动力［EB/QL］. http：//www.xinhuanet.com/money/20211117/18429a521687454a9ec45c4f612e9a49/c.html.

请结合案例 6-2 思考以下问题：

（1）参与国际区域经济合作对一国经济发展有何积极影响？

（2）国际区域经济合作促进全球经济复苏的理论逻辑是什么？

（3）既然国际区域经济合作有利于推动经济复苏，为什么有些国家会推行贸易保护主义呢？

七、练习题

（一）选择题

1. 关于实际汇率与名义汇率的关系，如下说法（　　）是正确的。

A. 实际汇率等于名义汇率除以物价水平

B. 实际汇率是两国货币的兑换比率

C. 在没有任何贸易障碍的情况下，实际汇率趋向于等于 1

D. 在没有任何贸易障碍的情况下，实际汇率趋向于等于名义汇率

2. 在资本完全流动的条件下，如果一个小型开放经济采取固定汇率制度，那么它的财

政与货币政策具有的特点是（　　）。

A. 财政政策与货币政策都无效　　B. 财政政策与货币政策都有效

C. 财政政策无效，货币政策有效　　D. 财政政策有效，货币政策无效

3. 关于资本流动和商品贸易之间的关系，在保持国际收支平衡的前提下，如下哪个说法是对的？（　　）

A. 两者之间没有关联

B. （净）资本流出等同于（净）商品出口

C. （净）资本流出等同于（净）商品进口

D. （净）资本流出带来外汇的流入

4. 在资本完全流动的条件下，如果一个小型开放经济采取浮动汇率制度，那么它的财政与货币政策具有（　　）的特点。

A. 财政政策与货币政策都无效　　B. 财政政策与货币政策都有效

C. 财政政策无效，货币政策有效　　D. 财政政策有效，货币政策无效

5. 蒙代尔—弗莱明模型与 *IS—LM* 模型的区别是（　　）。

A. *IS—LM* 模型强调了产品市场与货币市场之间的相互作用

B. *IS—LM* 模型假定物价水平是固定的

C. 蒙代尔—弗莱明模型说明是什么因素引起总产出的短期波动

D. 蒙代尔—弗莱明模型研究开放经济，*IS—LM* 模型研究封闭经济

6. 若我国人民币升值，会发生的情况是（　　）。

A. 进口趋于增加　　B. 出口趋于增加

C. 边际进口倾向趋于下降　　D. 政府预算赤字趋于下降

7. 以外币表示的美元价格大幅下降对美国的进出口产生的影响是（　　）。

A. 增加美国的进出口　　B. 增加出口但减少进口

C. 减少出口但增加进口　　D. 减少美国的进出口

8. 如果一国使其本币贬值，则其结果是（　　）。

A. 无论是从外国人的角度看，还是从本国人的角度看，进出口商品都变得便宜了

B. 无论是从外国人的角度看，还是从本国人的角度看，进出口商品都变得昂贵了

C. 从本国居民的角度看，其进口商品更加便宜；从外国居民的角度看，其出口商品更加昂贵

D. 从本国居民的角度看，其进口商品更加昂贵；从外国居民的角度看，其出口商品更加便宜

9. 如果英镑的汇率是 2 美元，那么美元的汇率是（　　）。

A. 2 英镑　　B. 1 英镑　　C. 0.5 英镑　　D. 无法确定

10. 对英镑和美元两种货币来说，如果英镑的汇率上升，那么美元的汇率将（　）。

A. 上升　　B. 下降

C. 不确定，尚需考虑其他因素　　D. 两者之间没有关系

11. 决定国际资本流动的主要因素是各国的（　　）。

A. 收入水平　　B. 利率水平

C. 价格水平　　D. 进出口差额

12. *BP* 曲线是用以考察国际收支平衡时（　　）两个宏观经济变量间的关系。

A. 国民收入水平与利率水平　　B. 国民收入水平与价格水平

C. 国民收入水平与净出口额　　D. 国民收入水平与国际收支差额

13. 如果本国货币贬值，出口增加，进口减少，将会发生（　　）的变动。

A. 均衡点沿 *BP* 曲线移动　　B. *BP* 曲线变得更平坦

C. *BP* 曲线向右方移动　　D. *BP* 曲线向左方移动

14. 能够对国际利率水平产生影响的是（　　）。

A. 小国经济　　B. 大国经济

C. 大国开放经济　　D. 小国开放经济

15. 政府采取紧缩性的财政、货币政策后，对本国的国内外均衡会产生一定的影响，下列（　　）项所述的影响是不可能出现的。

A. 国内失业率上升　　B. 国际收支状况恶化

C. 资本外流减少　　D. 投资减少

16. 如果一国处于国内均衡，但国际收支有盈余的状况，这时最适宜采用下列（　　）项宏观调节政策。

A. 紧缩性的财政政策

B. 紧缩性的货币政策

C. 扩张性的财政政策与紧缩性的货币政策

D. 相对外币，本币升值

17. 如果一国处于国内失业，国际收支有赤字的状况，这时最适宜采用下列（　　）项宏观调节政策。

A. 增加政府的财政支出　　B. 扩大货币供应总量

C. 降低税率　　D. 相对外币，本币贬值

18. 在浮动汇率制度下的小国开放经济中，扩张性财政政策会使（　　）。

A. 本国利率上升　　B. 本币升值

C. 本国净出口上升　　D. 本国国民收入上升

19. 在浮动汇率制度下的小国开放经济中，扩张性货币政策会使（　　）。

A. 本币贬值　　B. 本币升值

C. 本国国民收入不变　　D. 本国国民收入下降

20. 在固定汇率制度下的小国开放经济中，紧缩性货币政策会使（　　）。

A. 本国净出口上升　　B. 本币升值

C. 本国国民收入上升　　D. 以上三者均不变

21. 在浮动汇率的蒙代尔—弗莱明模型中，一次国际利率的上升将导致收入（　　）。

A. 和净出口都下降　　B. 上升，净出口下降

C. 下降，净出口上升　　D. 和净出口都上升

22. 在浮动汇率的蒙代尔—弗莱明模型中，扩张性的财政政策导致本币（　　），而扩张性的货币政策导致本币（　　）。

A. 升值，升值　　B. 升值，贬值

C. 贬值，贬值　　D. 贬值，升值

23. 根据蒙代尔—弗莱明模型，实行浮动汇率制度的国家采取进口限制将导致净出口（　　），实行固定汇率制度的国家采取进口限制将导致净出口（　　）。

A. 增加，增加　　B. 增加，不变

C. 不变，不变　　D. 不变，增加

24. 消费者对未来信心下降会导致消费降低、储蓄上升，在固定汇率的蒙代尔—弗莱明模型中，这将导致（　　）。

A. 消费和收入的下降　　B. 消费和收入都不会发生变化

C. 收入不变；净出口增加　　D. 收入下降，但净出口上升

（二）判断题

1. 对于小型开放经济而言，如果资本自由流动，那么在浮动汇率制度下采取贸易保护措施是不能增加贸易顺差的。（　　）

2. 在用 *IS—LM* 模型分析开放经济的收入决定时，总供给与总需求因素就都包含在内了。（　　）

3. 一国如果在储蓄不足时有了财政赤字，其结果必然是出现贸易赤字。（　　）

4. 在固定汇率、资本国际流动和货币政策独立性三个方面，小型经济体可以同时实现其中的两个结果。（　　）

5. 实际汇率指两个国家通货的相对价格。（　　）

6. 由于每个国家通货的实际购买力都与各个国家的价格因素不相关，所以名义汇率并没有考虑到两个国家价格水平的情况。（　　）

7. 如果实际汇率高，外国产品就相对便宜，而国内产品就相对昂贵。（　　）

8. 假设实际汇率较低，在这种情况下，由于国内产品相对便宜，所以这时外国人想购买该国的许多产品，而国内居民减少购买进口产品，这导致该国的净进口增加。（　　）

9. 若实际汇率较高，由于国内产品相对于国外产品昂贵，外国人将减少购买该国的产品，而国内居民想购买较多的进口产品。因此，该国的净出口将增加。（　　）

10. 按照间接汇率标价法，一国净出口反向地取决于实际汇率。（　　）

11. 当收入提高时，该国消费者用于购买本国产品和进口产品的支出都会减少。一般认为，出口不直接受一国实际收入的影响。因此，一国净出口反向地取决于该国的实际收入。（　　）

12. 蒙代尔—弗莱明模型说明了在固定汇率下，财政政策不影响总收入，但货币政策能够影响总收入。(　　)
13. 蒙代尔—弗莱明模型说明了在浮动汇率下，财政政策影响总收入，但货币政策不影响总收入。(　　)
14. 如果人们得到了某种外币的直接标价，只要取其“倒数”，即用 1 除以这个标价，就会马上得到该外币的间接标价，反之亦然。(　　)

(三) 计算题

1. 假设美元兑人民币的汇率为 1 美元兑换 8.30 元人民币。试求：
   (1) 用美元表示的人民币汇率是多少?
   (2) 售价 1245 元人民币的一台电视机的美元价格是多少?
   (3) 售价 800 美元的一台电脑的人民币价格是多少?
2. 在不考虑资本流动和汇率变动的情况下，某经济的情况由以下方程和数据描述：
   消费函数：$C=40+0.8Y$；进口函数：$M=30+0.2Y$；投资：$I=25$；政府购买：$G=25$；出口：$X=100$。求：
   (1) 该经济均衡时的产出水平和相应的贸易收支。
   (2) 使贸易收支平衡的产出水平。
3. 假设美国第一年的价格水平（百分比）$P_1=100$，外国（英国）的价格水平 $P_{1f}=100$，它们第二年的价格水平分别为$P_2=180$、$P_{2f}=130$，汇率最初是每英镑 2 美元。
   (1) 如果第 1~2 年没有实质性的失调，第二年的汇率是多少?
   (2) 如果实际汇率 eP_f/P 在第 1~2 年下降 50%，第二年的汇率是多少?

(四) 问答题

1. 为什么本国货币升值使进口增加，出口减少?
2. 什么是国际金融三元悖论?
3. 说明下列因素的变化是使美元升值还是贬值?
   (a) 日本的利率升高；
   (b) 德国的经济增长速度加快；
   (c) 美国的通货膨胀率上升；
   (d) 美国的紧缩性货币政策；
   (e) 美国的扩张性财政政策。
4. 假如政府想通过改变汇率而减少贸易赤字，那么，政府应采取什么样的货币政策?
5. 资本完全流动的含义是什么? 在小国和大国模型中，资本完全流动带来的结果有何区别?
6. 下列各经济参与者中，哪些在外汇市场上可能是美元的供给者，哪些可能是美元的需求者?
   (a) 在欧洲旅行的美国人；

(b) 想购买美国公司股票的英国投资者；

(c) 向美国出口商品的日本企业；

(d) 在美国旅行的巴西游客；

(e) 从美国进口货物的德国企业；

(f) 想在澳大利亚购置房产的美国投资者。

7. 以小国开放经济为例，说明为什么在固定汇率制度下，财政政策的效果比较强，而货币政策会失效。

8. 浮动汇率制与固定汇率制的优点是什么？

9. 汇率变动和净出口变动如何相互影响？

第七章

宏观经济政策

◇一、概要及学习目标

◇二、知识脉络图

◇三、主要概念

◇四、重点、难点

◇五、疑难解析

◇六、案例及思考

◇七、练习题

一、概要及学习目标

（一）概要

宏观经济政策指国家或者政府为了增进整个社会经济福利、改进国民经济的运行状况、达到一定的政策目标而有意识和有计划地运用的政策工具。宏观调控的政策目标一般包括充分就业、稳定物价、经济增长和国际收支平衡四项。

宏观经济政策目标的一致性和冲突：从宏观经济政策目标的一致性和互补性看，对某一目标的追求或某一目标的实现，同时也能够促进或影响其他目标的实现，这就是宏观经济政策目标的一致性；从宏观经济政策目标的矛盾和冲突来看，任何一种政策手段都有其副作用，对其他目标的实现产生不利的影响。

财政政策是政府变动税收和支出以便影响总需求进而影响就业和国民收入的政策。财政政策工具是政府为了实现既定的政策目标所选择的操作手段。其中，政府支出包括政府购买，以及转移支付、净利息支付等，政府收入包括征税、发行公债等。

自动稳定器是经济系统本身存在的一种减少对国民收入冲击和干扰的机制。这种调节是自发的，而无须政府采取任何行动。自动稳定器主要有以下三种：一是失业保障机制；二是农产品价格维持制度；三是所得税税收体系。

相机抉择的财政政策，指政府根据宏观经济指标分析宏观经济形势后，斟酌使用的经济政策。这些政策组合包括改变政府购买水平、改变转移支付方案和改变税率等。

功能财政指国家关于财政活动不能仅以预算平衡为目的，而应以充分发挥财政的经济职能、保持整个经济稳定发展为目的的理论。功能财政思想导致了财政赤字和国家债务的累积，弥补财政赤字的做法通常有借债和出售政府资产两种。政府借债可分为两种：一是向中央银行借债；二是发行债券向公众借债。

财政政策效应的大小取决于 *IS* 曲线和 *LM* 曲线的斜率。一是取决于 *IS* 曲线的斜率，一般来说，在 *LM* 曲线不变时，*IS* 曲线的斜率越小，*IS* 曲线越平坦，*IS* 曲线移动对国民收入变动的影响越小，财政政策效应越小；反之，财政政策效应越大。二是取决于 *LM* 曲线的斜率，一般来说，对于正常 *IS* 曲线的既定变动，*LM* 曲线越平缓，扩张性财政政策引起的均衡国民收入增加越多，财政政策效应越大；反之，财政政策效应越小。

LM 曲线的斜率不同可能有两种基本的原因：一是货币需求的收入弹性不同；二是货币需求的利率弹性不同。

财政政策效应的大小还与挤出效应有关，财政政策挤出效应的大小取决于多种因素：第一，支出乘数的大小；第二，货币需求对产出水平的敏感程度；第三，货币需求对利率变动的敏感程度；第四，投资需求对利率变动的敏感程度。

货币政策是货币当局，即中央银行，通过控制货币供应量来调节金融市场信贷供给与利率，从而影响投资和社会总需求，以实现既定的宏观经济目标的经济政策。货币政策目标是通过一定的货币政策工具来实现的，公开市场业务、法定准备金率、再贴现率是中央银行间接调控金融市场的三大货币工具。除此之外，还主要有信用控制、道义劝告和窗口指导等。

货币政策效应指货币当局改变货币供应量后对均衡收入的影响程度，货币政策效应的大小取决于 *IS* 曲线和 *LM* 曲线的斜率。一是 *IS* 曲线的斜率，*LM* 曲线的斜率相同时，*IS* 曲线越平缓，扩张性货币政策引起的均衡国民收入增加越多，货币政策效应越强；反之，货币政策效应越弱。*IS* 曲线的斜率不同时，影响货币政策效应的主要原因是投资需求的利率弹性不同。二是 *LM* 曲线的斜率，*IS* 曲线的斜率相同时，*LM* 曲线越平坦，货币政策效应越小；反之，货币政策效应越大。*LM* 曲线斜率不同时，影响货币政策效应的原因是货币需求受利率的影响程度不同。

财政政策的局限性：①财政政策的时滞；②经济形势的不确定性；③实施财政政策存在公众的阻力；④公众预期对政策效果的影响。

货币政策的局限性：①效果具有短期性；②货币政策的时滞；③货币流通速度的变动。

财政政策与货币政策相互协调的客观必要性：一是二者尽管调节目标不同，但最终目标是一致的；二是二者具有不同的作用机制；三是二者具有不同的功能；四是二者均具有一定的局限性。正因如此，必须把财政政策和货币政策协调起来，以发挥聚合效应和互补效应：一是政策目标的协调；二是政策方向的协调；三是政策力度的协调。

从宏观政策体系来看，通过对总供给的调节来达到宏观经济目标的经济政策是供给管理政策。供给管理政策主要包括人力政策、收入政策、指数化政策等。

人力政策就是通过对人力资源的优化配置，增加就业，促进经济增长的政策。其形成的客观社会条件：一是劳动力结构自身的因素；二是经济结构变化的因素；三是劳动力市场信息不对称；四是新加入劳动力市场的劳动者，由于熟练程度不足或不适应现有的经济结构而失业。

人力政策的主要措施有：一是人力资本投资；二是完善劳动力市场；三是协助劳动力进行流动；四是降低最低工资标准。

收入政策指政府通过某种行政措施强制性或非强制性地限制工资和价格的政策，又称为工资与物价控制政策，其目的是制止工资成本推动的通货膨胀。收入政策的理论基础是成本推动的通货膨胀理论，其主要类型有以下四种：①工资—物价指导线；②工资—物价冻结；③对特定工资或物价进行“权威性劝说”或施加压力；④以税收政策对工资增长率进行调整。

指数化政策的手段主要有三种：①工资指数化；②税收指数化；③利率指数化。

（二）本章学习目标

了解宏观经济政策目标，掌握财政政策和货币政策的含义和工具；了解财政政策思想；熟知货币乘数；学会运用 *IS—LM* 模型分析财政政策和货币政策变动对国民收入影响的效果。

二、知识脉络图

- 宏观经济政策目标
  - 1. 内容
    - （1）充分就业
    - （2）稳定物价
    - （3）经济增长
    - （4）国际收支平衡
  - 2. 抉择
    - （1）宏观经济政策目标的一致性和冲突
    - （2）宏观经济政策目标抉择的不同主张
- 财政政策
  - 1. 财政政策工具
    - （1）政府支出
      - ①政府购买
      - ②转移支付、净利息支付
    - （2）政府收入
      - ①税收：个人所得税、社会保险税、产品和进口税、公司税
      - ②公债：中央政府债务、地方政府债务
  - 2. 两种财政政策
    - （1）自动稳定器
      - ①失业保障机制
      - ②农产品价格维持制度
      - ③所得税税收体系
    - （2）相机抉择的财政政策
      - ①经济衰退时：扩张性财政政策
      - ②经济过热时：紧缩性财政政策
  - 3. 财政思想的演变
    - （1）年度平衡预算：以实现每个财政年度的收支平衡为目标
    - （2）周期平衡预算：以实现一个经济周期内的收支平衡为目标
    - （3）功能财政思想：以反经济周期的需要利用预算赤字和预算盈余，无须保持财政收支平衡
  - 4. 赤字与公债
    - （1）功能财政思想会导致财政赤字的上升和国家债务的累积
    - （2）弥补赤字的途径
      - ①借债：一是向中央银行借债（货币融资）；二是向公众借债（债务筹资）
      - ②出售政府资产
    - （3）公债发行的作用
      - ①筹集财政资金、弥补财政赤字
      - ②调节货币的供求从而影响社会的总需求
  - 5. 财政政策效应
    - （1）*LM* 曲线不变时，*IS* 曲线越陡峭，财政政策效应越大
    - （2）*IS* 曲线不变时，*LM* 曲线越平坦，财政政策效应越大

货币政策
- 1. 货币政策工具
  - (1) 公开市场业务
  - (2) 法定准备金率
  - (3) 再贴现率
- 2. 基础货币、货币乘数和货币供给
  - (1) 基础货币=法定准备金+超额准备金+银行体系的库存现金+银行体系之外的居民手持现金
  - (2) 货币供给=基础货币×货币乘数
- 3. 支持政策规则的理论
  - (1) 动态不一致性理论
  - (2) 卢卡斯批评
- 4. 货币政策规则
  - (1) 货币增长目标
  - (2) 名义 GDP 目标
  - (3) 通货膨胀目标
  - (4) 泰勒规则
- 5. 货币政策效应
  - (1) *LM* 曲线不变时，*IS* 曲线越平坦，货币政策效应越大
  - (2) *IS* 曲线不变时，*LM* 曲线越陡峭，货币政策效应越大

财政政策与货币政策
- 1. 财政政策的局限性
  - (1) 财政政策的时滞
  - (2) 经济形势的不确定性
  - (3) 实施财政政策存在公众的阻力
  - (4) 公众预期对政策效果的影响
- 2. 货币政策的局限性
  - (1) 效果具有短期性
  - (2) 货币政策的时滞
  - (3) 货币流通速度的变动
- 3. 财政政策和货币政策的协调
  - (1) 协调的客观性
    - ①政策目标的协调
    - ②政策方向的协调
    - ③政策力度的协调
  - (2) 协调的组合效应（见表 7-1）

表 7-1　财政政策和货币政策的协调组合效应

政策配合	收入	利率
扩张性财政政策与紧缩性货币政策	不确定	上升
扩张性财政政策与扩张性货币政策	增加	不确定
紧缩性财政政策与紧缩性货币政策	减少	不确定
紧缩性财政政策与扩张性货币政策	不确定	下降

供给管理政策
- 1. 人力政策
  - （1）人力资本投资
  - （2）完善劳动力市场
  - （3）协助劳动力进行流动
  - （4）降低最低工资标准
- 2. 收入政策
  - （1）工资—物价指导线
  - （2）工资—物价冻结
  - （3）对特定工资或物价进行“权威性劝说”或施加压力
  - （4）以税收政策对工资增长率进行调整
- 3. 指数化政策
  - （1）工资指数化
  - （2）税收指数化
  - （3）利率指数化

三、主要概念

1. 宏观经济政策（Macroeconomic policy）：指国家或政府为了增进整个社会经济福利、改进国民经济的运行状况、达到一定的政策目标而有意识和有计划地运用的政策工具。

2. 充分就业（Full employment）：广义上指一切生产要素（包含劳动）都有机会以自己愿意的报酬参加生产的状态，也就是劳动力和生产设备都达到充分利用的状态；狭义上指总失业率等于自然失业率的状态。

3. 稳定物价（Stabilize the price of goods）：指通过宏观经济政策使某一时期内的一般物价水平保持相对的稳定。

4. 经济增长（Economic growth）：指在一个较长时间跨度内一国人均产出（或人均收入）水平的持续增长。

5. 国际收支平衡（Balance of payments）：采取各种措施纠正国际收支差额，使其趋于平衡。

6. 米德冲突（Meade conflict）：米德认为，以财政政策和货币政策实现内部均衡、以汇率政策实现外部均衡的政策组合，可能会因固定汇率制度下汇率工具无效而无法使用。要运用财政政策和货币政策来达到内、外部同时均衡，在政策取向上常常存在冲突。当国际收支逆差与国内经济疲软并存，或是国际收支顺差与国内通货膨胀并存时，财政政策、货币政策都会左右为难。

7. 财政政策（Fiscal policy）：为了促进就业水平的提高、减轻经济波动、防止通货膨胀、实现稳定增长，而对政府收入和支出水平所做出的决策。

8. 财政政策工具（Fiscal policy tools）：是政府为了实现既定的政策目标所选择的操作手段。

9. 政府支出（Government spending）：指一国在一定时期内各级政府的支出总和。

10. 政府购买（Government purchases）：指政府直接在市场上购买产品、服务及资本品而形成的开支。

11. 转移支付（Transfer payment）：是政府无偿地支付给个人或下级政府的资金。

12. 净利息支付（Net interest payment）：指政府支付给政府债券持有者的利息减去政府所得利息之差。

13. 政府补贴（Government grants）：政府为了调整各种商品价格或生产所支付的开支。

14. 税收（Tax revenue）：是政府按照法律事先规定的标准，凭借手中的政治权力强制地、无偿地从个人和企业中取得财政收入的一种手段。

15. 公债（Government debt）：指政府运用国家信用筹集财政资金时形成的对公众的债务。

16. 自动稳定器（Automatic stabilizer）：是经济系统本身存在的一种减少对国民收入冲击和干扰的机制。

17. 相机抉择的财政政策（Discretionary fiscal policy）：指政府根据宏观经济指标分析宏观经济形势后，斟酌使用的经济政策。这些政策组合包括改变政府购买水平、改变转移支付方案和改变税率等。

18. 功能财政（Functional finance）：指国家关于财政活动不能仅以预算平衡为目的，而应以充分发挥财政的经济职能、保持整个经济稳定发展为目的的理论。

19. 充分就业预算盈余（Full employment budget surplus）：衡量的是在充分就业的收入水平或潜在产出时的预算盈余。

20. 财政政策效应（Effects of fiscal policy）：是政府变动收支后对社会经济活动如就业、产出等产生的有效作用以及相应的反应。

21. 挤出效应（Crowding-out effect）：政府开支增加所引起的私人消费或者投资支出减少。

22. 挤进效应（Crowding-in effect）：是政府在采用扩张性财政政策时，诱导了民间消费和投资的增加，从而带动产出总量或就业总量增加的效应。

23. 货币政策（Monetary policy）：是货币当局即中央银行，通过控制货币供应量来调节金融市场信贷供给与利率，从而影响投资和社会总需求，以实现既定的宏观经济目标的经济政策。

24. 公开市场业务（Open market operations）：指中央银行通过在金融市场上公开买卖政府债券来调节货币供给量。

25. 法定准备金率（Required reserve ratio）：准备金是商业银行库存的现金和按比例存放在中央银行的存款。在现代银行制度中，准备金在中央银行存款中应占的比例是依法规定的，银行法（或中央银行）所规定的存款金融机构（商业银行）所吸收的存款中必须向中央银行缴存的准备金比例即为法定准备金率。

26. 再贴现率（Discount rate）：中央银行在对商业银行办理贴现贷款时所收取的

利率。

27. 基础货币（Monetary base）：亦称货币基数、货币基础。西方国家的基础货币包括商业银行存入中央银行的存款准备金（包括法定准备金和超额准备金）与居民所持有的现金之和。

28. 货币乘数（Money multiplier）：是中央银行发放的基础货币被商业银行创造成具有社会购买力的货币的能力，即中央银行每增加（或减少）1 单位基础货币，整个社会的货币供应量增加（或减少）的数量。

29. 流动性陷阱（Liquidity trap）：又称凯恩斯陷阱，指居民在既定的利率水平之下愿意持有任何数量的货币。

30. 动态不一致理论（Dynamic inconsistency theory）：政策实施后，其作用分布在其后的较长一段时间，会出现短期效果和长期效果，而两者之间可能存在冲突，这个冲突叫作动态不一致性。动态不一致性又称时间不一致性，涉及长期最优政策与短期最优政策之间的关系，指着眼于长期的最优政策与每个时期制定的短期最优政策不一致。

31. 泰勒规则（Taylor rule）：将实际产出和通货膨胀率组合在一起形成一个目标，根据现实中的实际产出和通货膨胀率是否偏离了这个目标而调整利率。

32. 人力政策（Manpower policy）：就是通过对人力资源的优化配置，增加就业，促进经济增长的政策。

33. 收入政策（Income policy）：指政府通过某种行政措施强制性或非强制性地限制工资和价格的政策，又称为工资与物价控制政策，其目的是制止工资成本推动的通货膨胀。

34. 工资—物价指导线（Wage-price guideline）：指政府根据经济发展的情况，制定一个与经济增长相适应的工资增长率和价格增长率，然后政府运用经济方法或劝说与宣传的策略去指导工会与企业领导人执行。

35. 工资—物价冻结（Wage-price freeze）：指政府用法律手段禁止工资与物价上升，或者规定工资与物价的增加必须得到负责工资和价格管理部门的批准。

36. 工资指数化（Wage indexation）：指根据通货膨胀率来调整货币工资，把货币工资增长率与物价上涨率联系在一起，使它们同比例变动。

37. 税收指数化（Tax indexation）：指在通货膨胀、支出水平以及工资福利水平随经济发展而变动的情况下，对税制的某些要素进行相应的调整，以避免名义减除标准或税率档次爬升的问题。

38. 利率指数化（Interest rate indexation）：指根据通货膨胀率来调整名义利率，以保持实际利率不变。即在债务契约中规定，名义利率自动按通货膨胀率进行调整。这样通货膨胀就不会对正常的债务活动与住房投资这类长期投资产生不利的影响。

四、重点、难点

（一）重点

1. 宏观经济政策目标体系；
2. 财政政策和货币政策工具；
3. 基础货币、货币乘数和货币供给的关系；
4. 财政政策和货币政策变动的效果。

（二）难点

1. 自动稳定器；
2. 挤出效应；
3. 货币乘数的推导。

五、疑难解析

1. 是否边际税率越高，税收作为自动稳定器的作用越大？

答：在混合经济中投资变动所引起的国民收入变动比私人部门的变动小，原因是当总需求由于意愿投资增加而增加时，会导致国民收入和可支配收入的增加。但可支配收入增加小于国民收入的增加，因为在国民收入增加时，税收也在增加，增加的数量等于边际税率乘以国民收入，结果，混合经济中消费支出增加额要比私人经济中小，从而通过乘数作用使国民收入累积增加也小一些。同样，总需求下降时，混合经济中收入下降也比私人部门经济中要小一些。这说明税收制度是一种对国民收入波动的自动稳定器。混合经济中支出乘数值与私人经济中支出乘数值的差额决定了税收制度的自动稳定程度，其差额越大，自动稳定作用越大。这是因为，在边际消费倾向一定的条件下，混合经济中支出乘数越小，说明边际税率越高，从而自动稳定量越大。这一点可以从混合经济的支出乘数公式 $\frac{1}{1-\beta\ (1-t)}$ 中得出。当 t 越大时，该乘数越小，从而边际税率变动稳定经济的作用越大。举例来说，假设边际消费倾向为 0.8，当边际税率为 0.1 时，则增加 1 元投资会使总需求增加 3.57 元 $\left[1\times\frac{1}{1-0.8\times(1-0.1)}\approx 3.57\right]$；当边际税率增至 0.25 时，则增加 1 元投资只会使总需求增加 2.5 元 $\left[1\times\frac{1}{1-0.8\times(1-0.25)}=2.5\right]$。可见，边际税率越高，自发投资冲击带来的总需求波动越小，说明自动稳定作用越大。

2. 财政政策乘数和政府支出乘数有何区别？举例说明。

答：财政政策乘数是 *IS—LM* 模型中的一个概念，指在实际货币供给量不变的条件下，政府支出（购买）增加在两个市场（产品市场和货币市场）同时均衡时引起的国民收入变动的倍数，其公式为$\frac{\Delta y}{\Delta G}=\frac{hK_e}{h+kK_ed}$。在此，$h$ 和 k 分别表示货币需求对利率和收入变动的敏感程度，d 表示投资对利率变动的敏感程度，$K_e=\frac{1}{1-\beta}$（式中 β 表示边际消费倾向），即自发支出乘数。政府支出乘数是收入—支出模型中的一个概念，指政府支出（购买）增加在撇开了货币需求和利率变动的情况下所引起的国民收入增量与政府支出增量之比，或者说是政府支出增加在不引起货币需求和利率变动的条件下所引起的国民收入变动的倍数。实际上，上述 $K_e=\frac{1}{1-\beta}$ 这一自发支出乘数中，也包含了这一简单的政府购买支出乘数，其公式是 $K_g=\frac{1}{1-\beta}$。由于政府支出增加时，事实上会引起货币需求上升进而使利率上升，并对私人投资和消费产生挤出效应，因而同样一笔政府购买支出所引起的国民收入的增加，在 *IS—LM* 模型中要小于简单的收入—支出模型，即财政政策乘数要小于简单的政府支出乘数。

3. 平衡预算的财政思想和功能财政思想有何区别？

答：平衡预算的财政思想指财政收入与支出相平衡，财政预算盈余等于零的财政思想。平衡预算思想按其历史发展阶段有三种含义：一是年度平衡预算，这是一种量入为出的每年预算均需平衡的思想；二是周期平衡预算，指政府财政在一个经济周期中保持平衡，在经济繁荣时期采用财政盈余措施，在萧条时期采取预算赤字政策，以前者的盈余弥补后者的赤字，以求整个经济周期盈亏相抵、预算盈余为零的平衡预算；三是充分就业平衡预算，这种思想认为，政府应当使支出保持在充分就业条件下所能达到的净税收水平。这三种平衡预算思想的发展表明，平衡预算已由以往的每年度收支相抵的思想逐步发展至以一定的经济目标为前提的平衡预算思想，在一定周期内，或某年度可有一定的财政盈余或赤字，但是平衡预算思想的本质仍旧是机械地追求收支平衡，是一种消极的财政预算思想。功能财政政策是一种积极的权衡性财政政策或补偿性财政政策。这种政策思想强调，财政预算的功能是为了实现经济稳定发展，预算既可以盈余，也可以赤字，因而称为功能性财政。平衡预算财政与功能财政的思想共同点是两者均是为了使经济保持稳定，两者的区别在于前者强调财政收支平衡，甚至以此作为预算目标，而后者则不强调这点，强调财政预算的平衡、盈余或赤字都只是手段，目的是追求无通货膨胀的充分就业以及经济的稳定增长。

4. 当利率一直很低时，为什么通常有较大的赤字出现？这是否意味着赤字并不像 *IS—LM* 模型所预计的那样会引起利率上升？

答：由于赤字经常出现于经济萧条的时候，那时税收收入因整个收入下降而减少了，而政府支出，尤其像转移支付这样的支出却增加了，因此政府通常出现较大的赤字。可是，在萧条的时候，因为货币需求较低，投资需求也较低，因而利率也较低。这样，低利率和高赤字常常会同时出现，但这并不意味着赤字不像 *IS—LM* 模型所预计的那样会引起利率上升。在 *IS—LM* 模型中，赤字是扩张财政的结果，而扩张财政时货币需求会增加，利率通常会上升。

5. 财政政策效果与 *IS* 曲线和 *LM* 曲线的斜率有什么关系？为什么？

答：财政政策的效果是指政府支出或税收变化对总需求从而对国民收入和就业的影响。以增加政府支出和减少税收的扩张性财政政策为例，这种财政政策的效果总体说来主要取决于两个方面的影响：第一，扩张财政会使利率上升多少。在其他情况不变时，若利率上升较多，财政政策效果就小一些；反之，则大一些。而扩张财政会使利率上升多少，又取决于货币需求对利率的敏感程度，即货币需求的利率系数（可用 h 表示），这一利率系数决定 *LM* 曲线的斜率，h 越小，*LM* 越陡，则扩张财政会使利率上升越多，从而政策效果越小。第二，财政扩张使利率上升时，会在多大程度上挤出私人部门的投资。如果投资对利率很敏感，即投资的利率系数（可用 d 表示）很大，则扩张财政的挤出效应就较大，从而财政政策效果较小，而在其他情况不变时，d 较大，表现为 *IS* 曲线较平缓。总之，当 *LM* 曲线较陡峭，*IS* 曲线较平缓时，财政政策效果较小；反之，则较大。

6. 为什么货币需求对利率越敏感，即货币需求的利率系数越大，财政政策效果越大？

答：货币需求对利率变动越敏感，则政府支出增加使货币需求增加一定量时，只会使利率上升越少，在其他情况不变时，对私人投资的挤出也就越少，从而会有越大的财政政策效果。在 *IS—LM* 模型中，货币需求对利率越敏感（即 h 越大），*LM* 曲线就越平缓，这时，财政政策效果就越明显。

7. 货币政策效果与 *IS* 曲线和 *LM* 曲线的斜率有什么关系？为什么？

答：货币政策的效果是指中央银行变动货币供给量对总需求的影响进而影响国民收入和就业。以增加货币供给的扩张性货币政策为例，这种货币政策的效果总体来说主要取决于两个方面的影响：第一，扩张性货币政策会使利率下降多少；第二，利率下降时会在多大程度上刺激投资。从第一点看，如果货币需求对利率变动很敏感，即货币需求的利率系数 h 很大，则 *LM* 曲线较平缓，那么，这时增加一定数量的货币供给只会使利率稍有下降，在其他情况不变的条件下，私人部门投资增加的就较少，从而货币政策效果就比较小；从第二点看，如果投资对利率变动很敏感，即投资的利率系数 d 很大，则 *IS* 曲线较平缓，那么，利率下降时，投资就会大幅增加，从而货币政策效果就比较大。

8. 用 *IS—LM* 模型说明为什么凯恩斯主义强调财政政策的作用，而货币主义者强调货币政策的作用。

答：按西方经济学家的观点，由于货币的投机需求与利率呈反方向关系，因而 *LM* 曲线向右上方倾斜，但当利率上升到相当高度时，因保留闲置货币而产生的利息损失将变得很大，而利率进一步上升将引起的资本损失风险变得很小，这就使货币的投机需求完全消失，为什么呢？这是因为，利率很高，意味着债券价格很低。当债券价格低到正常水平以下时，买进债券不会再使本金受到因债券价格下跌的损失，因而人们手中任何闲置货币都可用来购买债券，而不愿再让它保留，这就是货币投机需求完全消失的意思。由于利率涨到足够高度使货币投机需求完全消失，货币需求全由交易动机产生，因而货币需求曲线（即 *LM* 曲线）就表现为垂直线形状。因为人们的货币需求是由交易动机而产生，只和收入有关，而和利率波动产生的投机需求无关，这是古典学派的观点，因此，垂直的 *LM* 曲线区域被认为是古典区域。当 *LM* 曲线呈垂直形状时，变动预算收支的财政政策不可能影响产出和收入，相反，变动货币供给量的货币政策则对国民收入有很大作用，这正是古典货币数量论的观点和主张。因此，古典学派强调货币政策作用的观点和主张就表现为 *IS* 曲线移动（它表现为财政政策）在垂直的 *LM* 曲线区域即古典区域不会影响产出和收入，见图 7-1（a），而移动 *LM* 曲线（它表现为货币政策）却对产出和收入有很大作用，见图 7-1（b）。

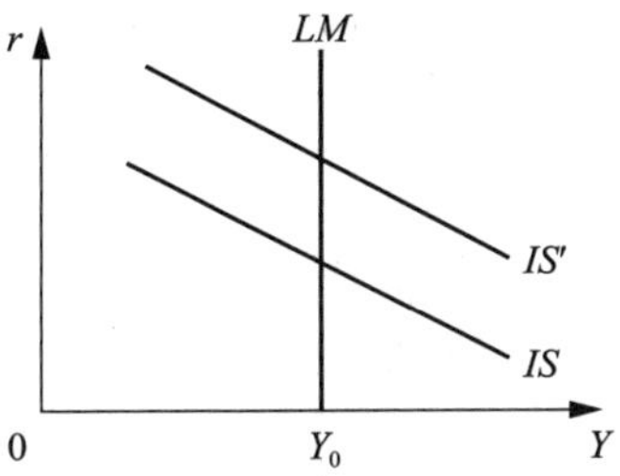

图 7-1（a） 财政政策在古典的 *LM* 区域无效

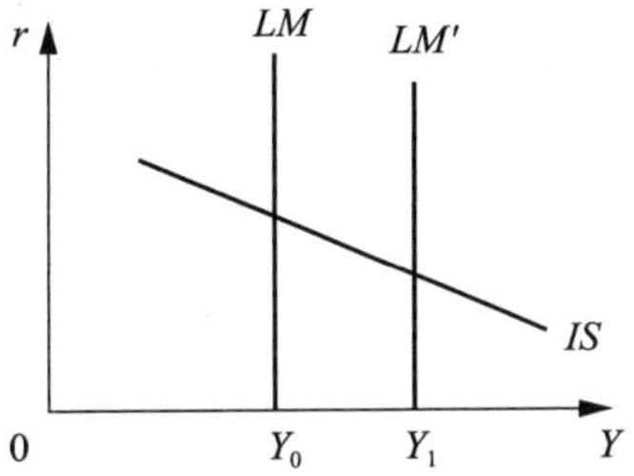

图 7-1（b） 货币政策在古典的 *LM* 区域十分有效

为什么 *LM* 曲线为垂直形状时货币政策极有效而财政政策无效呢？这是因为，当人们只有交易需求而没有投机需求时，如果政府采用扩张性货币政策，这些增加的货币将全部用来购买债券，人们不愿为投机而持有货币，这样，增加货币供给就会导致债券价格大幅上升，而利率大幅下降，使投资和收入大幅增加，因而货币政策很有效，如图 7-1（b）所示。相反，实行增加政府支出的政策则完全无效，因为支出增加时，货币需求增加会导致利率大幅上升（因为货币需求的利率弹性极小，几近于零），从而导致极大的挤出效应，因而使得增加政府支出的财政政策效果极小，如图 7-1（a）所示。所以古典主义者强调货币政策的作用而否定财政政策的作用。

为什么凯恩斯主义强调财政政策呢？因为凯恩斯认为，当利率降到很低的水平时，持有货币的利息损失很小，可是如果将货币用于购买债券的话，由于债券价格异常高（利率极低表示债券价格极高），因而只会跌而不会再涨，从而使购买债券的货币资本损失的风险变得很大。这时，人们即使有闲置货币也不肯去买债券，这就是说，货币的投机需求变得很大甚至无限大，经济陷入所谓的流动性陷阱（又称凯恩斯陷阱）状态，这时的 *LM* 曲线呈水平状。如果政府增加支出，*IS* 曲线右移，货币需求增加，并不会引起利率上升而发生挤出效应，于是财政政策极有效，这可以在图 7-2（a）上得到表现。相反，这时政府如果增加货币供给量，则不可能再使利率进一步下降，因为人们再不肯用多余的货币购买债券而宁愿把货币持在手中，因此债券价格不会上升，即利率不会下降，既然如此，想通过增加货币供给使利率下降并增加投资和国民收入就不可能，因此货币政策无效，这可以在图 7-2（b）上得到表现，因而凯恩斯主义首先强调财政政策而不是货币政策的作用。

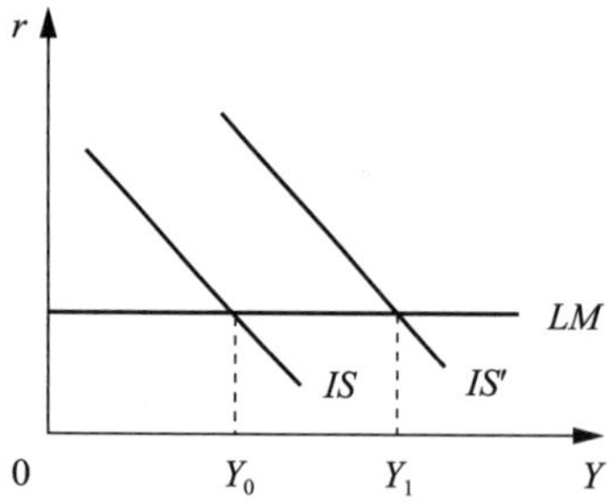

图 7-2（a） 财政政策在 *LM* 的凯恩斯区域极有效

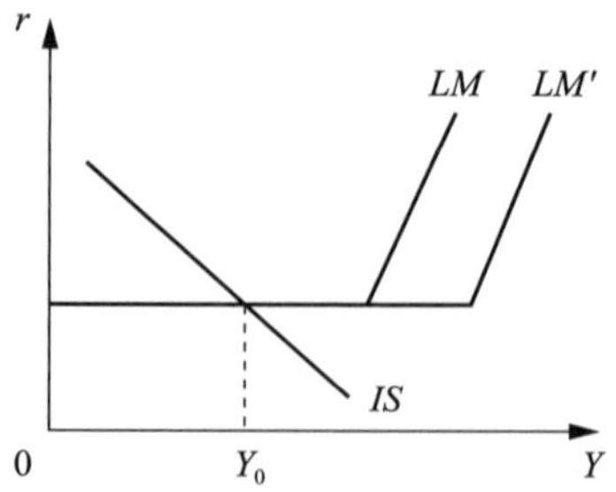

图 7-2（b） 货币政策在 *LM* 的凯恩斯区域无效

9. *IS* 曲线和 *LM* 曲线怎样移动才能使收入增加而利率不变？怎样的财政政策和货币政策的组合才能做到这一点？

答：一般而言，如果仅仅采用扩张性财政政策，即 *LM* 曲线不变，而向右移动 *IS* 曲线，会导致利率上升和国民收入的增加；如果仅仅采用扩张性货币政策，即 *IS* 曲线不变，而向右移动 *LM* 曲线，可以降低利率和增加国民收入。考虑到 *IS* 曲线和 *LM* 曲线的上述移动特点，如果使 *IS*、*LM* 曲线向右移动同等幅度可以使收入增加而利率不变。图 7-3 描述了这一情况。通过 IS_1 曲线向右移动至 IS_2 使收入从 Y_1 增加至 Y_2，利率由 r_1 上升至 r_2，但与此同时向右移动 *LM* 曲线，从 LM_1 移至 LM_2，使利率从 r_2 下降至 r_1 以抵消 *IS* 曲线右移所引起的利率上升而产生的挤出效应，使国民收入更进一步向右移动至 Y_3。上述分析说明，松紧不同的财政政策和货币政策需要相互搭配使用（相机抉择）。在本题中，是松的财政政策和松的货币政策的结合使用，一方面采用扩张性财政政策增加总需求；另一方面采用扩张性货币政策降低利率，减少挤出效应，使经济得以迅速复苏、高涨。

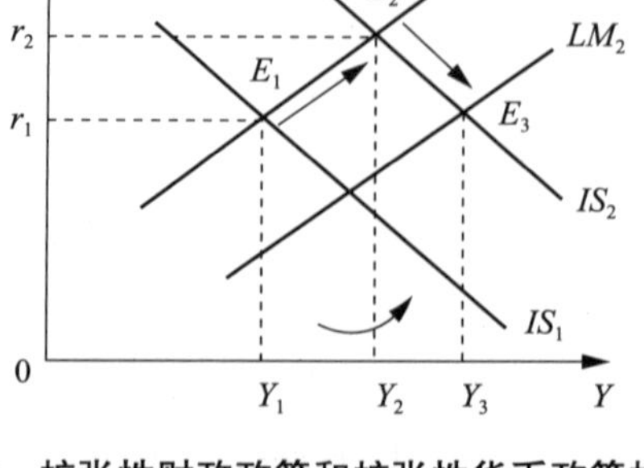

图 7-3 扩张性财政政策和扩张性货币政策相结合

10. 假定经济起初在充分就业水平上运行，现在政府要改变总需求构成，使消费向投资方面转化，但要使总需求不超过充分就业水平，试问需要什么样的政策组合？试用 *IS—LM* 图形表示你的政策建议。

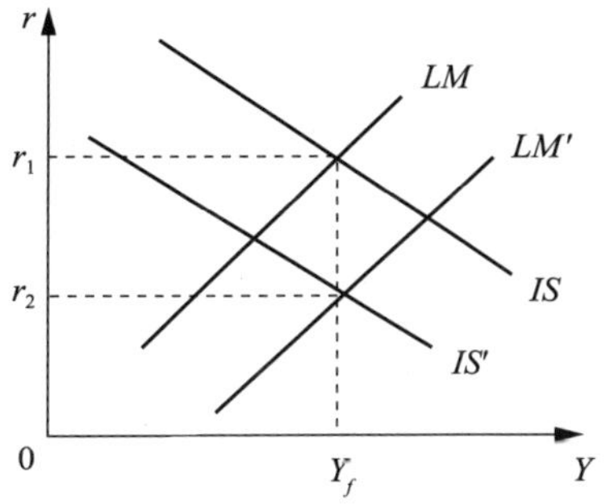

图 7-4　*IS—LM* 图形表示政策组合

答：可用紧缩性财政政策和扩张性货币政策的组合，紧缩的财政政策如增加所得税或减少转移支付，使人们可支配收入下降，从而会减少消费，而增加货币供给的政策会使利率下降，刺激投资。这种政策可用 *IS—LM* 图形表示（见图 7-4）：*IS* 左移至 *IS'* 表示紧缩财政，而 *LM* 右移至 *LM'* 表示货币扩张，利率从 r_1 降为 r_2，而总需求保持在充分就业水平上。

11. 不同政策工具对产出构成会有何影响？

答：总需求划分为四个部分：消费、投资、政府支出和净出口，各种政策工具对这四部分需求的影响程度是不同的，从而对产出构成会产生影响。例如，宽松的货币政策会使本币贬值从而刺激出口，也可能鼓励耐用消费品（汽车及其他大件消费品）的消费和生产，也可能刺激房地产投资，而减税则可能主要是刺激消费。政府支出会刺激公共物品生产，但如果资金要靠借债（公债）筹集，则可能挤出私人部门投资。

12. 什么是规则与斟酌使用的争论？

答：规则与斟酌使用（相机抉择）的争论是指货币主义者与凯恩斯主义者在要不要以及如何进行总需求管理问题上的争论。

货币主义代表人物米尔顿·弗里德曼认为，市场经济有其内在稳定性，国家干预的需求管理只会加剧经济的不稳定，因而政府只要采用简单规则的货币政策，即按一固定比率增加货币供给，稳定币值与物价，就可以为市场的正常运转创造良好环境，消除严重的失业和通货膨胀。同样，政府开支也应被限制在国民收入中一个固定的比例，这样可消除经济中不确定性的根源，让未来的政策进程为人们所知，不用与政府斗智。

凯恩斯主义者认为，市场没有力量迅速自我调整、保持充分就业，政府有必要也能够为稳定经济发挥作用，而没有必要也不应当把自己局限于固定的规则，应采用斟酌使用的政策：当经济萧条，失业率太高时，扩大总需求；当经济过热，通货膨胀率太高时，紧缩总需求。至于与政策改变相联系的不确定性，实际上是不可能消除的。即使政府承诺实行不变的规则，当经济情况改变时，政府也只得放弃这种承诺。面对迅速变化的经济，想实行不变的规则，是根本行不通的。例如，20 世纪 80 年代美国货币流通速度出人意料降低时，如果按不变比率来扩大货币供给的话，很可能使经济陷入严重的衰退。

13. 为什么一些经济学家认为试图稳定经济的积极的政府干预是不必要的，要么是不尽如人意的？相反的观点是什么？

答：一些经济学家（如实际经济周期理论观点持有者）认为，经济波动的根源是外生干扰，而经济本身很快可以适应这些干扰，市场会对经济环境的变化提供最优的解决办法，比方说，外生的冲击造成了失业，只要肯降低工资和非货币报酬的预期，想工作的人就会找到工作，失业不会成为问题，政府的干预是不必要的，也是无能为力的。另一些经济学家（如货币主义者和新古典经济学家）与实际经济周期理论观点持有者一样，相信市场会对经济变动做出迅速反应，政府政策在很大程度上无效。当然不是完全无效，但意图良好的政策很可能既带来好处，也带来坏处。他们认为，由于信息的限制，物价水平不会随货币供给的变化做充分调整，因此，货币供给变化会影响产出和就业。但是，他们不相信政府能使用这些政策来稳定经济，因为政府在预测方面能力有限，推行政策和政策产生效果之间存在很长时滞，从而使政策效果不尽如人意。例如，等政府认识到衰退的经济需要政策刺激从而采取措施，而这些措施又要一段时间来发生全部作用时，经济也许已经凭自身的力量顺利地进入复苏阶段，这样，刺激经济的效果也许只会造成通货膨胀压力。

凯恩斯主义者则认为，即使存在理性预期，私人部门对政策的反应会抵消一些政府行动的效果，也不可能完全抵消，尤其是迅速、完全地抵消是不可能的，并且当一些私人部门采取抵消行动时，另一些私人部门不可能也这样做，因此，政府干预经济的政策不会完全无效。当市场不能迅速自我调整时，政府应当站出来发挥作用。

14. 在宏观调控的政策实施中，货币政策相对于财政政策而言有哪些局限性？

答：与财政政策相比，货币政策在实施中遇到的困难或局限性包括：

（1）货币政策效果的实现必须以货币流通速度不变为前提。如果这一前提不存在，货币政策的效果就会打折扣。比如，当经济过热时，央行为控制通货膨胀往往会执行紧缩性货币政策，紧缩货币供给，但在通货膨胀率高的时候，公众不愿持有货币，希望尽快将货币花掉，这就加快了货币流动速度，无异于增加了一定时期内的货币供给。

（2）货币政策发挥效果还需要看经济主体对其的反应程度。比如在经济衰退时期实行扩张性货币政策，央行放松银根或降低利率，但此时厂商对经济前景普遍悲观，贷款从事投资活动的意愿不强，此时货币政策的效果也会大打折扣。

（3）货币政策的时滞相对更长。货币政策的作用是间接的，比如宽松的货币政策表现为货币供给增加，利率下降，进而影响投资，再影响就业和国民收入，因此货币政策效果往往要经过比较长的时间才能实现。

（4）在开放经济条件下，货币政策的独立性还会受到影响。1999 年，克鲁格曼在蒙代尔—弗莱明模型的基础上，提出了“不可能三角”假说，即在一定的条件下，一个开放经济不可能同时实现资本流动自由、货币政策的独立性和汇率的稳定性。如果一国要求汇率稳定和资本流动，就必须放弃独立的货币政策。

当然，货币政策在实践中的局限性还不止这些，限于篇幅就不一一详列了。

15. 货币的供给可区分为 M_1、M_2 和 M_3，为什么宏观经济学经常把注意力集中在 M_1 上？

答：宏观经济学之所以把注意力集中在 M_1 上是因为：第一，M_1 是中央银行最容易控制的货币供给，货币政策必须通过容易施加影响的货币供给量来实施，而 M_2 和 M_3 中有不少与银行系统没有直接联系，难以控制；第二，经济学研究货币对经济的作用，关键要研究货币的交换媒介功能，而 M_1 是最直接和交换媒介相联系的。

16. 持有支付利息的货币（如活期存款）的机会成本是什么？

答：利率衡量着持有货币的机会成本，利率越高，表示人们持有货币的机会成本即所放弃的利息收入越高，因而人们越是不愿多持有货币，即货币需求随利率上升而下降。如果活期存款也有利息，则持有支付利息的货币的机会成本就是这种活期存款的利率与持有其他金融资产（如债券）的利率之间的差额。例如，持有 100 元债券一年可获利息假定为 6 元，而持有 100 元活期存款一年的利息为 2 元，则持有这 100 元活期存款的机会成本就是 4 元。

17. 通货膨胀会对货币需求产生什么影响？

答：通货膨胀意味着货币丧失购买力，因而通货膨胀使人们持有货币有了成本。例如，假定某年经济通货膨胀率为 20%，则年初的 1 元钱到年末时只值 0.83 元（1 元÷1.2≈0.83 元），这丧失的 0.17 元就是货币成本，这和持币丧失的利息收入所产生的成本一样。显然，通货膨胀率越高，持币成本就越高。如果年通货膨胀率为 100%，则年初的 1 元钱到年末时其购买力只有 0.5 元。于是，人们就会减少对货币的需求，即一有钱就会想把它赶快用掉，以免持在手上丧失购买力。于是，货币流通速度就会加快。当人们具有很高的通货膨胀预期时，人们对货币的需求相对于他们的货币收入而言就会大大减少。

18. 什么是通货—存款比率？它由哪些因素决定？

答：通货—存款比率指公众手持现金和活期存款的比率，简称通货比率。这一比率主要由公众支付习惯决定，也受从银行取得现金的便利性影响。当十分容易从银行取得现金时，个人就不会多持现金。许多西方经济学家认为，以下因素也会影响通货—存款比率：一是开设活期存款账户的成本，成本提高时，这一比率也会提高；二是隐蔽性交易的规模和程度，为逃避税收的隐蔽性交易增加时，这一比率也会提高；三是人们对流动性和安全性的偏好。由于现金最具流动性和安全性，因而这一比率随流动性偏好增强而提高。

通货—存款比率是货币乘数大小的决定因素之一，这一比率越高，货币扩张乘数会越小。

19. 为什么货币乘数会随市场利率水平上升而变大，随贴现率提高而变小？

答：货币乘数是指商业银行进行货币创造的能力，体现了中央银行发放的基础货币被商业银行创造成具有社会购买力的货币的能力，即中央银行每增加（或减少）1单位基础货币，整个社会的货币供应量增加（或减少）的数量。如果用 H、C_u、RR、ER、M、D 分别表示高能货币、非银行部门持有的通货、法定准备金、超额准备金、货币供给量和活期存款，那么货币乘数表达式为

$$\frac{M}{H}=\frac{\frac{C_u}{D}+1}{\frac{C_u}{D}+\frac{RR}{D}+\frac{ER}{D}}$$

其中，C_u/D 为现金存款比率，RR/D 为法定准备金，ER/D 为超额准备金，可以看出，市场利率上升时，银行持有准备金的机会成本上升，因而会降低准备率，从而提高货币乘数。贴现率提高时，银行会增加超额准备金，从而使准备率提高，并使货币乘数变小。

20. 为什么在严重的经济衰退中，货币供给变化不能带来投资水平的提高？

答：在严重的经济衰退中货币供给变化不能带来投资水平提高的原因，按凯恩斯的看法可能有这样两点：

第一，在经济衰退时，货币需求曲线较平缓，也就是说，货币需求对利率反应十分敏感。由于衰退时利率水平较低，人们的货币需求很大，这种情况接近流动性陷阱局面，因而货币供给增加不会使利率明显下降。

第二，在经济衰退中，投资对利率反应不敏感，人们对经济不看好，即使利率很低，厂商也不愿增加投资。这样，货币政策在经济衰退时作用就较小。

疑难解析的内容摘编自：尹伯成．现代西方经济学习题指南（宏观经济学）第七版［M］．上海：复旦大学出版社，2009.

六、案例及思考

案例 7-1　调整货币政策助力实体经济发展

央行决定自 2020 年 7 月 1 日起下调再贷款、再贴现利率，其中包括下调支农、支小再贷款利率 0.25 个百分点。调整后，3 个月、6 个月和 1 年期支农、支小再贷款利率分别为 1.95%、2.15%和 2.25%，再贴现利率下调 0.25 个百分点至 2%。同时，央行还下调金融稳定再贷款利率 0.5 个百分点，调整后，金融稳定再贷款利率为 1.75%，其中，延期期间利率为 3.77%。

此次是央行今年以来第二次下调再贷款利率，在此之前，2 月 25 日国务院常务会议确定了按市场化、法治化原则加大对中小微企业复工复产的金融支持措施，其中一条就是下调支农、支小再贷款利率 0.25 个百分点至 2.5%。而央行上一次调整再贴现利率还是在 2010 年 12 月 26 日，也就是说此次再贴现利率是时隔近 10 年再次迎来调整。

最新的央行货币政策委员会 2020 年第二季度（总第 89 次）例会强调货币政策要

“坚持总量政策适度”，不仅要支持实体经济恢复，且要关注其“可持续发展”。要有效发挥结构性货币政策工具的精准滴灌作用，提高政策的“直达性”，继续用好1万亿元普惠性再贷款再贴现额度，落实好新创设的直达实体工具，支持符合条件的地方法人银行对普惠小微企业贷款实施延期还本付息和发放信用贷款，同时要提高小微企业贷款、信用贷款、制造业贷款比重。

参考资料：央行自7月1日起下调再贷款、再贴现利率！［EB/QL］. https：//www.sohu.com/a/405125125_100194874.

结合案例7-1思考以下问题：

（1）一般情况下，中央银行的政策工具箱里包含有哪些政策？

（2）你认为我国央行下调再贷款、再贴现利率的目标是什么？

（3）央行下调再贷款、再贴现利率作用于经济发展的机制是什么？

案例7-2　青海基础设施建设实现新突破

“十三五”以来，青海省围绕“补短板、强弱项”，加大基础设施投资力度，信息网络、水利、电力等基础设施建设步伐全面加快，着力实施了一批重点项目、重大工程，为全省经济社会发展提供了有力支撑。“十三五”前四年，青海基础设施投资年均增长13%，高于全省固定资产投资年均增速4.7个百分点，特别是2016—2018年基础设施增速始终保持在两位数以上。2019年青海省基础设施投资占全社会固定资产投资的比重为47.7%，较2015年提高了11.9个百分点。

“十三五”期间，西宁机场三期试验段、玉树机场改扩建工程开工，果洛、祁连机场通航。海西三机场短途运输双向环飞，实现国内高原机场通航短途运输零的突破。2019年末全省民航通航里程达16.71万公里，比2015年末增加7.44万公里。与此同时，青海省实现高速公路市州全覆盖，所有县城通二级公路。2019年末公路通车里程达到8.38万公里，其中高速公路（含一级）4040公里，二级公路8717公里。

“十三五”期间，青海省电力水利设施建设稳步推进。“青电入豫”工程贯通，引大济湟西干渠、黄河干流防洪等工程进展顺利。“十三五”前四年，全省电力热力生产和供应业、水利管理业投资年均分别增长9.8%和30.5%。

预计在“十四五”期间，青海省的基础设施建设将迈上新台阶！

参考资料：基础设施建设实现新突破［EB/QL］. https：//baijiahao.baidu.com/s?id=1684532745696301608&wfr=spider&for=pc.

请结合案例7-2思考以下问题：

（1）为什么说基础设施建设是经济稳增长的重要手段？

（2）政府可以采取哪些政策措施保障基础设施建设？

（3）对于欠发达地区而言，基础设施条件的改善能为当地经济社会发展带来哪些积极影响？

七、练习题

（一）选择题

1. 以下哪一个不是宏观经济政策的目标？（　　）

A. 充分就业　　B. 物价稳定

C. 实现潜在产出　　D. 将失业率降低为零

2. 以下哪个举措必然导致货币供给量增加？（　　）

A. 中央银行买进债券　　B. 中央银行卖出债券

C. 中央银行降低准备金率　　D. 中央银行降低贴现率

3. 以下哪一个财政政策不具有内在稳定器的作用？（　　）

A. 所得税　　B. 失业救济金

C. 环保开支　　D. 困难家庭补助

4. 扩张性货币政策与扩张性财政政策会带来以下哪个结果？（　　）

A. 产出增加和利率下降　　B. 产出增加和利率上升

C. 产出增加，但是利率变化不确定　　D. 产出与利率变化都不确定

5. 收入政策主要用来对付（　　）。

A. 需求拉动的通货膨胀　　B. 成本推动的通货膨胀

C. 需求结构性通货膨胀　　D. 成本结构性通货膨胀

6. 主要用于应付需求拉动的通货膨胀的方法是（　　）。

A. 人力政策　　B. 收入政策

C. 财政政策　　D. 三项政策都可以

7. 扩张性财政政策对经济的影响是（　　）。

A. 缓和了经济萧条但增加了政府债务　　B. 缓和了经济萧条也减轻了政府债务

C. 加剧了通货膨胀但减轻了政府债务　　D. 缓和了通货膨胀但增加了政府债务

8. 挤出效应发生于（　　）。

A. 货币供给减少使利率提高，挤出了对利率敏感的私人部门支出

B. 私人部门增税，减少了私人部门的可支配收入和支出

C. 政府支出增加，提高了利率，挤出了对利率敏感的私人部门支出

D. 政府支出减少，引起消费支出下降

9. 中央银行降低再贴现率，会使银行准备金（　　）。

A. 增加　　B. 减少

C. 不变　　D. 以上几种情况都有可能

10. 中央银行在公开市场卖出政府债券是试图（　　）。

A. 收集一笔资金帮助政府弥补财政赤字

B. 减少商业银行在中央银行的存款

C. 减少流通中的基础货币以紧缩货币供给

D. 通过买卖债券获取差价利益

11. 下列哪种情况中挤出效应可能很大？（　　）

A. 货币需求对利率敏感，私人部门支出对利率不敏感

B. 货币需求对利率敏感，私人部门支出对利率也敏感

C. 货币需求对利率不敏感，私人部门支出对利率不敏感

D. 货币需求对利率不敏感，私人部门支出对利率敏感

12. 在 *LM* 曲线和 *IS* 曲线非极端的情况下，若 *LM* 曲线不变，*IS* 曲线的弹性大，则（　　）。

A. 财政政策的效果好　　B. 货币政策的效果好

C. 财政政策和货币政策的效果一样好　　D. 无法确定

13. 在 *LM* 曲线和 *IS* 曲线非极端的情况下，若 *IS* 曲线不变，*LM* 曲线的弹性大，则（　　）。

A. 财政政策的效果好　　B. 货币政策的效果好

C. 财政政策和货币政策的效果一样好　　D. 无法确定

14. 在凯恩斯极端情况下，（　　）曲线水平，（　　）政策完全有效。

A. *LM*，财政　　B. *LM*，货币

C. *IS*，财政　　D. *IS*，货币

15. 在古典情况下，（　　）曲线垂直，（　　）政策完全有效。

A. *LM*，财政　　B. *LM*，货币

C. *IS*，财政　　D. *IS*，货币

16. 政府收入中最主要的部分是（　　）。

A. 税收　　B. 举债　　C. 发行国库券　　D. 公债

17. 实行紧缩性财政政策会产生（　　）。

A. 预算赤字　　B. 预算盈余　　C. 物价上涨　　D. 失业减少

18. 公开市场业务指（　　）。

A. 商业银行的信贷活动

B. 商业银行在公开市场上买进或卖出政府债券

C. 中央银行增加或减少对商业银行的贷款

D. 中央银行在金融市场上买进或卖出政府债券

19. 政府转移支付包含（　　）。

A. 公务员工资　　B. 贫困救济和各种补贴等方面的支出

C. 军费开支　　D. 对商品和劳务的购买

20. 如果投资对利率变得很敏感，那么（　　）。

A. *IS* 曲线将变得更陡峭　　B. *LM* 曲线将变得更陡峭

C. *IS* 曲线将变得更平坦　　D. *LM* 曲线将变得更平坦

21. 如果货币需求对利率的变化相对较为敏感，则（　　）。

A. *IS* 曲线将相对较为平坦，货币政策的变化将对实际收入有较大影响

B. *IS* 曲线将相对较为陡峭，货币政策的变化将对实际收入有较小影响

C. *LM* 曲线将相对较为陡峭，财政政策的变化将对实际收入有较小影响

D. *LM* 曲线将相对较为平坦，财政政策的变化将对实际收入有较大影响

22. 经济过热时，应采取的财政政策是（　　）。

A. 减少政府支出　　B. 增加财政支出

C. 扩大财政赤字　　D. 减少税收

23. 下列哪种财政政策对于私人投资的挤出效应最小？（　　）

A. 减税　　B. 增加政府支出

C. 投资补贴　　D. 多发货币

24. 假设价格水平不变，下列（　　）正确描述了货币政策影响产出的所有步骤。

A. 货币供给增加使得利率上升，投资增加，从而总支出和产出增加

B. 货币供给增加使得利率下降，投资减少，从而总支出和产出减少

C. 货币供给增加使得利率下降，投资增加，从而总支出和产出增加

D. 货币供给增加使得利率下降，投资增加，从而总支出和产出减少

25. 当经济出现萧条，但通货膨胀不十分严重的时候，可以（　　）。

A. 采取扩张性财政政策和紧缩性货币政策组合

B. 采取扩张性货币政策和紧缩性财政政策组合

C. 采取紧缩性财政政策和紧缩性货币政策组合

D. 只采取紧缩性货币政策

26. 如果经济低于充分就业水平，价格水平固定，（　　）能使经济更接近于充分就业。

A. 政府支出的削减或税收的增加　　B. 政府支出或税收的削减

C. 政府支出或税收的增加　　D. 政府支出的增加或税收的削减

27. 已知某经济社会中消费函数 $C=200+0.5Y$，投资函数 $I=150+100r$，货币需求 $L=0.25Y-200r+50$，货币供给 $M=200$，则均衡国民收入和利率水平分别为（　　）。

A. 均衡国民收入 $Y=680$，利率 $r=0.1$

B. 均衡国民收入 $Y=720$，利率 $r=0.15$

C. 均衡国民收入 $Y=680$，利率 $r=0.15$

D. 均衡国民收入 $Y=720$，利率 $r=0.1$

28. 已知某经济社会中消费函数 $C=200+0.5(Y-T)$，投资函数 $I=150-100r$，货币需求 $L=0.25Y-200r+50$，货币供给 $M=200$，政府购买 $G=50$，税收 $T=50$，则均衡国民收入和利率水平分别为（　　）。

A. 均衡国民收入 $Y=680$，利率 $r=0.1$

B. 均衡国民收入 $Y=720$，利率 $r=0.15$

C. 均衡国民收入 $Y=680$，利率 $r=0.15$

D. 均衡国民收入 $Y=720$，利率 $r=0.1$

（二）判断题

1. 除中央银行以外，商业银行和公众或非银行企业也都能影响到货币供给。（　　）
2. 如果观察到充分就业预算盈余在减少，可以认为政府在主动采取扩张性财政政策。（　　）
3. 财政政策的终极目标是充分就业，而货币政策的终极目标是物价稳定。（　　）
4. 相机抉择的政策表示政府积极干预经济活动，坚持规则的政策表示政府听任市场机制起作用。（　　）
5. 充分就业意味着失业率为零。（　　）
6. 增加政府支出属于扩张性货币政策。（　　）
7. 内在稳定器有助于缓和经济的波动。（　　）
8. 只要挤出效应小于 100%，政府支出的增加就能刺激国民收入的增加。（　　）
9. 中央银行购买政府债券将引起货币供给量的减少。（　　）
10. 如果利率水平处在流动性陷阱区域，则货币政策是无效的。（　　）
11. 中央银行的主要职能之一是控制国家的货币供给。（　　）
12. 宏观经济政策的目标之一是使失业率降到自然失业率之下。（　　）
13. 当 *LM* 曲线为一条水平线时，扩张性财政政策没有挤出效应，财政政策对实际国民收入的影响最大。（　　）
14. *IS* 曲线为一条水平线时，扩张性货币政策不会引起利率上升，只会使实际国民收入增加。（　　）
15. *IS* 曲线越平坦，*LM* 曲线越陡峭，财政政策效果就越大。（　　）
16. 由于政策时滞的存在，人们怀疑相机抉择的财政政策的效果。（　　）
17. 在总支出水平不足时，政府应提高转移支付水平，以增加社会总需求。（　　）
18. 货币政策工具主要有再贴现率政策、公开市场业务和道义劝告。（　　）

（三）计算题

1. 某两部门经济中，假定货币需求为 $L=0.2y$，货币供给为 200 亿美元，消费为 $c=100+0.8y$，投资为 $i=140-5r$。

（1）根据这些数据求 *IS* 和 *LM* 的方程，画出 *IS* 曲线和 *LM* 曲线。

（2）若货币供给从 200 亿美元增加到 220 亿美元，*LM* 曲线如何移动？均衡收入、利率、消费和投资各为多少？

（3）为什么均衡收入增加量等于 *LM* 曲线移动量？

2. 假设货币需求为 $L=0.2y$，货币供给为 200，$c=90+0.8y_d$，$t=50$，$i=140-5r$，$g=50$。

（1）导出 *IS* 和 *LM* 方程，求均衡收入、利率和投资。

（2）若其他情况不变，g 增加 20，均衡收入、利率和投资各为多少？

（3）是否存在挤出效应？

（4）用草图表示上述情况。

（四）问答题

1. 为什么货币需求对利率越敏感，即货币需求的利率系数越大，财政政策效果越大？
2. 中央银行的货币政策工具主要有哪些？如何运用？
3. 在什么条件下，财政政策将会失效？在什么条件下，财政政策最有效？
4. 什么是财政政策的挤出效应？它受哪些因素影响？
5. 如何运用财政政策和货币政策的搭配来解决滞胀问题？
6. 假定经济起初在充分就业水平上运行，现在政府要改变总需求构成，使消费向投资方面转化，但要使总需求不超过充分就业水平，试问需要什么样的政策混合？试用 *IS—LM* 图形表示你的政策建议。

第八章

经济增长

◇一、概要及学习目标

◇二、知识脉络图

◇三、主要概念

◇四、重点、难点

◇五、疑难解析

◇六、案例及思考

◇七、练习题

一、概要及学习目标

（一）概要

一般地，在宏观经济学中，经济增长被定义为产量的增加，这里的产量既可以表示为经济的总产量（GDP 总量），也可以表示为人均产量（人均 GDP）。经济增长的程度可以用增长率来表示。

经济发展不仅包括经济增长，还包括国民的生活质量，以及整个社会各个不同方面的总体进步。经济发展是反映一个经济社会总体发展水平的综合性概念。

经济增长的三个基本问题：第一，为什么一些国家如此富裕，而另一些国家那么贫穷？第二，什么是影响经济增长的因素？第三，怎样理解一些国家和地区的增长奇迹？对上述问题的解答有两种互为补充的分析方法：一种是增长核算，另一种是增长理论。

经济增长的直接原因是用宏观生产函数或总量生产函数［$Y=AF(N, K)$］来说明的。从生产函数可以看出，作为因变量的总产量 Y 取决于自变量 N、K 和 A，因此，对于生产函数式而言，经济增长的直接原因有三个，即作为生产要素的劳动 N 和资本 K，以及技术水平 A。

经济增长的根本原因指导致增长的直接原因有所差别的那些根源性原因。西方学者将增长的根本原因划分为三个方面，即制度、文化和地理。

新古典增长模型的基本假定：①经济由一个部门组成，该部门生产一种既可用于投资也可用于消费的商品；②该经济为不存在国际贸易的封闭经济，且政府部门被忽略；③生产的规模报酬不变；④该经济的技术进步、人口增长及资本折旧的速度都由外生因素决定；⑤社会储蓄函数为 $S=sY$，s 为储蓄率。新古典经济增长模型包括没有技术进步的新古典增长模型和具有技术进步的新古典增长模型。

稳态指包括资本存量和产出在内的有关内生变量将不会随时间的推移而变化的一种状态。这时的人均资本量将不随着时间的推移而变化。当经济达到稳态时，在没有技术进步的新古典增长模型中，人均资本和人均产量的稳态增长率为零；在具有技术进步的新古典增长模型中，人均产出的增长率取决于技术进步的速率。

新古典增长模型的应用：①储蓄率提高对经济稳态的影响；②人口增长对经济稳态的影响；③对增长率差异的解释；④资本的黄金律水平，即稳态人均消费最大化所对应的人均资本水平。

内生增长理论：为充分理解增长过程，人们需要超越新古典增长模型，建立解释技术进步的模型，这种使增长率内生化的理论探索被称为内生增长理论。内生增长模型的关键在于把知识看作一种资本，这样就能保证资本的边际收益不变。

增长核算将总产出（GDP）增长分解成几部分，而各部分分别与各要素投入的变化和生产技术的变化相关。增长核算方程表明总产出增长率等于全要素生产率加上资本和劳动的增长率。

影响经济增长的因素：①劳动；②资本存量的规模；③资源配置状况；④规模经济；⑤知识进展；⑥其他因素。

促进经济增长的政策：①鼓励技术进步；②鼓励资本形成；③增加劳动供给；④建立适当的制度。

（二）本章学习目标

了解经济增长的相关概念、基本事实和基本问题，掌握经济增长的决定因素；熟知经济增长的基本模型，包括新古典增长模型的基本思想及其应用、内生增长理论的基本思想；掌握应用经济增长模型分析经济增长问题。

二、知识脉络图

对经济增长的一般认识

- 1. 经济增长与经济发展
  - （1）经济增长
    - ①定义：产量（总产量或人均产量）的增加
    - ②描述：经济增长的程度用增长率描述
  - （2）经济发展：包括经济增长，还包括国民的生活质量，以及整个社会各个不同方面的总体进步
  - （3）二者关系：经济增长是经济发展的前提、基础和核心，没有一定的经济增长就不会有经济发展
- 2. 经济增长的基本问题
  - （1）为什么一些国家如此富裕，而另一些国家那么贫穷？
  - （2）什么是影响经济增长的因素？
  - （3）怎样理解一些国家和地区的增长奇迹？
- 3. 增长问题的分析方法
  - （1）增长核算：试图把产量增长的不同决定因素的贡献程度数量化［$g_A = g_Y - a g_K - (1-a)\ g_N$］
  - （2）增长理论：把增长过程中生产要素供给、技术进步、储蓄和投资互动关系模型化的理论
- 4. 经济增长的决定因素
  - （1）经济增长的直接原因：生产要素、技术水平
  - （2）经济增长的根本原因：制度、文化和地理
  - （3）经济增长的影响因素
    - ①生产要素投入量（劳动、资本）
    - ②生产要素生产率（资源配置、规模经济、知识进展）

- 新古典增长模型
  - 1. 基本假定
    - (1) 经济由一个生产一种可用于投资和消费的商品的部门组成
    - (2) 该经济为不存在国际贸易的封闭经济，且政府部门被忽略
    - (3) 生产的规模报酬不变
    - (4) 该经济的技术进步、人口增长及资本折旧的速度都由外生因素决定
    - (5) 社会储蓄函数为 $S=sY$，s 为储蓄率
  - 2. 没有技术进步的新古典增长模型
    - (1) 基本方程：$\dot{k}=sf(k)-(n+\delta)k$
    - (2) 稳态条件：$\dot{k}=0$ 即 $sf(k)=(n+\delta)k$
    - (3) 稳态增长率
      - ①人均资本 $k=K/N$：0
      - ②人均产量 $y=Y/N$：0
      - ③总资本 K：n
      - ④总产量 Y：n
  - 3. 具有技术进步的新古典增长模型
    - (1) 基本方程：$k=sf(k)-(n+\delta+g)k$
    - (2) 稳态条件：$k=0$ 即 $sf(k)=(n+\delta+g)k$
    - (3) 稳态增长率
      - ①按有效劳动平均的资本 $\hat{k}=K/AN$：0
      - ②按有效劳动平均的产量 $\hat{y}=Y/AN$：0
      - ③人均资本 $K/N=\hat{k}A$：g
      - ④人均产量 $Y/N=\hat{y}A$：g
      - ⑤总资本 $K=\hat{k}AN$：$n+g$
      - ⑥总产量 $Y=\hat{y}AN$：$n+g$
  - 4. 模型的应用
    - (1) 对收入差异的解释
      - ①储蓄率增加对经济稳态的影响：只有水平效应，没有增长效应
      - ②人口增长对经济稳态的影响：人口增长率上升降低了人均资本的稳态水平，增加了总产量的稳态增长率
    - (2) 对增长率差异的解释：分析相对经济增长率的关键在于考察那些尚未处于稳态水平的经济
    - (3) 资本的黄金律水平
      - ①含义：稳态下使人均消费最大化的人均资本水平被称为资本的黄金律水平
      - ②条件：$f'(k^*)=n+\delta$

- 内生增长理论
  - 1. 基本模型 $\begin{cases} Y=AK \\ \Delta K=sY-\delta K \end{cases}$ $\Rightarrow \Delta Y/Y=\Delta K/K=sA-\delta$
  - 2. 两部门模型
    - $Y=F[K,(1-u)EN]$ 企业的生产函数
    - $\Delta E=g(u)E$ 大学的生产函数
    - $\Delta K=sY-\delta K$ 资本积累方程

- 促进经济增长的政策
  - (1) 鼓励技术进步
  - (2) 鼓励资本形成
  - (3) 增加劳动供给
  - (4) 建立适当的制度

三、主要概念

1. 经济增长（Economic growth）：一般地，在宏观经济学中，经济增长被定义为产量的增加，这里，产量既可以表示为经济的总产量（GDP 总量），也可以表示为人均产量（人均 GDP）。

2. 经济发展（The economic development）：从广泛的意义上说，经济发展不仅包括经济增长，还包括国民的生活质量，以及整个社会各个不同方面的总体进步。总之，经济发展是反映一个经济社会总体发展水平的综合性概念。

3. 新古典增长模型（Neoclassical growth model）：新古典增长模型建立在一个新古典生产方程体系之上，强调了在一个封闭的没有政府部门的经济中储蓄、人口增长及技术进步对增长的作用，它关注的焦点是经济增长的直接原因。新古典增长模型有时又被称为索洛增长模型。

4. 稳态（Homeostasis）：指包括资本存量和产出在内的有关内生变量将不会随时间的推移而变化的一种状态。

5. 资本的黄金律水平（Golden rule of capital）：与人均消费最大化相联系的人均资本应满足的关系式。

6. 内生增长理论（Endogenous growth theory）：为了充分理解增长的过程，人们需要超越新古典增长模型，建立解释技术进步的模型，这种使增长率内生化的理论探索被称为内生增长理论。技术可以在经济体内被创造出来；技术具有“非竞争性”以及技术可以不断扩充和发展；政府可以通过资助研究开发来发挥作用，从而带来更多的创新。

7. 两部门模型（Two department model）：假定经济有两个部门，分别称为制造业企业和研究性大学。企业生产产品与服务，这些产品与服务用于消费和物质资本投资。大学生产被称为“知识”的生产要素，然后这两个部门免费利用知识。

8. 增长核算（Growth accounting）：是一种经济分析方法，它将观测到的总产出（GDP）增长分解成几部分，而各部分分别与各要素投入的变化和生产技术的变化相关。

9. 生产要素投入量（Input of factors of production）：经济增长是劳动、资本和土地投入的结果，其中土地可以看成是不变的，其他两个则是可变的。

10. 生产要素生产率（Productivity of factors of production）：是产量与投入量之比，即单位投入量的产出量。要素生产率主要取决于资源配置状况、规模经济和知识进展。

11. 人力资本（Human capital）：指劳动者通过教育和培训所获得的知识和技能。

12. 制度假说（Institutional hypothesis）：人们为组织社会所选择的方式的差别，即那些影响社会中的个人和企业面临的激励的差别，是导致他们的相对繁荣程度有所差别的原因。

四、重点、难点

（一）重点

1. 经济增长和经济发展的含义，经济增长的决定因素；
2. 新古典增长模型的基本思想及应用；
3. 增长核算方程；
4. 促进经济增长的政策。

（二）难点

1. 应用新古典增长模型解释收入差异和增长率差异；
2. 资本的黄金律水平及其经济学条件。

五、疑难解析

1. 为什么说哈罗德—多马模型是以凯恩斯的有效需求理论为基础的？

答：哈罗德—多马模型主要研究的是社会经济要实现充分就业的稳定增长所必须满足的条件，即为了使经济在充分就业下保持均衡的增长，投资及储蓄的增长与收入的增长之间应保持什么关系。哈罗德—多马模型是以凯恩斯理论为基础，并在此基础上发展起来的。凯恩斯理论认为，社会经济达到均衡的条件时，在一定的国民收入水平上，厂商准备进行的投资即意愿投资恰好等于（或全部吸收）该收入水平上人们提供的储蓄。均衡国民收入的大小，取决于有效需求。由于凯恩斯采取的是短期的比较静态的分析方法，因此从有效需求不足出发，只考察了投资在增加总需求方面的作用。实际上，投资一旦形成，就能形成新的生产能力，增加总供给，在这方面，凯恩斯未予以考察。哈罗德—多马模型沿袭了凯恩斯的均衡分析方法，以储蓄等于投资这一基本公式为依据，把分析方法长期化、动态化，考察长期内（即人口、资本和技术可变的时期内）社会经济实现均衡增长所需要的条件，提出在一定的假设条件下，经济增长中三个变量，即储蓄率 s（即储蓄在国民收入中所占比例）、资本—产出比率 v 及有保证的经济增长率 G_w 三者的关系应为 $G_w=s/v$，因此，哈罗德—多马模型不仅考虑了投资对总需求的作用，而且从长期的、动态的角度，考虑了收入增加后对投资的加速作用。经济要保持长期均衡增长，投资也要保持一定的增长率。

哈罗德—多马模型亦可进行如下变化

$$G=\frac{s}{v}$$

由于 $G=\frac{\Delta Y}{Y}$，$s=\frac{S}{Y}$，$v=\frac{I}{\Delta Y}$，所以

$$\frac{\Delta Y}{Y}=\frac{S/Y}{I/\Delta Y}$$

$$\frac{\Delta Y}{Y}\cdot\frac{I}{\Delta Y}=\frac{S}{Y}$$

$$\frac{I}{Y}=\frac{S}{Y}$$

$$I=S$$

这正是凯恩斯有效需求理论中的基本公式：储蓄等于投资。可见，哈罗德—多马模型是以凯恩斯的有效需求理论为基础的。

2. 在哈罗德模型中，均衡增长率、实际增长率和自然增长率的含义是什么？三者不相等时社会经济将出现什么情况？

答：均衡增长率、实际增长率和自然增长率分别是哈罗德模型中研究经济实现充分就业下的均衡增长所必需的条件时区分的三种不同的经济增长率概念。

均衡增长率（G_w），也称为有保证的增长率，是指在储蓄率 s 和资本产出比率 v 为既定的条件下，为使储蓄全部转化为投资所需要的产出增长率，G_w 是由储蓄率和厂商合意的资本—产出比率决定的，$G_w=s/v$。

实际增长率 G，是指实际上实现了的产出增长率，它取决于有效需求的大小，即一定资本产出比率下社会实际储蓄率。

自然增长率 G_n，是指长期中人口增长和技术进步等因素变化后所能达到的最大可能实现的增长率，它是由劳动力和技术水平所决定的。

经济中实现充分就业的均衡增长，需满足 $G=G_w=G_n$。但由于三种增长率由各不相同的因素所决定，因此实际中很难达到三者相等的情况。这时社会经济可能出现下列情况：

（1）如果 $G>G_w$，说明社会总需求超过厂商所合意的生产能力，这时，厂商将增加投资，投资的增加在乘数作用下使实际增长率更高，显得资本存量更不足，因此，其结果是需求膨胀，引起经济累积性持续扩张。

（2）如果 $G<G_w$，说明社会总需求不足，厂商拥有的资本过剩，这时，厂商将削减投资，由于乘数作用，实际增长率更低，显得资本更过剩，结果是收入下降，经济持续收缩。

（3）如果 $G_w>G_n$，说明储蓄和投资的增长率超过了人口增长和技术水平条件下所能允许的程度，增长受劳动力不足和技术条件的限制，出现资本闲置，因此，厂商将削减投资，引起经济的长期停滞。

（4）如果 $G_w<G_n$，说明储蓄和投资的增长率未达到人口增长和技术水平条件所要求的水平，因劳动力过多而使工资低廉，刺激经济形成长期高涨。

因此，只有在 $G=G_w$ 的情况下，经济才能均衡增长，否则将出现短期内经济收缩与扩张的波动。只有当 $G_w=G_n$ 时，才能在既定的技术水平下实现充分就业，否则将使经济处于长期的失业或通货膨胀中。当 $G=G_w=G_n$ 时，可实现充分就业的均衡增长，这是一种最理想的经济增长状态。

3. 哈罗德模型与多马模型有什么联系和区别?

答：英国经济学家哈罗德和美国经济学家多马分别于 1939 年和 1946 年在他们各自的论著中研究了长期内一国经济稳定增长的问题，并提出了相应的经济增长模型。在哈罗德模型中，经济增长率、储蓄率和资本—产出比率这三个经济变量之间的关系是

$$G=\frac{s}{v} \tag{8-1}$$

即在一定的技术条件下，经济增长率取决于社会储蓄率；同样，要使一定储蓄率下的社会储蓄量全部为投资所吸收，也必须保证一定的经济增长率。而在多马模型中，投资增长率、储蓄率及资本生产率（投资效率）之间的关系是

$$\frac{\Delta I}{I}=s\cdot\delta \tag{8-2}$$

即投资必须按什么比率增长，经济才能始终充分利用资本积累所扩大的生产能力。

在式（2）中，δ 为每单位投资所能增加的产量，所以，$\delta=\frac{\Delta Y}{I}$，显然，它是式（1）中资本—产出比率的倒数，即 $\delta=1/v$，因此有

$$\frac{\Delta I}{I}=s\cdot\delta=s/v=G$$

即多马模型中的投资增长率实际上就等于哈罗德模型中的产量增长率。

总之，哈罗德模型和多马模型的异同可以归纳如下：

第一，它们都是以凯恩斯的有效需求理论为基础，并把凯恩斯的分析方法扩展到长期的、动态的分析，尤其是明确提出了投资扩大生产能力的作用。

第二，它们都说明为了使经济保持均衡增长，收入、投资应按一定的比例增长。但在论述长期均衡增长的困难时，多马的解释是投资不足，而哈罗德的解释是缺乏使自然增长率与有保证的增长率相等的机制。

第三，它们都论述了均衡增长的不稳定性，一旦经济偏离均衡增长，其差距会越来越大。

第四，它们在假设中均包含了劳动和资本相互之间不能替代的约束，即资本和劳动的配合比例是固定不变的。

第五，它们的侧重点有所不同，哈罗德模型主要研究保持什么经济增长率，才能使储蓄全部转化为投资；而多马模型主要研究投资的增长率为多少时，可以充分利用扩大的生产能力。

因此，由于两个模型研究的方法、内容基本一致，经济学家将它们合称为哈罗德—多马模型。

4. 在新古典增长模型中，为什么按人口平均的产量唯一地取决于按人口（或劳力）平均的资本?

答：在新古典增长模型中，根据技术不变和规模报酬不变的假设，就有：当总产量生产函数为 $Y=F(K, L)$ 时，令 $\lambda=1/L$，则可得 $Y/L=F(K/L, L/L)=F(K/L, 1)$。此式即表示按人口平均（按劳力平均）的产量唯一地取决于按人口（或劳力）平均的资本。

5. 在新古典增长模型中，稳定增长或稳定状态的条件是什么？

答：在新古典增长模型中，稳定增长的条件为人均资本不发生变化，或者说每人使用的资本量不变，这就要使人均储蓄正好等于资本的广化。在新古典增长模型公式 $sf(k)=\dot{k}+nk$ 中，人均资本不发生变化，即 $\dot{k}=0$，$sf(k)=nk$。$sf(k)$ 是储蓄率与人均产量（收入）的乘积，即人均储蓄，nk 是资本的广化。在宏观经济学中，储蓄等于投资是均衡的条件，储蓄等于储蓄率乘以收入，即 $S=sY$。投资可用资本增量 ΔK 表示。而上述公式 $sf(k)=nk$ 即 $sy=nk$，$y=\frac{Y}{N}$，这里表示人均收入，k 表示每一劳力或每一人口配备的资本量，即 $k=\frac{K}{N}$。将 $y=\frac{Y}{N}$ 和 $k=\frac{K}{N}$ 代入 $sy=nk$ 可得，$s\frac{Y}{N}=n\frac{K}{N}$，亦即 $sY=nK$，由于储蓄等于投资，即 $sY=I=\Delta K$，因此 $sY=nK$ 也就是 $\Delta K=nK$ 或 $\frac{\Delta K}{K}=n$，这一式子表示，资本增长率等于人口增长率。这当然会使人均资本配备量不变。因此，在新古典增长模型中，稳定增长的条件，既可用 $sf(k)=nk$ 表示，也可用 $\frac{\Delta K}{K}=n$ 表示。两者表示的意思是相同的。

6. 什么是新古典增长模型中的黄金分割律？政策制定者一般都希望实现黄金分割律的稳定增长吗？

答：如果一个经济的目标是要使人均消费量达到最大，那么，在技术和劳动增长率（人口增长率）固定不变时，应如何选择人均资本量（资本—劳动比）？对此，经济学家普尔普斯利用新古典增长模型做出了回答：如果对每人的资本量选择能使得资本的边际产品等于劳动的增长率，则每个人的消费就会达到最大。这一结论被称为黄金分割律。用公式表示是 $f'(k)=n$。在该式中，$f'(k)$ 表示资本的边际产品。由于人均产量 y 是人均资本的函数，即 $y=f(k)$。从人均产量中减去资本深化部分 $\dot{k}$ 和广化部分（nk）即人均消费 C/L。即 $C/L=f(k)-nk-\dot{k}$。如果资本—劳动之比不变，即 $\dot{k}=0$，则 $C/L=f(k)-nk$。由该式可知，当 $f'(k)=n$ 时，人均消费可达最大化，黄金分割律可用图 8-1表示。

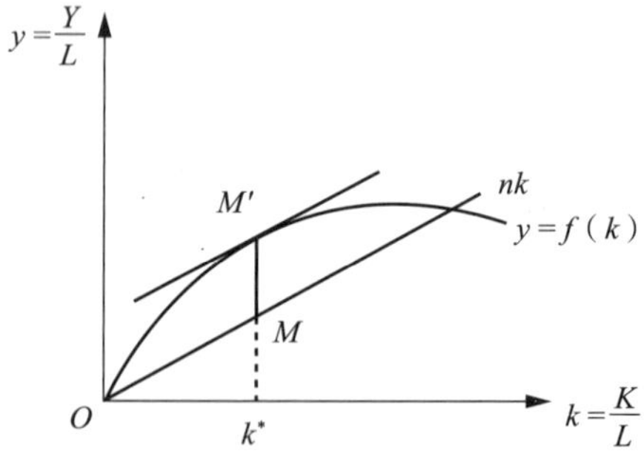

图 8-1　人均消费的增长

由图 8-1 可知，人均收入 $f(k)$ 用于资本广化（nk）和消费［$C/L=f(k)-nk$］。为使 C/L 最大，就是要选择 k，在 $k=k^*$ 时，$f(k)$ 的斜率等于 n，在图中即 M'点上斜率等于 n，故 C/L 即图中 $M'M$ 达到最大。

假定经济的初始状态是人均资本高于黄金律水平，那么，政策制定者只要采取降低储蓄率，以降低稳定状态的人均资本存量的政策，就可以达到黄金律所要求的资本存量。但如果经济的初始状态是人均资本低于黄金律水平，政策制定者就必须提高储蓄率以达到黄金律的要求。然而，提高储蓄率就要降低人们目前的消费，人们一般都不愿这样做。政策制定者出于政治上的考虑（迁就选民意愿），一般并不一定会希望实现黄金律的稳定增长。

7. 经济增长的源泉是什么？

答：对于经济增长的源泉或者说因素，经济学家有不少研究和说法。美国经济学家丹尼逊把经济增长因素分为两大类：生产要素投入量和生产要素生产率。要素投入指劳动、资本和土地。其中劳动和资本是可变的。关于要素生产率，用单位投入的产出量来衡量，它主要取决于资源配置状况、规模经济状况和知识进展。具体来说可分为七个方面：①就业者人数和他们的年龄性别构成；②工作时数；③就业人员受教育的程度；④资本存量规模；⑤资源配置状况；⑥规模的节约；⑦知识进展。

另一位经济学家库兹涅茨则通过对各国经济增长的比较分析提出，经济增长的主要因素是知识存量的增加、劳动生产率的提高和经济结构的变化。斯蒂格利茨则提出，引起经济增长的源泉主要是资本品积累（投资）的增长、劳动力质量提高、资源配置效率改善和技术变革。

以上各种说法尽管存在差异，基本观点其实差不多。制度经济学家则认为，这些说法忽略了制度因素在经济增长过程中的重要意义。

8. 什么叫总要素生产率？它和劳动生产率有没有区别？

答：总要素生产率指全部投入要素的生产率的总和，或者说每一总和单位投入的产出量，这种总和单位不仅要将劳动计入投入，还要将资本、能源、材料等都计入投入，而劳动生产率则指单位劳动（每小时劳动）的产出量。经济的增长，一方面是投入要素数量增加的结果，另一方面是这些投入的生产率提高的结果。就是说，经济的增长（产出的增长）一方面是由于投入了更多的资本和劳动等要素，另一方面是每单位投入能生产出更多的产品。

9. 如果劳动的增长速度和资本的增长速度有相同程度的提高，它们对产量增长率的贡献谁大谁小？为什么？

答：美国经济学家爱德华·丹尼逊等人用这样一个简单的公式来归结各因素对增长的贡献，即产量增长率等于生产率增长率加上加权的劳动增长率和资本增长率

$$\Delta y/y=\Delta A/A+0.7\Delta N/N+0.3\Delta K/K$$

这里，$\Delta A/A$ 为生产率增长率（即总要素生产率），$\Delta N/N$ 和 $\Delta K/K$ 分别为劳动的增长率和资本的增长率。从这个公式可以看出，如果劳动的增长速度和资本的增长速度有相同程度的提高，比方说劳动增长率和资本增长率各提高 1 个百分点，它们对产量增长率的贡献并不一样。劳动增长率提高 1 个百分点，会使产量增长率提高 0.7 个百分点，而资本增长率提高 1 个百分点，只会使产量增长率提高 0.3 个百分点。

10. 什么是人口红利？人口红利与经济增长之间有什么关系？

答：人口红利（Demographic dividend）是指一个国家的劳动年龄人口占总人口比重较大，就可以为经济发展创造有利的人口条件，有利于国民经济呈现高储蓄、高投资和高增长的局面。

人口红利一方面来自人口结构转变，即一国人口生育率的迅速下降在造成人口老龄化加速的同时，少儿抚养比亦迅速下降，劳动年龄人口比例上升，在老年人口比例达到较高水平之前，将形成一个劳动力资源相对丰富、抚养负担轻、对经济发展十分有利的“黄金时期”。另一方面，包括中国在内的发展中国家城乡二元结构明显，如果数量庞大的年轻农村人口能够在相当长的时间内持续为城镇提供劳动力资源，也会给经济增长带来比较充足的劳动力供给。

人口红利可以为经济增长带来有利条件，特别是经济增长一旦步入快车道，人口红利可以成为经济增长的有力助推剂；但人口红利并非必然会带来经济增长，这一有利条件能否转变为实实在在的经济成果，依赖于劳动力资源能否得到充分利用。

同时需要注意的是，人口红利结束后往往是不断加速的人口老龄化，即所谓的人口负债。人口老龄化将带来社会抚养比不断提高，劳动力的负担和成本加大，同时加大消费性人口比例，降低生产性人口比例，严重影响劳动生产率，从而对经济持续增长带来负面影响。

11. 什么是新经济增长理论？新经济增长理论出现的背景是什么？

答：新经济增长理论是相对于过去的增长理论尤其是新古典增长理论而言的。过去的增长理论往往假定生产函数具有规模报酬不变的性质，认为技术和人口等的变动都是外生的并以此来说明经济增长，而新经济增长理论是指用规模报酬递增和内生技术进步来说明一国经济长期增长和各国经济增长率差异的理论。这种理论最重要的特征是试图使增长率内生化，即认为促使经济增长的因素是模型内决定的，因此，新经济增长理论又称内生增长理论。

新经济增长理论是在索洛的新古典增长理论无法说明各国经济增长的现实背景下出现的。例如，按照新古典增长模型的假设，当资本存量增长时，由于边际收益递减，经济增长会放慢，最终增长将停止。但过去 100 多年间，许多国家人均产出保持了正的增长率，增长没有长期下降的趋势。又如，按新古典增长模型，穷国人均资本存量较低，每单位新增投资能得到较高报酬率，因而穷国应比富国增长更快，但事实相反，穷国增长往往更慢。在这种情况下，一些经济学家通过反思新古典增长模型，认为新古典增长模型之所以说明不了现实，关键在于把模型中的储蓄率、人口增长率、折旧率和技术进步都当作外生变量，实际上除折旧率外，其余一些变量都是内生的，是由人们行为决定的，并可通过政策加以影响。这样，一种以内生经济增长为主要特征的新经济增长理论就诞生了。

12. 新经济增长理论是怎样把技术进步内生化的？

答：新古典增长理论考虑增长因素时，考虑了资本和劳动，认为技术是“外生的”，正如发明创造新技术是一种随机的、偶然的东西；而新经济增长理论认为，技术知识如资本一样是一个生产要素，它是“内生的”，根源于厂商利润极大化的投资决策的努力，一个经济的技术进步速度和路径是这个经济中家庭、企业的行为决定的。例如，罗默（Paul Romer）认为，知识或技术是私人厂商进行意愿投资的产物，企业的投资行为提高了知识水平，而知识是非竞争的，具有外部效应和溢出效应，会使各种投入有收益递增的性质，导致经济长期增长。又如卢卡斯（Lucas）认为，经济增长是人力资本不断积累的结果，而人力资本必须通过教育和培训才能形成，人力资本可互相传递，形成生产的收益递增。有大量人力资本的国家增长就快，人力资本低下则是不发达国家增长慢的重要原因之一。还有一种“干中学”的模型认为，从事生产的过程也是获得知识的学习过程，边干边学中积累起来的经验使劳动和资本的效率在生产过程中都有所提高，这会促使经济长期增长。

13. 乘数原理和加速原理有什么联系和区别？

答：在凯恩斯的国民收入决定理论中，乘数原理考察投资的变动对收入水平的影响程度。投资乘数指投资支出的变化与其带来的收入变化的比率。投资乘数的大小与消费增量在收入增量中的比例（即边际消费倾向）有关。边际消费倾向越大，投资引起的连锁反应越大，收入增加得越多，乘数就越大。同样，投资支出的减少，会引起收入的数倍减少。

加速原理则考察收入或消费需求的变动反过来如何影响投资的变动。其内容是：收入的增加会引起对消费品需求的增加，而消费品要靠资本品生产出来，因而消费的增加又会引起对资本品需求的增加，从而必将引起投资的增加。生产一定数量产品需要的资本越多，即资本—产出比率越高，则收入变动对投资变动影响越大，因此，一定技术条件下的资本—产出比率被称为加速系数。同样，加速作用也是双向的。

可见，乘数原理和加速原理是从不同角度说明投资与收入、消费之间的相互作用。只有把两者结合起来，才能全面地、准确地考察收入、消费与投资三者之间的关系，并从中找出经济依靠自身的因素发生周期性波动的原因。乘数原理和加速原理不同的是，投资的乘数作用是投资的增长（下降）导致收入的数倍增长（下降），而投资的加速作用则是收入或消费需求的增长（下降）导致投资的数倍增长（下降）。

疑难解析的内容摘编自：尹伯成．现代西方经济学习题指南（宏观经济学）第七版［M］．上海：复旦大学出版社，2009.

六、案例及思考

案例 8-1　日本和德国的增长奇迹

日本和德国是两个经济增长的成功案例。虽然它们今天是经济上的超级大国，但在 1945 年这两个国家的经济也是步履蹒跚。第二次世界大战摧毁了它们大量的资本存量。两国 1946 年的人均产出大概仅为战前水平的一半。然而，在接下来几十年中，这两个国家经历的增长率位居世界经济史上有记录以来最快增长率之列。1946—1972 年，日本人均产出的增长率为平均每年 8%，德国为 6.5%，而美国仅为 2.1%。受到第二次世界大战破坏的其他几个欧洲国家的经济在战后这段时期也经历了快速增长，法国的人均产出增长率为每年 4.6%，意大利为 5.5%。但是，日本和德国这两个国家既是在第二次世界大战中受到破坏最大的，又是战后增长最快的。在经历了战后经济奇迹之后，日本和德国的经济增长率都稳定在与美国更为相似的普通水平，1972—2000 年，日本的人均产出增长率为每年 2.4%，德国为 1.8%，美国为 2.1%。这个现象也是索洛模型的预测。随着一个经济越来越接近稳态，它不再有向稳态过渡期间那种高于正常水平的增长。

摘编自：N. 格里高利 · 曼昆. 宏观经济学（第四版）[M]. 北京：中国人民大学出版社，2016.

请结合案例 8-1 思考以下问题：

（1）战后日本和德国为什么会实现经济增长的奇迹？

（2）1972—2000 年日本和德国经济增长为什么回到普通水平？

案例 8-2　核心技术多点突破，助力青海经济起飞

盐湖化工领域在行业内率先实现盐湖提锂排放母液镁、锂综合回收利用；新能源领域率先实现国内 IBC 电池工业化量产；玉树牦牛、扎什加羊列入国家畜禽遗传资源名录……2020 年，青海聚焦“四地”建设，围绕产业链部署创新链，一批关键核心技术取得攻关成果，基础研究和特色优势领域关键技术实现多点突破。

青海省科技厅相关负责人介绍，“十四五”开局之年，青海盐湖化工领域建成 3000 吨/年碱式碳酸镁示范线；利用盐湖水氯镁石制备的高纯氢氧化镁为原料生产高纯氧化镁晶体材料，填补了国内技术空白，突破高纯氯化锂制备过程除硼关键技术。新能源领域建成集 IBC、HIT、HIBC、TOP con 电池及组件研发为一体的光伏产业新型技术研发平台；采用产业化 IBC 工艺技术建成年产 200 兆瓦的 IBC 电池及组件生产线，率先实现国内 IBC 电池工业化量产；改造建成年产 3000 吨 N 型单晶硅棒和 2700 吨单晶方锭生产线，实现产值 2.59 亿元；突破关键技术“瓶颈”，打破 10 兆瓦级先进绝热压缩空气储能系统关键设备的技术壁垒。开发多晶硅生长智能控制系统，建成 1 条多晶硅年产能达 3000 吨的智能生产线，实现电子 2 级以上硅料低消耗规模化生产。

在特色农牧业领域，青海省构建育繁一体化现代种业科技创新模式，建立青杂 15 号、13 号油菜新品种有机种植基地 1.6 万亩；建立马铃薯专用型品种原种生产基地 808 亩、一级种生产基地 4760 亩、商品薯生产基地 2.8 万亩，推进马铃薯产区向高海拔地区拓展；昆仑系列青稞品种平均亩产从 164 千克提高到 217 千克，青稞商品化率达 83%以上；挖掘牦牛新资源或类群 4 个，玉树牦牛、扎什加羊列入国家畜禽遗传资源名录；成功选育出的第二个牦牛新品种——阿什旦牦牛获省级科技进步

一等奖。

生物医药领域则开展了沙棘籽粕蛋白深加工技术研究与系列产品开发、藏药十一味维命胶囊治疗“索隆病”的作用机制及临床疗效评价等研究，建立年产100吨沙棘籽粕蛋白生产线；开发青稞系列产品6款；新建年产3000万袋菊粉颗粒剂（含粉剂）生产线和年产2000万片片剂生产线各1条；形成3000吨牦牛发酵乳生产能力，新增产值7172万元，实现利税1292万元，促进藏药产业发展。

参考资料：青海核心技术攻关实现多点突破［EB/QL］. http：//www. stdaily. com/index/kejixinwen/2021-11/23/content_ 1233568. shtml.

结合案例8-2思考以下问题：

（1）结合新古典增长模型和事例内容，说明技术进步对经济增长的影响。

（2）欠发达地区推动技术进步的途径有哪些？

七、练习题

（一）选择题

1. 下面哪一个选项不是新古典增长模型的假定？（　　）

A. 经济由一个部门组成，该部门生产一种既可用于投资也可用于消费的商品

B. 生产的规模报酬不变

C. 经济的技术进步是由内生因素决定

D. 人口增长是由外生因素决定

2. 在存在技术进步的新古典增长模型中，人均产量的稳态增长率为（　　）。

A. 0　　　　B. 人口增长率

C. 1　　　　D. 技术进步率

3. 资本的黄金律水平应满足的经济学条件是（　　）。

A. 资本的边际产品等于劳动增长率加上折旧率

B. 人口增长率等于折旧率

C. 劳动的边际产品等于折旧率

D. 技术进步率等于人口增长率

4. 在宏观经济学中，经济增长被定义为（　　）。

A. 投资的增加　　　　B. 劳动的增加

C. 资本的增加　　　　D. 产量的增加

5. 关于具有技术进步的新古典增长模型稳态增长率，表述错误的是（　　）。

A. 人均资本增长率等于技术进步的速率

B. 人均产量增长率等于人口增长率

C. 总产量增长率等于人口增长率加上技术进步的速率

D. 总资本增长率等于人口增长率加上技术进步的速率

6. 经济增长的基本问题不包括（　　）。
A. 为什么一些国家如此富裕，而另一些国家那么贫穷
B. 什么是影响经济增长的因素
C. 为什么一国的 GDP 在短期内会出现波动
D. 怎样理解一些国家或地区的增长奇迹
7. GDP 是衡量经济增长的一个较好指标，是因为（　　）。
A. GDP 以货币表示且易于比较
B. GDP 的增长总是意味着已发生的实际产品与服务的增长
C. GDP 的值不仅可以反映一国的经济实力，还可以反映一国人民的福利程度
D. 以上说法都对
8. 根据新古典增长模型，人口增长率的上升将（　　）。
A. 提高每个工人资本的稳定状态水平
B. 降低每个工人资本的稳定状态水平
C. 对每个工人资本的稳定状态水平没有影响
D. 无法确定
9. 在生产函数 $F=AL^{\alpha}K^{1-\alpha}$ 中，全要素生产率指（　　）。
A. α　　B. A　　C. L　　D. K
10. 下列选项中，（　　）属于资本深化。
A. 人口增长 3%，资本存量增加 3%
B. 人口增长 3%，资本存量增加 5%
C. 人口增加 3%，资本存量增加 1%
D. 人口增加 3%，资本存量没有增加
11. 以下说法中（　　）不正确。
A. 技术进步将提高人民的长期生活水平
B. 人口增长率的降低将提高人民的长期生活水平
C. 在经济运行达到稳定状态后，资本存量不变
D. 在经济运行达到稳定状态后，资本存量仍将不断增长
12. 经济增长的标志是（　　）。
A. 失业率的下降　　B. 先进技术的广泛应用
C. 社会生产能力的不断提高　　D. 城市化速度加快
13. 定义人均资本不变即 $k=0$ 为人均资本存量的稳定状态，若人均生产函数是 $y=k$ 的二分之一次方，且没有人口增长和技术进步，折旧率是 0.1，储蓄率是 0.2，则稳定状态下资本劳动比率 k 为（　　）。
A. 1　　B. 2　　C. 4　　D. 9
14. 在新古典增长模型中，黄金分割律下的资本积累水平指在稳定状态下有一最高的(　　)。

A. 人均产出　　B. 人均资本　　C. 人均储蓄　　D. 人均消费

15. 在新古典增长模型中，如果没有人口增长和技术进步，则当（　　）时稳定状态下消费有一最高水准。

A. 劳动边际产出等于资本边际产出　　B. 劳动边际产出等于折旧率

C. 资本边际产出等于折旧率　　D. 劳动边际产出等于零

16. 在新古典增长模型中，如果不考虑折旧和技术进步，则当（　　）时稳定状态下消费有一最高水准。

A. 劳动的边际产出等于资本的边际产出

B. 劳动的边际产出等于人口增长率（劳动增长率）

C. 资本的边际产出等于人口增长率

D. 资本的边际产出等于零

17. 假设两国除人口增长率之外其他条件都相同，根据新古典增长模型，在稳定状态下较高人口增长率的国家将有（　　）的产出水平和（　　）的人均产出增长率。

A. 较高，相同　　B. 较高，较高

C. 较低，相同　　D. 较低，较低

18. 假设战争减少了一国劳动力但没有直接减少资本存量，若战前该国处在资本存量稳定状态且储蓄率在战后不变，则战后人均资本会（　　）且人均产出增长率会（　　）。

A. 减少，变快　　B. 增加，变快

C. 减少，减缓　　D. 增加，减缓

19. 在内生增长理论中，即使没有外生技术进步，收入仍可持续增长，这是因为（　　）。

A. 储蓄率仍等于折旧率　　B. 储蓄率超过折旧率

C. 资本并非规模报酬递减　　D. 资本是规模报酬递减

20. 若资本被定义为（　　），则内生增长模型关于资本为规模报酬不变的假设是比较合理的。

A. 厂房和设备　　B. 知识

C. 折旧　　D. 技术

21. 在内生增长模型中，收入会持续不断增长是因为（　　）。

A. 生产函数变成外生变量

B. 储蓄率超过折旧率

C. 大学和研究所的知识创造未曾迟缓

D. 大学和研究所的劳动力占全部劳动力有一个很大比例

22. 以下关于人力资本的描述错误的是（　　）。

A. 人力资本与教育、培训等有关

B. 各国人力资本的差异主要是后天造成的

C. 人力资本既包括数量指标，也包括质量指标

D. 人力资本与投资无关

23. 新增长理论与新古典增长理论的主要区别在于（　　）。

A. 技术是内生的还是外生的　　B. 报酬率是递增的还是不变的

C. 经济增长是差异的还是趋同的　　D. 以上都是

（二）判断题

1. 在新古典增长模型中，人口增长加快提高了总产出的稳态增长率。（　　）
2. 在新古典增长模型中，储蓄率的上升可以提高稳态增长率和提高收入的稳态水平。（　　）
3. 资本的黄金律水平是使稳态人均消费达到最大化的人均资本量。（　　）
4. 经济增长的程度可以用增长率来描述。（　　）
5. 经济增长指一个经济体产量的增加，其中产量既可以表示为经济的总产量，也可以表示为人均产量。（　　）
6. 内生增长理论试图把在新古典增长模型中作为外生变量的技术进步变量由外生变量变为内生变量。（　　）
7. 刺激总需求不能促进一个国家的长期经济发展。（　　）
8. 全要素生产率就是劳动生产率。（　　）
9. 在一个充分就业、不断增长的经济体系中，如果储蓄水平不断增长，那么投资水平必须不断增长才能保持充分就业水平。（　　）
10. 新古典增长模型把一个社会的储蓄分为资本深化和资本广化两个部分。（　　）
11. 衡量经济增长的指标应排除价格水平波动的影响。（　　）
12. 新古典经济增长模型假定只有两种投入要素：资本和劳动，且两者不可以相互替代。（　　）
13. 根据新古典增长模型，劳动、资本的增长或技术水平的提高都可以带来经济增长。（　　）
14. 在其他条件不变的情况下，若工人使用更好的机械设备和接受培训，那么单位投入的产出将增加。（　　）
15. 经济增长在图形上表现为生产可能性边界向外移动。（　　）

（三）计算题

1. 假定一国生产函数为 $Y=K^{1/2}L^{1/2}$，在新古典增长模型中试求：

（1）人均产出函数。

（2）若该国拥有 40000 单位资本和 10000 单位劳动，试求产出和人均产出。

（3）若年折旧率为 10%，储蓄率 s 要为多少才能使资本—劳动比率符合稳态水平？

（4）若储蓄率等于稳态下水平，求人均消费。

2. 在新古典增长模型中，假设一个国家的总量生产函数是 $y=k^{1/2}$，其中 y 和 k 分别指人均产出和人均资本。如果储蓄率是 28%，人口增长率为 1%，技术进步速率为

2%，折旧率为 4%，该国稳定状态的产出是多少？如果储蓄率下降到 10%，而人口增长率上升到 4%，其他不变，那么，该国新的稳定状态产出是多少？

3. 设在新古典增长模型的框架下，生产函数为

$$Y=F(K,\ L)=K^{\frac{1}{2}}L^{\frac{1}{2}}$$

（1）求人均生产函数 $y=f(k)$。

（2）若不存在技术进步，求稳态下人均资本量、人均产量和人均消费量。

4. 在新古典增长模型中，已知生产函数 $y=2k-0.5k^2$，y 为人均产出，k 为人均资本，储蓄率 $s=0.1$。人口增长率 $n=0.05$，资本折旧 $\delta=0.05$。试求：

（1）稳态时的人均资本和人均产量。

（2）稳态时的人均储蓄和人均消费。

（四）问答题

1. 经济增长的因素有哪些？
2. 说明经济增长与经济发展的关系。
3. 什么是新古典增长模型的基本公式？它有什么含义？
4. 在新古典增长模型中，人口增长对经济有哪些影响？
5. 为什么说把消费、投资和出口当作拉动经济增长的“三驾马车”是对凯恩斯主义经济学的误用？

第九章

考研真题及解答

考研真题及解答（一）

（一）名词解释

1. 国内生产总值（GDP）（厦门大学 2008、2014 研；北京大学经济学院 2011 研；江西财经大学 2014 研；暨南大学 2017 研；浙江大学 2019 研；东北大学 2019 研）

答：国内生产总值指经济社会（即一个国家或地区）在一定时期内运用生产要素所生产的全部最终产品（产品和劳务）的市场价值。GDP 是一个国家范围内生产的最终产品的市场价值，因此是一个地域概念，而与此相联系的国民生产总值（GNP）则是一个国民概念，乃指其国国民所拥有的全部生产要素在一定时期内所生产的最终产品的市场价值。

GDP 一般通过支出法和收入法两种方法进行核算。用支出法计算的国内生产总值等于消费、投资、政府购买和净出口之和；用收入法计算的国内生产总值等于工资、利息、租金、利润、间接税、企业转移支付和折旧之和。

2. 国民生产总值（GNP）（北京科技大学 2011 研；北京理工大学 2012 研；武汉理工大学 2013 研；中国人民大学 2019 研）

答：国民生产总值（GNP）指某国国民所拥有的全部生产要素在一定时期内所生产的最终产品的市场价值。它是本国国民生产的最终产品市场价值的总和，是一个国民概念，即无论劳动力和其他生产要素处于国内还是国外，只要是本国国民生产的产品和劳务的价值都计入国民生产总值。国民生产总值核算的三种方法有生产法、支出法和收入法。要注意与国内生产总值的区别。国民生产总值是一个国民概念，而国内生产总值指的是一个国家或地区一定时期（通常为一年）运用生产要素所生产的全部最终产品的市场价值。它是一个国家范围内生产的最终产品的价值，是一个地域概念。

3. 绿色 GDP（山东师范大学 2006 研；北京师范大学 2007 研）

答：绿色 GDP 也称绿色国内生产净值，指在名义 GDP 中扣除了各种自然资源消耗之后，经过环境调整的国内生产净值。

以 GDP 作为核算国民经济活动的核心指标具有一定的局限性，如它不能反映经济增长方式付出的代价等。正因为 GDP 指标有这些局限性，在关于 GDP 的争论中，引入了绿色 GDP 的新概念。世界银行 1997 年开始利用绿色 GDP 国民经济核算体系来衡量一国（地区）的真实财富。尽管绿色 GDP 目前在核算上还存在不少技术难题，但这一设想的方向是正确的，也符合科学发展观。

4. 潜在产出（中央财经大学 2009 研；南京财经大学 2015 研）

答：目前学术界对于潜在产出的界定还不尽一致：有的按凯恩斯理论来定义，有的按新古典增长理论来界定。学术界一般采用的是美国经济学家利维最早提出这一概念时所给出的定义，即潜在产出指在合理稳定的价格水平下，使用最佳可利用的技术、最低成本的投入组合并且资本和劳动力的利用率达到充分就业要求时所能生产出来的物品和服务。

潜在产出不是一个实际产出量。一般认为，只有在充分就业时，才有可能实现潜在产出。而实际产出和潜在产出的差额，称为产出缺口。潜在产出由一国所拥有的生产要素状况决定，但并不是固定不变的，增加潜在产出的途径有增加劳动、资本等生产要素投入和实现技术进步。

潜在产出的估算方法较多，但归结起来主要有两大类：一类是从现实产出的时间序列性质出发，借助一些计量分析工具对现实产出直接进行处理，从而给出潜在产出的估算，如消除趋势法、增长率推算法；另一类是生产函数法。前一类方法估算过程简便，考虑的因素较少，主要缺点是没有体现潜在产出的供给面特征。而生产函数法则较为全面地考虑了生产要素利用率和技术进步的影响，但估算过程较为复杂。

5. 个人可支配收入（中山大学 2001 研；武汉大学 2002 研；东北大学 2004 研）

答：个人可支配收入是一个国家所有个人（包括私人非营利性机构）在一定时期（通常为一年）内实际得到的可用于个人消费或储蓄的那一部分收入。个人收入不能全归个人支配，因为还要缴纳个人所得税，税后的个人收入才是个人可支配收入，即人们可随意用来消费和储蓄的收入。个人可支配收入等于个人收入扣除向政府缴纳的所得税、遗产税和赠予税、不动产税、人头税、汽车使用税以及交给政府的非商业性费用等以后的余额。个人可支配收入被认为是消费开支的最重要的决定性因素，常被用来衡量一个国家的生活水平。

6. GDP 平减指数（武汉大学 2008 研；人行研究生部 2009 研；北京邮电大学 2013 研；南京大学 2018 研；厦门大学 2006、2019 研）

答：GDP 平减指数（GDP deflator）指按当年价格计算的国内生产总值和按不变价格计算的国内生产总值的比率。用公式表示为

GDP 平减指数＝报告期价格计算的当期国内生产总值/基期价格计算的当期国内生产总值

GDP 平减指数用来衡量在基年和所有考察的年度之间发生的价格变化，这个指数与消费价格指数不同，因为它的权数随不同商品所占份额的改变而改变。因为 GDP 平

减指数是以涉及经济中所生产的全部产品的计算为基础，所以它是一个用来衡量通货膨胀状况的具有广泛基础的价格指数。

GDP平减指数的优点是范围广泛，能比较准确地反映一般物价水平的变动趋向；缺点是资料较难收集，需要对未在市场上发生交易的商品和劳务进行换算，并且可能受到价格结构因素的影响。

（二）问答题

1. 简述GDP与GNP的区别。（东北财经大学2002研；武汉大学2003研；南开大学2005研）

答：（1）GDP指经济社会（即一个国家或一地区）在一定时期内（通常为一年）运用生产要素所生产的全部最终产品（产品和劳务）的市场价值。GNP指一个国家或地区的国民所拥有的全部生产要素在一定时期内（通常为一年）所生产的全部最终产品（产品和劳务）的市场价值。（2）GDP与GNP这两个统计指标在统计思想上反映的是按国土原则还是国民原则进行计算的区分。例如，一个在中国工作的美国公民的收入要计入美国的GNP，但不计入美国的GDP，而计入中国的GDP；反之，一个在美国制造业中开设公司的中国老板取得的利润是中国GNP的一部分，不是美国GNP的一部分，但它是美国GDP的一部分。因此，若某国的GNP超过GDP，说明该国公民从外国获得的收入超过了外国公民从该国获得的收入；而GDP超过GNP时，说明的情况则相反。两者之间的关系可以表示如下：GNP＝GDP＋（来自国外的要素报酬－支付给国外的要素报酬）

2. 简述通货紧缩的概念。（财政部财政科学研究所2002、2005、2016研；上海理工大学2005研；江西财经大学2005研；华中科技大学2006研；中央财经大学2016研）

答：通货紧缩是与通货膨胀相对立的概念，指由于货币供应量相对于经济增长和劳动生产率增长等要素减少而引致的有效需求严重不足、一般物价水平持续下跌、货币供应量持续下降和经济衰退等现象。通货紧缩从本质上来说是一种货币现象，它在实体经济中的根源是总需求对总供给的偏离，或现实经济增长率对潜在经济增长率的偏离。当总需求持续小于总供给，或现实经济增长率持续低于潜在经济增长率时，则会出现通货紧缩现象。通货紧缩的特征表现为物价水平持续与普遍地下跌。这个物价水平，严格来说应包括资产价格，如股票、债券、房地产及商品和服务在内的价格指数，但基于统计上的局限性，一般在国内用全国零售物价日上涨率，在国外用消费价格指数（CPI）作为度量指标。如果全国零售日物价上涨率在零值以下，且持续时间超过6个月，人们通常在理论上就将其界定为典型的通货紧缩。通货紧缩是一种实体经济现象。它通常与经济衰退相伴随，表现为投机机会相对减少和投资的边际收益下降，由此造成银行信用紧缩，货币供应量增长持续下降，信贷增长乏力，消费和投资需求减少，企业普遍开工不足，非自愿失业增加，收入增长速度持续放慢，各个市场普遍低迷。同时，通货紧缩也是一种普遍的经济现象，只有当通货紧缩特别严重时才会引起人们的注意。

（三）计算题

1. 若价格水平在 2008 年为 107.9，2009 年为 111.5，2010 年为 114.5。试问 2009 年和 2010 年通货膨胀率各为多少？如果人们以前两年通货膨胀率的平均值作为第三年通货膨胀率的预期值，计算 2011 年的预期通货膨胀率。如果 2011 年的利率为 6%，计算该年的实际利率。（华中科技大学 2005 研）

解：2009 年的通货膨胀率为

$$\pi_{2009}=\frac{P_{2009}-P_{2008}}{P_{2008}}\times100\%=\frac{111.5-107.9}{107.9}\times100\%=3.34\%$$

同理，2010 年的通货膨胀率为

$$\pi_{2010}=\frac{P_{2010}-P_{2009}}{P_{2009}}\times100\%=\frac{114.5-111.5}{111.5}\times100\%=2.69\%$$

如果预期通货膨胀率为前两年的平均值，则有

$$\pi_{2011}=\frac{\pi_{2009}+\pi_{2010}}{2}=\frac{3.34\%+2.69\%}{2}=3.015\%$$

得到实际利率为 6%−3.015%=2.985%。

2. 从 2008 年到 2010 年，一个国家的货币供应量 $M2$ 每年都以 20%的速度增长，名义 GDP 每年都以 10%的速度增长。数据如表 9−1 所示。

表 9−1 某国 2008—2010 年货币供应量（$M2$） 单位：万亿元

	2008 年	2009 年	2010 年
$M2$	100	120	144
PY	1000	1110	1210

（1）计算每年的货币流通速度（保留小数点后一位数）。货币流通速度呈现什么样的变化？

（2）如果其他情况不变，货币流通速度都保持在 2008 年的水平，则 2009 年和 2010 年的名义 GDP 应当分别是多少？这个结果说明了什么？（中国人民大学 2012 研）

解：（1）由货币数量方程 $MV=PY$（其中 M 表示流通中的货币数量，V 表示货币流通速度，P 为价格总水平或价格指数，Y 表示一国的实际国民收入）可得

2008 年：$V=\frac{PY}{M}=\frac{1000}{100}=10$

2009 年：$V=\frac{PY}{M}=\frac{1100}{120}\approx9.2$

2010 年：$V=\frac{PY}{M}=\frac{1210}{144}\approx8.4$

计算结果表明货币流通速度从 2008 年到 2010 年呈递减趋势。

（2）当货币流通速度不变，即 $V=10$ 时，可得

2009 年：$PY=MV=120\times10=1200>1100$

2010 年：$PY=MV=144\times10=1440>1210$

计算结果表明，如果以 2008 年为基期标准，则经济可能处于通货紧缩或是经济衰退。

（四）论述题

1. 请用文字和图例解释成本推动型通货膨胀的形成机理。（中央财经大学 2010 研；北京林业大学 2018 研）

答：成本推动型通货膨胀指在没有超额需求的情况下，由于供给方面成本的提高所引起的一般价格水平持续和显著地上涨，分为工资推动型通货膨胀和利润推动型通货膨胀。多方学者认为，市场的不完全是造成成本推动型通货膨胀的重要原因。其中，在不完全竞争的劳动市场上，工会组织的存在会导致工资水平的提高，从而导致一般价格水平上涨，引发工资推动型通货膨胀；在不完全竞争的产品市场上，垄断企业和寡头企业为了追求更大的利润，操纵价格，把产品价格定得很高，致使价格上涨的速度超过成本增长的速度，引起通货膨胀。在总需求曲线不变的情况下，包括工资推动型通货膨胀和利润推动型通货膨胀在内的成本推动型通货膨胀，可以用图 9-1 来说明。如图 9-1 所示，总需求是既定的，所以 AD 曲线不发生变动，变动只出现在供给方面。当由于工资成本上升或垄断厂商为了追求更大利润而限产时，总供给减少，AS 曲线就会左移，总产量下降，价格水平上涨。可以发现，随着 AS 曲线向左移动，总产量会进一步下降，而价格水平会进一步上涨。

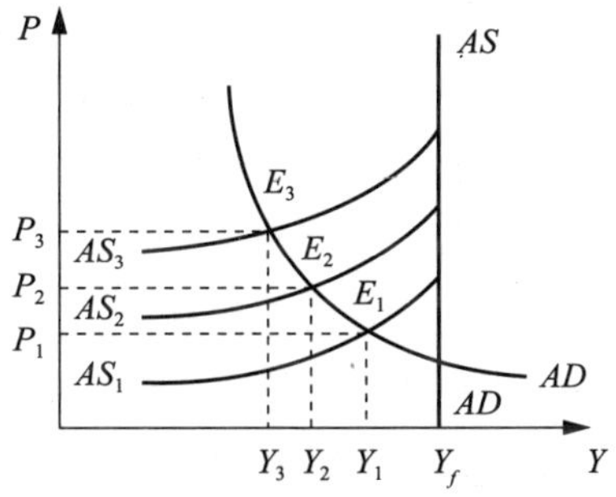

图 9-1　成本推动型通货膨胀的形成机理

2. 简述国民收入核算的三种方法。（上海大学 2003 研；华中科技大学 2004 研；财政部财政科学研究所 2004 研；中南大学 2018 研）

答：目前，核算国民收入有三种方法：生产法、收入法和支出法。

（1）生产法

生产法指从生产的角度出发，把一个国家在一定时期内所生产的所有产品和服务

的价值总和减去生产过程中所使用的中间产品的价值总和，获得 GDP 等相关指标，用这种方法统计出来的价值总和反映的是一个国家在这一时期所有新创造的价值。

（2）收入法

收入法是从生产要素所有者的收入角度核算 GDP。GDP 等于劳动者的工资收入、资本所有者的利息收入、土地所有者的地租收入、企业的利润收入和政府的税收收入等。

（3）支出法

支出法是从支出的角度核算 GDP。GDP 等于家庭的消费支出、企业的投资支出、政府购买和净出口之和。其中，家庭消费支出是本国居民对最终产品和服务的购买，它是一个国家总需求的一个最主要的部分。家庭消费支出进一步可以划分为耐用品消费支出、非耐用品消费支出和服务支出三个方面。投资支出包括新资本品购买支出和存货投资支出。其中，固定资产投资包括商业固定资产投资和住宅投资。政府支出指政府对产品和服务的支出。政府转移支付不是对产品和服务的支出，所以不应该计入 GDP。净出口表示出口与进口的差额，它可能是正值，也可能是负值。

考研真题及解答（二）

（一）名词解释

1. 边际消费倾向（中央财经大学 2004 研；东北财经大学 2011 研）

答：边际消费倾向（Marginal Propensity to Consume，MPC）指增加 1 单位收入中用于增加消费部分的比率，其公式为

$$MPC=\frac{\Delta C}{\Delta Y}$$

式中，ΔC 表示消费的变化量，ΔY 表示收入的变化量。按照凯恩斯的观点，收入和消费之间存在着一条心理规律：随着收入的增加，消费也会增加，但消费的增加不及收入增加多。因此，一般而言，边际消费倾向在 0 至 1 之间波动。

当消费和收入之间呈线性关系时，消费函数就是一条向右上方倾斜的直线，消费函数每一点的斜率即边际消费倾向 MPC 都相等，并且大于 0 而小于 1；当消费和收入之间呈线性关系时，消费函数曲线的斜率随着收入的增加而减小，由于消费函数的斜率表示的是边际消费倾向，因此边际消费倾向递减。

2. 边际储蓄倾向（东北财经大学 2006、2011 研）

答：指储蓄曲线上任意一点的斜率，即该点上储蓄增量对可支配收入增量的比率。

$$MPS=\frac{\Delta S}{\Delta Y}$$

其中，ΔS 表示储蓄的变化量，ΔY 表示收入的变化量。一般而言，边际储蓄倾向在 0 至 1 之间波动，因为全部新增收入要么用来消费，要么用来储蓄，所以边际储蓄倾向

与边际消费倾向之和恒为 1。边际储蓄倾向可以说成是国民收入的储蓄倾向，也可以说成是可支配收入储蓄倾向。

3. 均衡产出（武汉大学 2001 研；中国政法大学 2006 研）

答：均衡产出指和总需求相一致的产出，也就是经济社会的收入正好等于全体居民和企业想要有的支出。在两部门经济中，总需求由居民消费和企业投资构成，于是均衡产出可用公式表示为

$$y=c+i$$

c、i 分别代表计划消费、计划投资数量，而不是国民收入构成公式中实际发生的消费和投资。对均衡产出这一概念可以用图 9-2 来表示。

图 9-2 中，纵轴表示支出，横轴表示收入，从原点出发的 45°线上的各点都表示支出和收入相等。当总收入大于总支出时，非意愿存货投资就大于零，企业会削减生产；反之，当总收入小于总支出时，非意愿存货投资就小于零，企业会扩大生产。图 9-2 中，B 点对应的产出水平即为均衡产出。

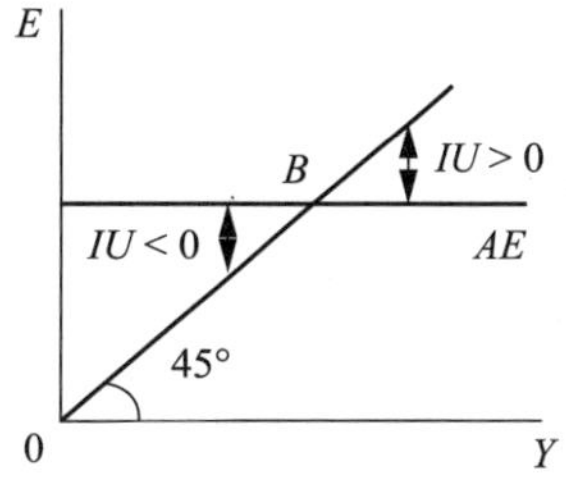

图 9-2　均衡产出的决定

经济社会的收入正好等于全体居民和企业想要有的支出时，经济社会达到均衡。在这个模型中，存货在调整过程中起着重要作用。由图 9-2 可以看出，非计划存货投资是一种产量调节机制，不是价格调节机制。

4. 乘数效应（武汉大学 2003 研；华中科技大学 2004 研）

答：乘数效应是一种宏观的经济效应，指经济活动中某一变量的增减所引起的经济总量变化的连锁反应程度。在凯恩斯的国民收入决定理论中，乘数效应考察投资、政府购买以及税收等变动一定量对收入水平的影响程度。乘数效应的理论支撑源于凯恩斯《就业、利息和货币通论》中的收入乘数原理。乘数效应可用图 9-3 表示。

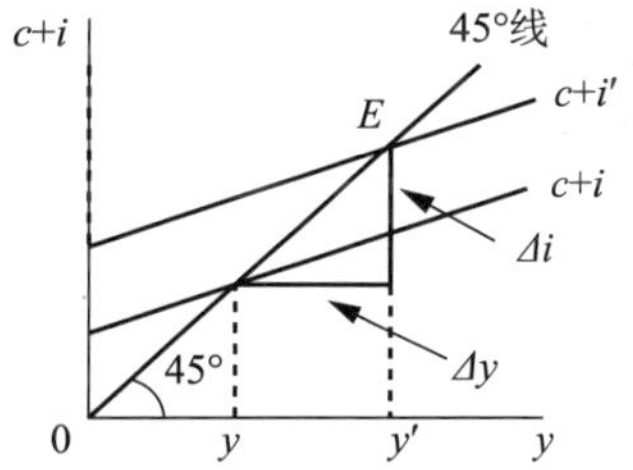

图 9-3　乘数效应

图 9-3 中，$c+i$ 表示原来的总支出线，$c+i'$ 表示新的总支出线，原来的均衡收入为 y，新的均衡收入为 y'。可以看出，投资的增加，会引起收入若干倍的增加。实际上，总需求的任何变动，如消费的变动、政府购买的变动、税收的变动以及净出口的变动等，都会引起收入若干倍的变动。

乘数效应不考虑货币因素对收入的影响。如果考虑货币因素的影响，收入增加会使利率上升，从而投资减少，这又使收入减少，因此最终的收入增加幅度小于不考虑货币因素时收入增加幅度。

5. 平衡预算乘数（青岛理工大学 2010 研；南京财经大学 2010 研；浙江理工大学 2015 研；广东外语外贸大学 2016 研）

答：平衡预算乘数指政府收入和支出同时以相等数量增加或减少时，国民收入变动与政府收支变动的比率。在定量税下，假设政府购买支出和税收各增加同一数量即

$\Delta g=\Delta t$ 时，

$$\begin{aligned}\Delta y &= k_g\Delta g+k_t\Delta t=\frac{1}{1-\beta}\Delta g+\frac{-\beta}{1-\beta}\Delta t\\ &=\frac{1}{1-\beta}\Delta g+\frac{-\beta}{1-\beta}\Delta g\\ &=\Delta g\end{aligned}$$

则平衡预算乘数 $k_b=\Delta y/\Delta g=1$。

在比例税下，假设政府购买支出和税收各增加同一数量即 $\Delta g=\Delta t$ 时，

$$\begin{aligned}\Delta y &= k_g\Delta g+k_t\Delta t=\frac{1}{1-\beta(1-t)}\Delta g+\frac{-\beta(1-t)}{1-\beta(1-t)}\Delta t\\ &=\frac{1}{1-\beta(1-t)}\Delta g+\frac{-\beta(1-t)}{1-\beta(1-t)}\Delta g\\ &=\Delta g\end{aligned}$$

则 $k_b=\Delta y/\Delta g=1$。

无论在定量税还是比例税下，平衡预算乘数均为1。根据平衡预算乘数，可以把财政政策的作用归纳为三种情况：①政府在增加支出的同时减少税收，将对国民收入有巨大促进用；②政府在增加支出的同时增加税收，保持预算平衡，对国民收入的影响将会较小；③政府在减少支出的同时增加税收，将会抑制国民收入的增长。

6. 节俭悖论（中南财经政法大学2005研；南开大学2007研；首都对外经济贸易大学2011研；中央财经大学2014研；东北财经大学2015研）

答：节俭悖论是最早由凯恩斯提出的一种关于储蓄与国民收入之间相互作用的理论，节制储蓄、增加消费会减少个人财富，对个人是件坏事，但由于会增加国民收入使经济繁荣，对整个经济来说是好事；节制消费、增加储蓄会增加个人财富，对个人是件好事，但由于减少国民收入引起萧条，对国民经济来说是坏事。

节俭是一种美德。从理论上讲，节俭是个人积累财富最常用的方式。从微观上分析，某个家庭勤俭持家，减少浪费，增加储蓄，往往可以致富。然而，根据凯恩斯的总需求决定国民收入的理论，节俭对于经济增长并没有什么好处。实际上，这里蕴含着一个矛盾：公众节俭，降低消费，增加储蓄，往往会导致社会收入的减少。因为在既定的收入中，消费与储蓄呈反方向变动，即消费增加储蓄就会减少，消费减少储蓄就会增加。所以，储蓄与国民收入呈现反方向变动，储蓄增加国民收入就减少，储蓄减少国民收入就增加。根据这种看法，增加消费、减少储蓄会通过增加总需求而引起国民收入增加，就会促进经济繁荣；反之，就会导致经济萧条。由此可以得出一个蕴含逻辑矛盾的推论：节制消费、增加储蓄会增加个人财富，对个人是件好事，但由于会减少国民收入引起萧条，对国民经济却是件坏事。

节俭悖论告诉人们：节俭减少了支出，迫使厂家削减产量，解雇工人，从而减少了收入，最终减少了储蓄。储蓄为个人致富铺平了道路，然而如果整个国家加大储蓄，将使整个国家陷入萧条和贫困。

（二）问答题

1. 凯恩斯关于消费函数的三个猜测是什么？（厦门大学 2011 研）

答：（1）边际消费倾向介于 0 至 1 之间。边际消费倾向是指增加的 1 单位收入中用于消费的支出部分。边际消费倾向介于 0 至 1 之间就意味着人们不会把所有的收入进行消费，而是拿出收入中的一部分进行消费，另一部分进行储蓄。

（2）平均消费倾向随收入的增加而下降。平均消费倾向等于消费与收入之比。凯恩斯认为，储蓄是奢侈品，因此富人的收入中用于储蓄的比例要高于穷人。

（3）收入是消费的主要决定因素，而利率对储蓄并没有重要作用，这种猜测和古典经济学的观点正好相反。

根据这三个猜测，凯恩斯主义的消费函数通常表示为

$$C=\alpha+\beta Y，\alpha>0，0<\beta<1$$

2. 在西方国民收入核算中，投资总是恒等于储蓄，而在凯恩斯的国民收入决定理论中，投资可能不等于储蓄，二者是否矛盾？为什么？（华北电力大学 2007 研）

答：在西方国民收入核算中，投资总是恒等于储蓄，而在凯恩斯的国民收入决定理论中，投资可能不等于储蓄，二者并不矛盾。分析如下：

（1）在西方国民收入核算中，存在的储蓄—投资恒等式完全是根据储蓄和投资的定义得出的。根据定义，在两部门经济中，国内生产总值总等于消费加投资，国民总收入则等于消费加储蓄，国内生产总值又总等于国民总收入，这样才有了储蓄恒等于投资的关系。这种恒等关系就是两部门经济的总供给（$C+S$）和总需求（$C+I$）的恒等关系。只要遵循储蓄和投资的这些定义，储蓄和投资一定相等，而不管经济是否充分就业或通货膨胀即是否均衡。

（2）在凯恩斯的国民收入决定理论中，投资等于储蓄指经济要达到均衡，计划投资必须等于计划储蓄。只有二者相等时，收入才处于均衡状态。在实际经济生活中，储蓄和投资的主体及动机都不一样，这就会引起计划投资和计划储蓄的不一致，形成总需求和总供给不平衡，引起经济扩张和收缩。所以，凯恩斯的国民收入决定理论中投资可能不等于储蓄。

事实上，国民收入核算中的储蓄—投资恒等式是从国民收入会计角度看的，事后的储蓄和事后的投资总是相等的。国民收入决定理论中考察家庭和企业事前的计划储蓄和计划投资，投资等于储蓄为均衡的条件。正是由于投资可能不等于储蓄，所以经济社会才会出现失业、危机和波动的现象。

3. 分析两部门经济中储蓄函数变动对均衡国民收入的影响。（西南财经大学 2003 研）

答：两部门经济中，即经济中只有家户部门（居民户）和企业部门（厂商）时，均衡国民收入可以用 $I=S$ 来表示，即当计划投资等于计划储蓄时经济达到均衡，此时决定的国民收入为均衡国民收入。

储蓄函数为 $S=-\alpha+(1-\beta)Y$，当投资假定为外生变量时，用计划投资等于计划储蓄的方法决定均衡收入，可用图 9-4 表示。

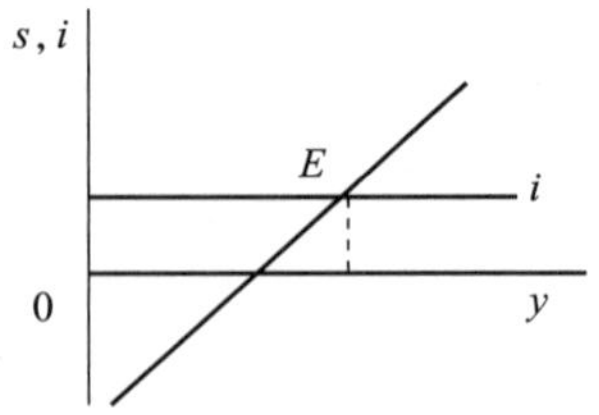

图 9-4　均衡收入的决定

结合图 9-4 可以看出，储蓄函数变动时均衡国民收入会发生变动。当自发消费 α 增加（减少）时，储蓄函数向下（上）平移，与投资函数形成的新均衡点对应的均衡国民收入水平增加（减少）；当边际消费倾向 β 增加（减少）时，储蓄函数斜率变小（大），对应的储蓄曲线平坦（陡峭），与投资函数形成的新均衡点对应的均衡国民收入水平增加（减少）。

4. 论述乘数原理的形成过程和条件。（昆明理工大学 2010 研；中南财经政法大学 2011 研；山东大学 2018 研）

答：（1）乘数原理的形成过程。

乘数指自发总支出的增加所引起的国民收入增加的倍数。乘数原理说明了各种支出变动对国民收入变动的影响。因为国民经济各部门之间是相互联系的，所以，对某一部门的需求（支出）的增加，不仅会使该部门的生产和收入相应增加，而且还会引起其他部门的生产、收入和支出的增加，从而使国民收入增加量数倍于最初增加的支出。乘数原理的形成过程分析如下：

设第一部门最初增加的支出为 ΔA，并且设各部门的边际消费倾向为 β。则第一部门增加的支出会使消费增加 $\beta_1\Delta A$，从而又引起第二部门的收入增加了 $\beta_1\Delta A$，并且第二部门的收入中又要增加 $\beta_2\Delta A$ 的消费，于是，第三部门的收入又增加了 $\beta_2\Delta A$，第三部门的收入中又要增加 $\beta_3\Delta A$ 的消费。这种收入增加带动消费增加，消费增加又带动收入增加的变动，将在国民经济各部门中不断地循环下去，直到国民经济再一次达到均衡，此时整个国民经济部门所增加的总支出为 ΔAE，国民收入 ΔY 为 $\Delta Y=\Delta A+\beta_1\Delta A+\beta_2\Delta A+\beta_3\Delta A+\cdots$，因为边际消费倾向 $0<\beta<1$，所以 $\Delta AE=\Delta Y=\Delta A/(1-\beta)$，其中，$\Delta Y/\Delta A=1/(1-\beta)$ 即为乘数，表示均衡时国民收入的增加量 ΔY 是自发支出增加量 ΔA 的 $1/(1-\beta)$ 倍，并且在这里乘数的大小取决于边际消费倾向的大小。边际消费倾向越大，乘数越大；边际消费倾向越小，乘数越小。

（2）乘数原理发挥作用的条件。

①社会中存在闲置资源，即社会中存在过剩生产能力。如果没有过剩生产能力，没有闲置资源，则投资增加及由此造成的消费支出增加，并不会引起生产增加，只会刺激物价水平上升。

②投资和储蓄决定的相互独立性。要假定它们相互独立，否则，乘数作用要小得多，因为增加投资所引起的对货币资金需求的增加会使利率上升，而利率上升会鼓励储蓄，削弱消费，从而会部分地抵消由于投资增加引起收入增加进而使消费增加的趋势。

③货币供给量增加能否适应支出增加的需要。假使货币供给受到限制，则投资和

消费支出增加时，货币需求的增加就得不到货币供给相应增加的支持，利率会上升，不但会抑制消费，还抑制投资，使总需求降低。

④增加的收入不能用于购买进口货物，否则收入增加会受到限制。

5. 以下三种方式中，哪种方式对总产出（总支出）产生的刺激效果最大？哪种方式最小？

（1）政府增加数量为 X 的开支；

（2）政府削减数量为 X 的税收；

（3）政府增加数量为 X 的开支，同时增加数量为 X 的税收，以保持财政平衡。

请说明你的理由。（南开大学 2012 研）

答：三种政策中，政策（1）对总产出（总支出）产生的刺激效果最大，政策（2）和政策（3）哪个最小取决于边际消费倾向与 0.5 的大小比较。分析如下：

（1）如果政府增加数量为 X 的开支，考虑定量税情况下，政府支出乘数为 $1/(1-\beta)$，结合乘数效应可得产出增加 $X/(1-\beta)$，其中 β 表示边际消费倾向。

（2）如果政府削减数量为 X 的税收，考虑定量税情况下，税收乘数为 $-\beta/(1-\beta)$，结合乘数效应可得产出增加 $\beta X/(1-\beta)$，其中 β 表示边际消费倾向。

（3）如果政府增加数量为 X 的开支，同时增加数量为 X 的税收，以保持财政平衡，定量税和比例税情况下，平衡预算乘数都等于 1，因此，这种政策的实施会使得产出增加数量等于政府支出和税收变动相等的数量，即产出增加 X。

边际消费倾向为大于 0 小于 1 的数值，因此，三种政策中，政策（1）对总产出（总支出）产生的刺激效果最大。当 $\beta>0.5$ 时，$\beta/(1-\beta)>1$，此时政策（3）效果最小；当 $\beta<0.5$ 时，$\beta/(1-\beta)<1$，此时政策（2）效果最小；当 $\beta=0.5$ 时，$\beta/(1-\beta)=1$，此时政策（2）和（3）效果一样。

（三）计算题

1. 在一个封闭经济中，总产出为 Y，总消费为 C，政府“一揽子”税收为 T，政府支出为 G，消费边际倾向为 MPC。考虑如下两种政策：（1）政府开支增加 ΔG；（2）政府“一揽子”税收减少 ΔT。假设 $|\Delta G|=|\Delta T|$。试分析如下观点：如果政府将提高总产出作为政策目标，政策（1）比政策（2）更有效。（中央财经大学 2007 研）

解：这种观点是正确的。分析如下：

设自发消费为 α，边际消费倾向为 β，$\beta=MPC$，$0<\beta<1$。在封闭经济中有

$$Y=C+I+G=\alpha+\beta(Y-T)+I+G$$

因而

$$Y=\frac{\alpha-\beta T+I+G}{1-\beta}$$

（1）当政府支出增加 ΔG 时，总产出增加为

$$\Delta Y_1=\frac{1}{1-\beta}\Delta G$$

（2）当税收减少 ΔT 时，总产出增加为

$$\Delta Y_2=\frac{-\beta}{1-\beta}\Delta T$$

因为 $|\Delta G|=|\Delta T|$ 且 $MPC<1$，所以 $\Delta Y_1>\Delta Y_2$，政策（1）比政策（2）更有效。

2. 已知一个宏观经济的消费函数为 $C=100+0.8Y_d$（Y_d 为可支配收入，单位为亿元），自发投资 $I=50$，政府财政政策包括政府支出 $G=200$，定量税收 $T_0=60$，比率税率 $t=0.25$。求：

（1）宏观经济均衡时的国民收入 Y 是多少？

（2）支出乘数 K 是多少？

（3）政府的财政盈余是多少？（中国人民大学 2005 研；中南财经政法大学 2010 研）

解：（1）可支配收入 $P=20$，则消费函数为

$$C=100+0.8Y_d=100+0.8\times(0.75Y-60)=52+0.6Y$$

根据三部门收入支出模型 $Y=C+I+G$，将消费函数、投资函数及政府支出函数代入方程式可得

$$Y=52+0.6Y+50+200$$

求解方程可得 $Y=755$。

（2）根据支出乘数定义有 $K=\dfrac{1}{1-\beta(1-t)}=\dfrac{1}{1-0.8\times(1-0.25)}=2.5$。

（3）用 S 表示政府财政盈余，则 S＝政府收入－政府支出。其中，政府支出 $G=200$；政府收入 $=T_0+tY^*=60+0.25\times755=248.75$（亿元）。所以，政府财政盈余

$$S=248.75-200=48.75\text{（亿元）}$$

3. 假定在某国的经济萧条时期，消费函数 $C=15+0.75Y_d$，税收函数 $T=6+0.2Y$，其中 Y_d 为可支配收入，Y 为总产出。转移支付为 $TR=2$，投资函数 $I=20$，政府购买 $G=10$。试计算：

（1）若充分就业产出为 120，需要增加多少政府购买可以实现充分就业？或需要增加多少转移支付可以实现充分就业？

（2）在平衡预算的情况下需要增加多少政府购买可以实现充分就业？（东华大学 2010 研）

解：（1）根据可支配收入的定义，可得

$$Y_d=Y-T+TR=Y-(6+0.2Y)+2=0.8Y-4$$

则消费函数为

$$C=15+0.75Y_d=15+0.75\times(0.8Y-4)=0.6Y+12$$

三部门均衡条件为

$$Y=C+I+G=0.6Y+12+20+10=0.6Y+42$$

$$k_g=\frac{1}{1-\beta(1-t)}=\frac{1}{1-0.75\times(1-0.2)}=2.5$$

整理可得 $Y=105$，即均衡产出为 105。

征收比例税时，政府转移支付乘数：

$$k_{tr}=\frac{\beta(1-t)}{1-\beta(1-t)}=\frac{0.75\times(1-0.2)}{1-0.75\times(1-0.2)}=1.5$$

[说明：征收比例税情况下，传统的政府转移支付乘数为 $k_{TR}=\frac{1}{1-\beta(1-t)}$，但修正后的政府转移支付乘数为 $k_{tr}=\frac{\beta(1-t)}{1-\beta(1-t)}$。编者认为修正之后的计算方法更准确，并以此进行解答。]

则

$$\Delta G=\frac{\Delta Y}{k_g}=\frac{120-105}{2.5}=6,\quad \Delta TR=\frac{\Delta Y}{k_{tr}}=\frac{120-105}{1.5}=10$$

即若充分就业产出为 120，需要增加 6 单位政府购买可以实现充分就业，或需要增加 10 单位转移支付可以实现充分就业。

（2）由于平衡预算乘数恒等于 1，即政府收入和支出同时以相等数量增加或减少时，国民收入变动与政府收支变动的比率恒等于 1。因此，在平衡预算的情况下需要增加 15 单位政府购买可以实现充分就业。

4. 假设某经济的消费函数为 $C=100+0.8Y_d$，投资 $I=50$，政府购买性支出 $G=200$，政府转移支付 $T_r=62.5$，税收 $T=250$（单位均为 10 亿元）。

（1）求均衡收入。

（2）试求投资乘数、政府支出乘数、税收乘数、转移支付乘数和平衡预算乘数。（北京邮电大学 2007 研）

解：（1）将 $C=100+0.8Y_d$，$I=50$，$G=200$，$T_r=62.5$ 和 $T=250$，代入三部门经济中总支出方程 $Y=C+I+G$，可得 $Y=100+0.8\times(Y-250+62.5)+50+200$。

解得均衡收入 $Y=1000$。

（2）边际消费倾向 $\beta=0.8$，则

投资乘数：$k_i=\frac{1}{1-\beta}=5$。

政府支出乘数：$k_g=\frac{1}{1-\beta}=5$。

税收乘数：$k_t=-\frac{\beta}{1-\beta}=-4$。

转移支付乘数：$k_{tr}=\frac{\beta}{1-\beta}=4$。

平衡预算乘数：$k_b=k_g+k_t=1$。

5. 假设，在一个只有家庭和企业的两部门经济中，Y 是收入，消费函数为 $C=1000+0.8Y$，投资 $I=1000$（单位：10 亿元）。

（1）求均衡收入及相应的消费和储蓄额。

（2）当实际收入为 12000 时，求社会的非自愿存货；回答收入将如何变化，并解释收入变化的原因。

（3）如果把投资增加 400，相应增加的均衡收入是多少？

（4）投资乘数是多少？（中央财经大学 2005 研；暨南大学 2012 研）

解：（1）由两部门经济产品市场均衡条件 $Y=C+I$ 得

$$Y=1000+0.8Y+1000$$

解得均衡收入 $Y^*=10000$。

相应的消费额为 $C=1000+0.8\times10000=9000$。

储蓄额为 $S=Y-C=10000-9000=1000$。

（2）当实际收入为 12000 时，消费为 $C=1000+0.8\times12000=10600$，总需求为 $C+I=10600+1000=11600$，社会非自愿存货为 $12000-11600=400$。

由于总产出大于总需求，存在社会非自愿存货，理性的厂商会减少生产，因此总产出或总收入减少。

（3）投资增加 400 时，由两部门经济产品市场均衡条件 $Y=C+I$ 得

$$Y=1000+0.8Y+1400$$

解得均衡收入 $Y^*=12000$。

因此，若投资增加 400，相应增加的均衡收入为 2000。

（4）投资乘数：

$$k=\frac{1}{1-MPC}=\frac{1}{1-0.8}=5$$

（四）论述题

1. 什么是消费函数之谜？持久收入假说是如何解开消费之谜的？（中央财经大学 2007 研；上海交通大学 2001、2011 研；厦门大学 2008、2013 研；南京大学 2015 研）

答：（1）凯恩斯之后的许多经济学家认为凯恩斯提出的绝对收入假说与实证研究不相符合，并将两者之间的矛盾称为消费函数之谜。

凯恩斯提出的绝对收入假说可以用标准的消费函数来表述，其公式为

$$C=a+bY_d\ (a>0,\ 0<b<1)$$

上式说明，消费是可支配收入 Y_d 的函数，其中，a 为自发消费，b 为边际消费倾向。将上式两边同时除以实际可支配收入 Y_d，就可以得出平均消费倾向 APC：

$$APC=\frac{C}{Y_d}=\frac{a}{Y_d}+b$$

上式表明，平均消费倾向 APC 大于边际消费倾向 b，根据绝对收入假说，随着可

支配收入的增加，边际消费倾向是递减的；同时 a/Y_d 也将减小，故平均消费倾向也是递减的。

但是，"二战"后的经验数据表明，凯恩斯的绝对收入假说与现实经济运行情况并不吻合。有经济学家根据美国 1929—1941 年的资料得出消费函数为 $Y=1600+1000/P$，但根据美国 1948—1988 年的资料得出消费函数为 $C=0.917Y_d$。可以看出，边际消费倾向并不是递减的，而是递增的；另外，短期边际消费倾向是波动的，而不是稳定的。

以上结论与凯恩斯的绝对收入假说不一致，二者间的矛盾称为消费函数之谜。经济学家正是在对消费函数之谜的解释中提出了各种消费理论。

（2）持久收入假说是由美国著名经济学家弗里德曼提出来的。该理论认为，消费者的消费支出不是由他的现期收入决定，而是由他的持久收入决定的。也就是说，理性的消费者为了实现效用最大化，不是根据现期的暂时性收入，而是根据长期中能保持的收入水平即持久收入水平来做出消费决策的。其基本思想是家庭消费很大程度上取决于其收入的长期预期，即持久的收入。该假说认为只有持久收入才能影响人们的消费，也就是说消费是持久收入的稳定函数。按照持久收入假说，凯恩斯提出的边际消费倾向递减的"规律性"便不一定存在，因为人们一旦愿意预支未来收入作为现期消费支出，消费倾向就会发生不规则的变化，而不一定是递减的。所以，政府如果以此"规律"为根据，用刺激需求的办法来刺激消费则很可能会带来滞胀的恶果。由于持久收入假说认为消费是持久收入的稳定函数，所以从长期看，随着收入的提高，平均消费倾向相当稳定，从而解开了消费函数之谜。

2. 2012 年党的十八大报告中提出："调整国民收入分配格局，着力解决收入分配差距较大问题，使发展成果更多更公平惠及全体人民，朝着共同富裕方向稳步迈进。"同时报告指出，到 2020 年，实现国内生产总值和城乡居民人均收入比 2010 年翻一番。

（1）结合你所学的经济学知识，论述党的十八大报告中提出的收入分配格局调整对于我国扩大内需、拉动居民消费的意义。

（2）结合你所学的经济学知识，论述在我国今后的发展目标中同时考虑国内生产总值和城乡居民人均收入增长的原因及意义。

（3）结合你所学的经济学知识，论述实现国民收入分配格局调整和城乡居民收入翻番的有关政策手段。（南开大学 2013 研）

答：（1）党的十八大报告中提出的收入分配格局调整对于我国扩大内需、拉动居民消费的意义可结合凯恩斯的消费理论进行分析。

①根据凯恩斯的消费理论，边际消费倾向是递减的。当人们收入增加时，消费也会随着增加，但增加的幅度却不断下降，用来增加储蓄的比例越来越大。按照该理论，由于中低收入者具有更高的边际消费倾向，从而提高中低收入者收入水平可以促进我国扩大内需，拉动居民消费。

②凯恩斯关于消费函数的三大猜测之一是平均消费倾向随着收入的增加而减少。这意味着穷人的平均消费倾向比富人高，当富人和穷人的收入都增加 1 单位时，富人

比穷人将更大部分的收入用于储蓄。按照该理论，由于中低收入者具有更高的平均消费倾向，从而提高中低收入者收入水平可以促进我国扩大内需，拉动居民消费。

③社会消费函数不是家户消费函数的简单加总，国民收入分配情况会影响社会总体的消费情况。人们越是富有，越有能力储蓄，因此，不同收入阶层的边际消费倾向不同。富有者边际消费倾向较低，贫穷者边际消费倾向较高。国民收入分配越不均等，社会消费曲线就越是向下移动。提高中低收入者收入水平、更加注重公平性，这样就会使得消费曲线向上移动，有助于扩大国内需求，拉动居民消费。

综上所述，收入分配格局调整对扩大内需、拉动消费起着非常重要的推动作用。

（2）我国今后的发展目标中同时考虑国内生产总值和城乡居民人均收入增长的原因主要有：

①GDP 不是一个完美的指标，用 GDP 衡量国民经济活动存在很多缺陷。GDP 指标存在以下几点缺陷：

a. 它不能反映社会成本，例如 GDP 水平很高的地方如果赌博和黄色交易盛行，社会成本较高，但国民收入核算体系并不能反映出来。

b. 它不能反映经济增长的方式和为此付出的代价，例如，不顾环境污染生态破坏的经济增长就反映不出来。

c. 它不能反映经济增长的效率、效益和质量，例如高能耗、低效率、粗放式增长方式就反映不出来。

d. 它不能反映人们的生活质量，比如不能反映人们在精神上的满足程度，不能反映闲暇给人们带来的享受等。

e. 不能衡量社会财富分配情况和社会公正程度。

另外，GDP 的统计有一定的误差。GDP 许多数据是根据抽样调查得出来的，其中包含一定的误差。由于种种原因，人们往往并不反映真实情况，因而统计出来的数字存在一定程度的虚假成分。

②从国民收入核算的角度看，存在“GDP 快速增长，而居民可支配收入却增长缓慢”的可能性，我国近年的情况正说明了这一点。从我国近几年经济发展的实际情况来看，GDP 增长虽快，但是城乡居民可支配收入增长却落后于 GDP 的增长。出现这种情况的原因主要有：

a. 生产要素报酬意义上的国民收入并不会全部成为个人的收入。例如，利润收入中要给政府缴纳公司所得税，公司还要留下一部分利润不分配给个人，个人收入也不能全归个人支配，因为还要缴纳个人所得税。从这个角度可以看出，个人收入的增长很有可能跟不上国民收入的增长。

b. 从我国的实际情况看，我国经济快速增长更多的是建立在固定资产投资超常规增长的基础上，居民可支配收入和消费支出增长缓慢。在我国，劳动者报酬所占比重大致稳定在 50%，所占比重有点低，经济增长过程中民众并没有获得同等的福利待遇。这在一定程度上影响到我国经济的长期发展，特别是国内消费支出的扩大等。

我国今后的发展目标中同时考虑国内生产总值和城乡居民人均收入增长的意义主要有：

a. 有利于扩大内需，拉动居民消费。

b. 有利于处理好保持经济平稳较快发展、调整经济结构和管理通货膨胀预期的关系。

c. 更加注重公平，有利于调动人民群众的积极性，为全面建设小康社会奠定坚实的基础。

（3）为实现国民收入分配格局调整和城乡居民收入翻番，可采取以下政策手段：

①千方百计增加就业，改变就业结构，使低收入阶层的收入水平得到大幅度的提高。

②继续健全并实施再分配政策，进一步促进国民收入分配结构调整。完善社会保障制度，实现公共服务均等化，提高社会保障统筹层次，扩大社会保障覆盖面；建立基本房保障制度，降低居民住房利息支出，提高居民消费能力；完善转移支付制度，提高转移支付效率。

③注重税收对收入差距的调节。具体措施为：一是通过税制变动直接影响收入初次分配结构；二是实现收入再分配，从而调整收入差距；三是利用差别税率的行为课税来调整收入差距：四是利用财产税制来调整财富差距；五是利用流转税和企业所得课税手段增强弱势群体收入获取能力。

④加大国家财政转移支付的力度。通过这一强有力的国家财政手段合理地调节社会财力的分配，以缓解因地理位置、自然资源分布、历史原因等引起的东、中、西部发展不平衡所带来的收入分配差异。

考研真题及解答（三）

（一）名词解释

1. 资本边际效率（中南财经政法大学 2004、2018 研；中央财经大学 2005、2014 研）

答：资本边际效率指使一项资本品在使用期内各预期收益的现值之和等于这项资本品的供给价格或者重置成本的贴现率，它可被视为将一项投资按复利方法计算得到的预期利润率，其公式为

$$R = \sum_{i=1}^{n} \frac{R_i}{(1+r)^i} + \frac{J}{(1+r)^n}$$

式中，R 表示资本品的供给价格或重置成本，R_i 表示使用期内各年份的预期收益，J 表示资本品在第 n 年年末的处置残值，r 代表资本边际效率。

遵循边际效用递减规律，资本边际效率曲线由左上向右下倾斜，表示资本边际效率之值随资本存量的增加而下降，而将曲线上各资本边际效率之值与利息率做比较，

即可得到均衡投资量。根据凯恩斯的观点，资本边际效率由预期收益和资本资产的供给价格或者重置成本决定。

2. 流动性陷阱（武汉大学 2002、2012 研；首都对外经济贸易大学 2008、2012、2014 研；同济大学 2010 研；财政部财政科学研究所 2011、2014 研；山东大学 2012 研；中南财经政法大学 2017 研；东南大学 2018 研；中央财经大学 2004、2011、2019 研）

答："流动性陷阱"又称凯恩斯陷阱或灵活陷阱，是凯恩斯的流动偏好理论中的一个概念，具体指当利率水平极低时，人们对货币需求趋于无限大，货币当局即使增加货币供给也不能降低利率，从而不能增加投资引诱的一种经济状态。

当利率极低时，有价证券的价格会达到很高，人们为了避免因有价证券价格跌落而遭受损失，几乎每个人都宁愿持有现金而不愿持有有价证券，这意味着货币需求会变得完全有弹性，人们对货币的需求量趋于无限大，表现为流动偏好曲线或货币需求曲线的右端会变成水平线。在此情况下，货币供给的增加不会使利率下降，从而也就不会增加投资引诱和有效需求，当经济出现上述状态时，就称为"流动性陷阱"。

尽管从理论上可以推导出"流动性陷阱"的存在，但现实经济生活中还没有发现该经济现象。有的经济学家认为，20 世纪 90 年代的日本经济类似于出现了"流动性陷阱"。

3. *IS* 曲线（上海财经大学 2007 研；浙江大学 2019 研）

答：*IS* 曲线指将满足产品市场均衡条件的收入和利率的各种组合点联结起来而形成的曲线。它是反映产品市场均衡状态的一幅简单图像。它表示的是任一给定的利率水平上都有相对应的国民收入水平，在这样的水平上，投资恰好等于储蓄。在两部门经济中，*IS* 曲线的数学表达式为 $I(r)=S(y)$，它的斜率为负，这表明 *IS* 曲线一般是一条向右下方倾斜的曲线。

一般来说，在产品市场上，位于 *IS* 曲线右上方的收入和利率的组合，都是投资小于储蓄的非均衡组合，即产品市场上存在着过剩的供给；位于 *IS* 曲线左下方的收入和利率的组合，都是投资大于储蓄的非均衡组合，即产品市场上存在着过度的需求，只有位于 *IS* 曲线上的收入和利率的组合，才是投资等于储蓄的均衡组合。

4. 流动偏好（厦门大学 2007 研；中南大学 2016 研；山东大学 2017 研）

答：流动偏好又称灵活偏好，也称流动性偏好，指由于货币具有使用上的灵活性，人们宁肯以牺牲利息收入而储存不生息的货币来保持财富的心理倾向。该理论由英国著名经济学家约翰·梅纳德·凯恩斯于 1936 年在《就业、利息和货币通论》中提出。凯恩斯认为，流动偏好根源于以下三种货币需求动机：

（1）交易动机

交易动机指个人和企业为了进行正常的交易活动而持有货币的动机。出于交易动机的货币需求量主要取决于收入，收入越高，交易数量越大，从而为应付日常开支所需的货币量就越大。

（2）谨慎动机（预防动机）

谨慎动机指为预防意外支出而持有一部分货币的动机，如个人或企业为应付事故、失业、疾病等意外事件而需要事先持有一定数量货币。从全社会来看，这一货币需求量大体上也和收入成正比，是收入的增函数。

（3）投机动机

投机动机指人们为了抓住有利的购买有价证券的机会而持有一部分货币的动机。投机动机所产生的货币需求量与利率成反比。

5. *IS—LM* 模型（北京师范大学 2006 研；上海大学 2006 研）

答：*IS—LM* 模型是由英国经济学家希克斯和美国经济学家汉森在凯恩斯宏观经济理论基础上概括出的一个经济分析模式，即“希克斯—汉森模型”，也称“希克斯—汉森综合”或“希克斯—汉森图形”。

IS—LM 模型是宏观经济分析的一个重要工具，是描述产品市场和货币市场之间相互联系的理论结构。在产品市场上，一方面，国民收入取决于消费、投资、政府购买和净出口加起来的总支出或者总需求水平，而总需求尤其是投资需求要受到利率影响，利率则由货币市场供求情况决定，也就是说，货币市场要影响产品市场；另一方面，产品市场上所决定的国民收入又会影响货币需求，从而影响利率，这又是产品市场对货币市场的影响。可见，产品市场和货币市场是相互联系、相互作用的，而收入和利率也只有在这种相互联系、相互作用中才能决定。

IS 曲线是描述产品市场达到均衡，即 $I=S$ 时，国民收入与利率之间存在着反向变动关系的曲线。*LM* 曲线是描述货币市场达到均衡，即 $L=M$ 时，国民收入和利率之间存在着同向变动关系的曲线。把 *IS* 曲线和 *LM* 曲线放在同一个图上，就可以得出两个市场同时均衡时，国民收入与利率决定的 *IS—LM* 模型。

6. 庇古效应（华中科技大学 2016 研；中央财经大学 2015 研；厦门大学 2010 研）

答：庇古效应又称实际余额效应，指价格水平变化引起实际货币余额变化，而实际货币余额是家庭财富的一部分，从而直接影响消费，影响总需求和产出。庇古效应是 20 世纪 30 年代著名的古典经济学家阿瑟·庇古提出的，他指出实际货币余额是家庭财富的一部分。随着物价下降和实际货币余额增加，消费者应当感到更加富有，更多地支出。消费者支出的增加会引起总需求曲线的扩张性移动，并导致更高的收入。即庇古认为，如果人们手中所持有的货币及其他金融资产的实际价值增加（当一国物价水平下降时），将导致财富增加，人们更加富裕，就会增加消费支出，因而将进一步增加消费品的生产和促进就业，促使经济体系重新恢复平衡。

（二）问答题

1. 请严格陈述投资边际效率和资本边际效率的含义，并在同一坐标系内画出投资边际效率曲线和资本边际效率曲线。（东北财经大学 2010 研）

答：（1）资本边际效率的含义

资本边际效率（MEC）指使一项资本品在使用期内各预期收益的现值之和等于这项资本品的供给价格或者重置成本的贴现率，它可被视为将一项投资按复利方法计算得到的预期利润率，其公式为

$$R=\sum_{i=1}^{n}\frac{R_i}{(1+r)^i}+\frac{J}{(1+r)^n}$$

其中，R 表示资本品的供给价格或重置成本，R_i 表示使用期内各年份的预期收益，J 表示资本品在第 n 年年末的处置残值，r 代表资本边际效率。

（2）投资边际效率的含义

投资边际效率（MEI）指由于资本品供给价格上涨而被缩小后的资本边际效率，用来精确地表示投资和利率之间的关系。

（3）资本边际效率曲线和投资边际效率曲线

如图 9-5 所示，资本边际效率曲线和投资边际效率曲线都向右下方倾斜，即都反映投资量和利率之间存在反方向变动关系。但是，投资边际效率曲线较资本边际效率曲线更为陡峭，其原因在于在相同的预期收益下，投资的边际效率小于资本的边际效率。

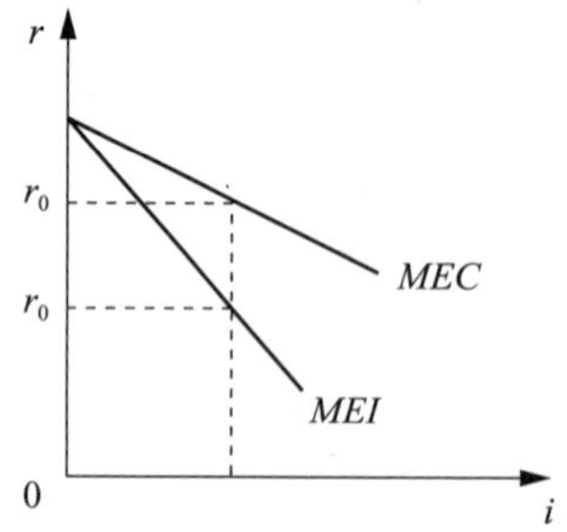

图 9-5　资本边际效率曲线和投资边际效率曲线

2. 在 *LM* 曲线平行横轴的区域，货币政策无效。对吗？为什么？（北京师范大学 2017 研；南开大学 2016 研）

答：这种说法正确。在 *LM* 曲线平行横轴的区域，货币的需求曲线已处于水平状态，对货币的投机需求已达到“流动性陷阱”的阶段，货币需求对利率敏感性极大，也就是货币需求的利率弹性无穷大。凯恩斯认为，当利率很低时，有价债券价格已经很高，人们觉得用货币购买债券的风险极大，因为债券价格只会跌，不会涨，因此人们愿意长期持有货币而不是去购买债券，这时货币投机需求成为无限大，所以即使是实行扩张性的货币政策，如发行纸币，也无法刺激人们进行投资，只会引起通货膨胀。

3. 引起货币需求动机的因素有哪些？（昆明理工大学 2010 研；中南财经政法大学 2010 研）

答：货币需求指人们在不同条件下出于各种考虑对持有货币的需求。根据凯恩斯

的货币需求理论，引起货币需求动机的因素主要有交易动机、谨慎或预防动机以及投机动机。货币的总需求是人们对货币的交易需求、预防需求和投机需求的总和。

（1）交易动机

交易动机指个人和企业需要货币是为了进行正常的交易活动。由于收入和支出在时间上不是同步的，因而个人和企业必须有足够的货币资金来支付日常需要的开支。按照凯恩斯的说法，个人或企业出于这种交易动机所需要的货币量，主要取决于收入。收入越高，交易数量越大，所交换的商品和劳务的价格越高，从而为应付日常开支所需的货币量就越大。

（2）谨慎动机

谨慎动机或称预防动机，指为预防意外支出而持有一部分货币的动机，如个人或企业为应付事故、失业、疾病等意外事件而需要事先持有一定数量货币。货币的预防需求产生于未来收入和支出的不确定性，大体上也和收入成正比，是收入的增函数。

（3）投机动机

投机动机指人们为了抓住有利的购买有价证券的机会而持有一部分货币的动机。在现实生活中，人们不会仅仅以现金的形式持有货币，也会进行一些有价证券的投资来获得增值收益，人们会利用利率水平或有价证券价格水平的变化进行投机。债券价格高低与利率的高低成反比，利率越高，即有价证券价格越低，人们若认为这一价格已降低到正常水平以下，预计很快会回升，就会抓住机会及时买进有价证券，于是，人们手中出于投机动机而持有的货币量就会减少。相反，利率越低，即有价证券价格越高，人们若认为这一价格已涨到正常水平以上，预计就要回跌，他们就会抓住时机卖出有价证券，人们手中出于投机动机而持有的货币量就会增加。人们因为投机动机持有的货币量是利率的反函数。

4. 简述 *IS—LM* 模型的内容和意义。（财政部财政科学研究所 2015 研；北京理工大学 2008 研）

答：（1）*IS—LM* 模型的内容

凯恩斯在《就业、利息和货币通论》中虽然论述了利息和收入水平的关系，但陷入了循环推论：利率通过投资影响收入，而收入通过货币需求又影响利率；或者反过来说，收入依赖于利率，而利率又依赖于收入。希克斯在《凯恩斯先生和古典学派：一个尝试性解释》一文中把产品市场和货币市场结合起来，建立了一个产品市场和货币市场的一般均衡模型，即 *IS—LM* 模型，以解决循环推论的问题。

在 *IS* 曲线上，有一系列使产品市场均衡的利率及收入组合点；在 *LM* 曲线上，有一系列使货币市场均衡的利率及收入组合点。*IS* 曲线与 *LM* 曲线交于一点，在该点上，产品市场和货币市场同时达到均衡，其数值可通过解 *IS* 与 *LM* 的联立方程组得到。产品市场和货币市场的一般均衡如图 9-6 所示。

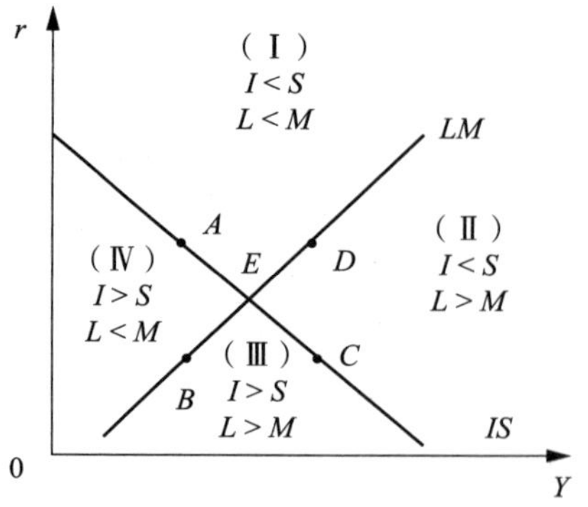

图 9-6　*IS—LM* 曲线

图 9-6 中，*IS* 曲线与 *LM* 曲线交于 *E* 点，这时国民收入与利率使得产品市场和货币市场同时实现了均衡。*E* 点以外的任何一点，都表示存在产品市场和货币市场的非均衡状态。

（2）*IS—LM* 模型的意义

IS—LM 模型是凯恩斯主义宏观经济学的核心，是对凯恩斯经济理论整个体系的最流行的阐释。

凯恩斯理论的核心是有效需求原理，认为国民收入决定于有效需求，而有效需求原理的支柱又是建立在边际消费倾向递减、资本边际效率递减以及流动偏好这三个心理规律基础之上。这三个心理规律涉及四个变量：边际消费倾向、资本边际效率、货币需求和货币供给。凯恩斯通过利率把货币经济和实物经济联系起来，打破了新古典学派把实物经济和货币经济分开的两分法，认为货币不是中性的，货币市场上的均衡利率要影响投资和收入，而产品市场上的均衡收入又会影响货币需求和利率，这就是产品市场和货币市场的相互联系和作用。

但凯恩斯本人并没有用一种模型把上述四个变量联系在一起。汉森、希克斯这两位经济学家则用 *IS—LM* 模型把上述四个变量放在一起，构成一个产品市场和货币市场之间相互作用，共同决定国民收入与利率的理论框架，从而使凯恩斯的有效需求理论得到了较为完善的表述。不仅如此，凯恩斯主义的经济政策即财政政策和货币政策的分析，也是围绕 *IS—LM* 模型展开的。因此可以说，*IS—LM* 模型是凯恩斯主义宏观经济学的核心。

5. 作图说明总需求曲线的推导过程，并解释总需求曲线向右下方倾斜的原因。（山东大学 2016 研；西安交通大学 2006 研）

答：总需求曲线反映产品市场和货币市场同时处于均衡时价格水平和产出水平的关系。总需求曲线可以由 *IS—LM* 模型推导出来，推导过程如图 9-7 所示。

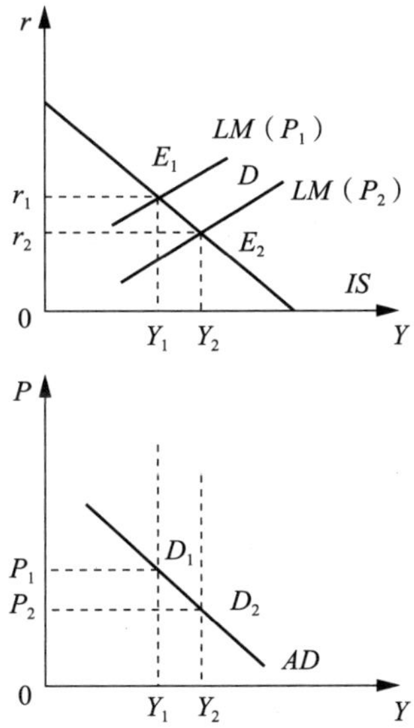

图 9-7　总需求曲线推导

如图 9-7 所示，当价格 P 的数值为 P_1 时，此时的 LM 曲线 $LM(P_1)$ 与 IS 曲线相交于 E_1，将 P_1 和对应的国民收入 Y_1 标在下图中便得到总需求曲线上的一点 D_1。假设 P 由 P_1 下降到 P_2，由于 P 的下降，LM 曲线移动到 $LM(P_2)$ 的位置，它与 IS 曲线的交点为 E_2。将 P_2 和对应的国民收入 Y_2 标在下图中便得到总需求曲线上的一点 D_2。从而可以得出总需求曲线 AD。

从总需求曲线的推导中可以看到，总需求曲线表示社会的需求总量和价格水平之间是反方向变动的关系，即总需求曲线是向右下方倾斜的。向右下方倾斜的总需求曲线表示，价格水平越高，需求总量越小；价格水平越低，需求总量越大。

（三）计算题

1. 已知某小国在封闭条件下的消费函数为 $C=305+0.8Y$，投资函数为 $I=395-200r$，货币的需求函数为 $L=0.4Y-100r$，货币供给 $m=150$。

（1）求出 IS 曲线和 LM 曲线的方程。

（2）计算均衡的国民收入和利息率。

（3）如果此时政府购买增加 100，那么均衡国民收入会增加多少？

（4）计算（3）中的政府购买乘数。

（5）写出乘数定理中的政府购买乘数公式，利用这一公式计算（3）的乘数。

（6）比较（4）和（5）的结果是否相同，请给出解释。（中国人民大学 2001 研）

解：（1）由 $Y=C+I$ 可得 $Y=305+0.8Y+395-200r$，

解得 IS 曲线方程为 $Y=3500-1000r$。

由 $L=m$ 得 $0.4Y-100r=150$，

解得 LM 曲线方程为 $Y=375+250r$。

（2）由方程组 $\begin{cases} Y=3500-1000r \\ Y=375+250r \end{cases}$

得均衡的利率和国民收入分别为 $r=2.5$，$Y=1000$。

（3）由 $Y=C+I+G$ 得 $Y=305+0.8Y+395-200r+100$，即 $Y=4000-1000r$。

由方程组 $\begin{cases} Y=4000-1000r \\ Y=375+250r \end{cases}$

得 $r=2.9$，$Y=1100$。

所以当政府购买增加 100 时，均衡国民收入会增加 100。

（4）$k_g=\dfrac{\Delta Y}{\Delta G}=\dfrac{1100-1000}{100}=1$。

（5）$k_g=\dfrac{1}{1-\beta}=\dfrac{1}{1-0.8}=5$。

（6）两者得出的结果不同。因为（4）中的购买乘数考虑了利率的变化，利率由 2.5 提高到了 2.9，所以抑制投资，而鼓励储蓄，即政府的财政政策存在挤出效应，从而国民收入的增加无法达到假定利率不变时的水平。而（5）中的政府购买乘数没有考虑利率的变化，所以（4）和（5）得出的结果不同。

2. 考虑如下经济模型：

商品市场：$C=100+0.9(Y-T)$；$I=190-10r$；$NX=-200$；$G=200$；$T=100$

货币市场：$M=2000$；$P=5$；$L(Y, r)=Y-100r$

其中 C 为消费，Y 为总产出，T 为税收，I 为投资，r 为利率，NX 为净出口，G 为政府支出，M 为货币供给，P 为价格水平，L 为货币需求。

（1）推导出 IS 和 LM 方程，并计算均衡状态下的产出 Y 和利率 r。

（2）如果政府想要平衡预算（$G=T$），可以增加税收，也可以降低政府支出，哪一个对产出的影响较小？（中央财经大学 2016 研）

解：（1）当产品市场均衡时，有

$$\begin{aligned} Y &= C+I+G+NX \\ &= 100+0.9\times(Y-100)+190-10r+200-200 \\ &= 200+0.9Y-10r \end{aligned}$$

化简得到 IS 方程为 $Y=2000-100r$。

货币市场中，货币供给 $M_s=M/P=400$，货币需求 $L=Y-100r$，货币市场均衡时供需平衡，所以得到 LM 方程：$Y=400+100r$。

联立 IS 和 LM 方程解得 $Y=1200$，$r=8$。

（2）①当降低政府支出时，$G'=100$，新的 IS 方程为 $Y=1000-100r$。LM 方程不变，新的均衡为 $Y=700$，$r=3$。

②当增加税收时，$T'=200$，新的 IS 方程为 $Y=1100-100r$。LM 方程不变，新的均

衡为 $Y=750$，$r=3.5$。

所以降低政府支出使得收入减少 500，增加税加使得收入减少 450，增加税收的影响更小。

3. 设在一个封闭经济中，主要经济变量之间的关系是：消费需求 $C=1275+0.5(Y-T)$，投资需求 $I=900-200r$，实际货币需求 $L=0.5Y-200r$，充分就业产出 $Y=4600$，预期通货膨胀率 $\pi^e=0$，税收 $T=450$，政府支出 $G=450$，名义货币供给 $M=9000$，试求解 IS 曲线的方程、LM 曲线的方程、总需求曲线 AD 的方程，以及主要宏观经济变量的均衡解：总产出、消费、投资、实际利率、价格水平。（西安交通大学 2005 研）

解：产品市场的均衡条件为 $Y=C+I+G$，代入相关参数可得

$$Y=1275+0.5(Y-450)+900-200r+450$$

整理可得 IS 曲线方程为 $Y=4800-400r$。

LM 曲线方程为 $\frac{9000}{P}=0.5Y-200r$，

整理可得 $Y=\frac{18000}{P}+400r$。

联立 IS 曲线方程和 LM 曲线方程可得总需求曲线 AD 方程为 $Y=2400+\frac{9000}{P}$。

总产出：$Y=4600$，均衡时有 $Y=2400+\frac{9000}{P}$，得

价格水平：$P=45/11$；

利率水平：$r=0.5$；

实际利率：$r_i=r-\pi^e=0.5-0=0.5$；

消费：$C=1275+0.5\times(4600-450)=3350$；

投资：$I=900-200\times0.5=800$。

4. 考虑这样一个经济：消费函数 $C=200+0.75Y$，投资函数 $I=200-25r$，货币需求函数是 $m_d=M_d/P=Y-100r$，货币供给量是 $M_s=1000$，物价水平是 $P=2$

（1）推导出总需求方程。

（2）如果物价水平从 2 上升到 4，IS—LM 模型会如何调整？总需求会如何变化？

（3）如果政府增加购买一批军备物资，总需求曲线会如何变动？（上海大学 2013 研）

解：（1）根据收入恒等式可得 $Y=200+0.75Y+200-25r$，化简可得 IS 方程为 $Y=1600-100r$。

LM 方程为 $M_d/P=Y-100r=1000/P$，即 $Y=100r+1000/P$。

联立可得总需求方程为 $Y=800+500/P$。

（2）如果物价从 2 上升到 4，使得 LM 曲线向左上方移动，从而均衡水平的利率提高，对应地，总需求曲线表现为沿着总需求曲线向左上方移动，总收入水平减少。

$P=2$ 时，IS—LM 模型中有 $Y=1050$，$r=5.5$，总需求为 $Y=1050$；$P=4$ 时，IS—LM

模型中有 $Y=925$，$r=6.75$，总需求为 $Y=925$。因此总需求会减少。

（3）政府购买一批军备物资，政府购买增加，则 *IS* 曲线将向右移动。总需求增加，总需求曲线向右移动。

5. 假设货币需求 $L=0.2Y-10r$，货币供给 $M=200$，消费 $C=60+0.8(Y-T)$，税收 $T=100$，投资 $I=150$，政府购买 $G=100$，$P=1$。求：

（1）*IS* 和 *LM* 方程，均衡收入和均衡利率。

（2）是否存在挤出效应？为什么？（厦门大学 2010 研；上海交通大学 2000 研）

解：（1）将已知条件代入 $Y=C+I+G$ 得到

$$Y=60+0.8(Y-100)+150+100$$

整理可得 $Y=1150$，此即为 *IS* 方程。

货币市场上，由 $L=M/P$ 得 $0.2Y-10r=200$

整理可得 $Y=1000+50r$，此即为 *LM* 方程。

联立 *IS—LM* 方程，得均衡收入 $Y=1150$，均衡利率 $r=3$。

（2）当政府购买从 100 增加到 120 时，

LM 方程仍为 $Y=1000+50r$。

IS 方程变为 $Y=60+0.8(Y-100)+150+120$，整理得 $Y=1250$。

联立 *IS—LM* 方程，得均衡收入 $Y=1250$，均衡利率 $r=5$。

两者相比较可以看出，政府支出从 100 增加到 120 引起均衡收入增加了 100，而利率上升了 2%。

不存在挤出效应，这是因为投资为一个与利率无关的常量，或者说投资对利率的敏感度为无穷小，使得 *IS* 曲线垂直，此时财政政策效果最大，而挤出效应为 0。

（四）论述题

1. 评论凯恩斯的货币需求理论。（中南财经大学 2000 研；东北财经大学 2019 研）

答：（1）凯恩斯的货币需求函数

凯恩斯的货币需求函数为 $L=L_1+L_2=L_1(y)+L_2(r)=ky-hr$。式中，$L$ 为货币总需求；L_1 指由交易动机和预防动机决定的货币需求，y 是收入水平，L_1 是收入水平 y 的函数；L_2 指基于投机动机产生的货币需求，r 是利率，L_2 是利率 r 的函数。

（2）凯恩斯的货币需求理论的含义

①人们的货币需求行为是由三种动机决定的，即交易动机、预防动机和投机动机。把货币总需求划分为出于各种动机的货币需求是凯恩斯货币需求理论在分析方法上对传统理论进行突破的主要表现。

②交易动机和预防性动机决定的货币需求取决于收入水平。凯恩斯认为，交易媒介是货币的一个十分重要的功能，用于交易媒介的货币需求量与收入水平之间存在稳定的关系，即交易动机的货币需求为收入水平稳定的正向函数。收入越多，此项货币需求越大；收入越少，此项货币需求也就越小。人们所拥有的依赖于收入水平的货币

需求不仅出于交易动机，还出于预防动机，即为了应付可能遇到的意外支出等情况而持有货币的动机。交易动机和预防动机所决定的货币需求对利率的变化都很不敏感。

③基于投机动机产生的货币需求取决于利率水平。投机动机的货币需求指人们为了在未来某一适当时间进行投机活动而保持的一定数量的货币。这里的投机活动最典型的就是买卖债券，凯恩斯把资产分为货币和债券，二者之间，货币无收益，债券有收益但价格波动。基于投机动机的货币需求的大小取决于三个因素：当前利率水平、投机者心目中的正常利率水平及投机者对未来利率变化趋势的预期。如果整个经济中有许多投机者，而且每个投机者所拥有的财富对于所有投机者的财富总额来说是微不足道的，那么，投机动机的货币需求就成了当前利率水平的减函数。可见，投机性货币需求同利率之间存在着负相关的关系。

④就利率与货币需求的关系问题，凯恩斯又对一些特殊情况进行了研究，并提出了著名的“流动性陷阱”假说：当一定时期的利率水平降低到不能再低时，人们就会产生利率将上升从而债券价格下跌的预期，货币需求弹性就会变得无限大，即无论增加多少货币供给，都会被人们储蓄起来。

（3）凯恩斯的货币需求理论的意义

凯恩斯的货币需求理论被称为西方经济理论的革命，其突出贡献是：深入探讨了货币需求动机，提出了以投机需求为中心的流动性偏好理论，从而把利率变量引入货币需求函数之中。这一“革命”为中央银行运用利率杠杆调节货币供应量提供了理论依据。凯恩斯把货币需求量与名义国民收入和市场利率联系在一起，这就否定了传统数量论者关于货币数量直接决定商品价格的说法，并使货币成为促进宏观经济发展的重要因素，从而对运用收入政策和利率政策调控货币供应量以及促进经济增长具有重要意义。

（4）凯恩斯的货币需求理论的缺陷及新的发展

凯恩斯的货币需求理论存在一些缺陷，主要表现在以下两个方面：

①凯恩斯把货币需求分为交易性需求和投机性需求，认为前者取决于收入所得，与利率无关，但一些凯恩斯学派经济学家发现，实际情况并非如此，他们发现利率对交易性货币需求也有较大影响。任何经济主体的经济行为都以收益最大化为目标。因此，在货币收入取得和支出之间的时差内，没有必要让所有用于交易的货币都以现金形式存在。人们可以把暂时不用的现金转化为生息资产的形式，待需要时再变现，人们持有现金的成本等于将有息资产转换为现金的实际成本和持有现金丧失的利息收入之和。因此，交易性货币的需求不但与利率有关，而且关系极大。

②凯恩斯在货币需求理论中认为，人们对未来变化的预期是自信的，并在自信的基础上决定自己持有货币还是债券。由于个人预期不同，因此总有一部分人持有货币，另一部分人持有债券，二择其一，而不是两者兼有。然而现实情况往往与凯恩斯的理论不吻合，即投资者对自己的预期往往是犹豫不定的。一般人对财富持有选择都是既持有货币，同时又持有债券，即人们持有财富的选择是多样化的资产组合，而不是单一资产。

20世纪50年代，一些经济学家提出了许多新的理论，这些新的研究成果集中反映在以下两个方面：一是鲍莫尔—托宾的交易性货币需求对利率相当敏感的“平方根定律”；二是托宾的多样化资产选择对投机性货币需求影响的“资产选择理论”。

2. 评述凯恩斯主义有效需求不足理论。（江西财经大学2013研）

答：（1）有效需求理论是凯恩斯宏观经济学的核心。凯恩斯的有效需求理论建立在边际消费倾向递减、资本边际效率递减和流动性偏好三大定律基础之上。

①边际消费倾向递减规律。按照凯恩斯的消费理论，消费曲线是以递减的速率单调上升，因此消费的增加存在一个上限，即存在一个极大值。当消费达到极大值时，无论如何增加可支配收入，消费都不会进一步增加。如果达到极大值时的消费不能实现充分就业，那说明消费是不足的。

②资本边际效率递减规律。资本边际效率递减的原因是在经济萧条的情况下，投资的收益率（资本的边际效率）低，投资者不投资或少投资，这样经济更加萧条，投资的收益率（资本的边际效率）更低，投资更少……如此，形成恶性循环。

资本边际效率递减的后果是：投资的增加存在一个上限，存在一个极大值，不能无限制地增加。

③流动性陷阱。利率r的下降有一个下限，达到下限时，无论如何增加货币供给，都将转化为人们手中投机动机的货币需求，对r不再产生影响。由此可见，货币的价格r也存在刚性，货币政策会失效。三大定律结合在一起，得出的结论是：由于消费和投资的不足（不可能无限增加），总需求是不足的，y^*必然小于充分就业的产出水平。在这种情况下，政府的干预必不可少，并且主要手段是运用财政政策，所以凯恩斯主义被认为是财政主义。

（2）根据凯恩斯关于有效需求不足产生非自愿失业，过度需求造成通货膨胀的判断，经济稳定无疑包括两个方面：萧条时期反萧条，通货膨胀时期反通货膨胀。总的政策手段就是调节有效需求，也就是通常所说的“需求管理”。

凯恩斯认为引起经济萧条的根本原因在于有效需求不足，他主张通过扩大政府公共支出来摆脱经济衰退。凯恩斯认为政府的作用在于控制任性的资本主义的“方向盘”，使资本主义这辆高速运行的车不要偏离繁荣的轨道。

凯恩斯有效需求理论假定价格和名义工资刚性，但是没有阐明为什么价格和工资具有刚性。凯恩斯有效需求理论认为，由于工资和价格的刚性和其他的原因，投资未必经常等于充分就业状态中的储蓄，总供给未必经常等于总需求，为了稳定宏观经济的运行，国家必须执行干预经济的财政政策和货币政策，并主张斟酌使用财政政策。

3. *LM*曲线有哪三个区域？在这三个区域，货币需求的利率弹性有什么不同？这三个区域分别与什么样的经济状况相对应？（中南财经政法大学2013研）

答：（1）*LM*曲线的三个区域

LM 曲线上的三个区域分别指 *LM* 曲线从左到右所经历的水平线、向右上方的倾斜线和垂直线三个阶段。*LM* 曲线这三个区域分别被称为凯恩斯区域、中间区域和古典区域，如图 9-8 所示。

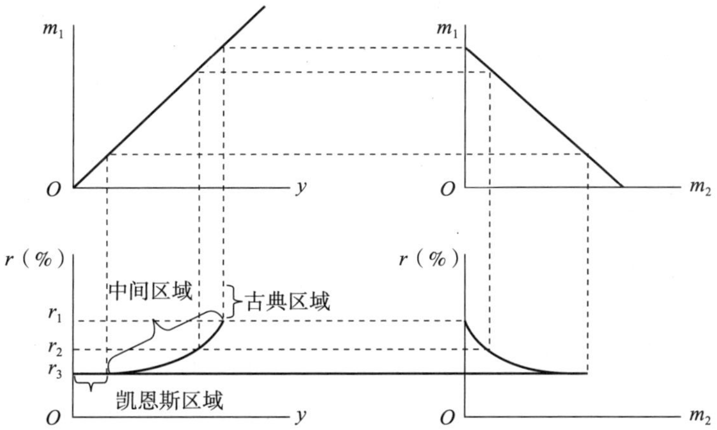

图 9-8　LM 曲线的三个区域

（2）三个区域中货币需求的利率弹性

在水平线阶段的 *LM* 曲线上，货币的需求曲线处于水平状态，对货币的投机需求已达到“流动性陷阱”的阶段，货币需求对利率敏感性极大，也就是货币需求的利率弹性无穷大。凯恩斯认为，当利率很低，即债券价格很高时，人们觉得用货币购买债券的风险极大，债券价格只会跌，不会涨，因此买债券很可能亏损，人们愿意长期持有货币，不肯购买债券，这时，货币投机需求成为无限大，从而使 *LM* 曲线呈水平状态。由于这种分析是凯恩斯提出的，所以水平的 *LM* 区域被称为凯恩斯区域。

在垂直阶段，*LM* 曲线斜率为无穷大，或货币的投机需求对利率已毫无敏感性，从而货币需求曲线的斜率趋向于无穷大。货币需求曲线呈垂直状态表示无论利率如何变动，货币的投机需求均为零，从而 *LM* 曲线呈垂直状态（k/h 趋于无穷大）。由于古典学派认为只有交易需求而无投机需求，货币需求的利率弹性为 0，因此垂直的 *LM* 区域被称为古典区域。

在古典区域和凯恩斯区域之间这段 *LM* 曲线是中间区域，*LM* 曲线的斜率在古典区域为无穷大，在凯恩斯区域为零，在中间区域则为正值。因此，在中间区域货币需求的利率弹性介于凯恩斯区域和古典区域之间。

（3）三个区域相对应的经济状况

在凯恩斯区域，经济一般处于萧条时期，货币政策无效，而财政政策效果明显；在古典区域，经济一般处于繁荣时期，财政政策无效，而货币政策有效。在中间区域，经济一般处于正常运行时期，财政政策和货币政策均有效。

4. *A* 国经济陷入衰退长达 10 年之久。在这 10 年中我们观察到以下事实：

（1）通货紧缩（即价格水平不断下降）；

（2）出现大量坏账，一些银行倒闭；

（3）经济活动减少和极低的利率并存。

试用*IS—LM*模型对*A*国的长期经济衰退做出尽可能全面的解释，并就如何走出长期衰退提出宏观政策建议。（北京大学国家发展研究院2002研）

答：（1）*A*国经济出现长期衰退和通货紧缩，从总供给—总需求均衡来看，其原因是总需求下降，可能有以下几点：

①由于消费者与投资者在长期衰退下对经济信心不足，故边际消费倾向的减少与投资曲线的内移造成了物品和劳务总需求下降，*IS*曲线内移。这也是造成极低名义利率的原因。

②由于经济不景气，企业难以及时还贷，造成银行形成坏账并破产。这使得有些企业无法通过贷款获得需要的资金，加剧了投资减少。

③由于人们预期到通货紧缩的存在，即使名义利率极低，实际利率有可能还是很高，故减少了企业的投资，因此经济活动减少与极低的利率并存。

④未预期到的通货紧缩在债务人—债权人中重新分配财富。债权人财富增加，债务人财富减少。由于债权人收入一般比债务人高，故边际消费倾向更低。从债务人向债权人的财富转移减少了社会总的消费，使*IS*曲线内移。

⑤由于经济不景气，企业难以及时还贷，造成银行形成坏账并破产。这使得金融系统失去货币创造能力，货币供给减少，*LM*曲线向内移动；该过程导致了经济活动的减少和总需求曲线左移，由此产生的通货紧缩则导致名义利率下降。

（2）宏观政策建议是通过扩张总需求，提高产出水平和价格水平，从而抑制低利率和通货紧缩。

①货币政策上，中央银行需要增加货币供给，使*LM*曲线右移，促使总需求增加。

②财政政策上，可以通过减税和刺激出口、增加政府支出的办法使*IS*曲线右移，促使总需求增加。

③政府以为银行提供担保或注入资金的方式提高人们对银行系统的信心，防止银行倒闭，总需求增加从而促进货币创造能力的恢复，提高货币供给。

5. 什么是货币需求？货币需求受哪些因素的影响？你认为目前造成我国流动性过剩的主要原因有哪些？我国政府采取了哪些政策手段来解决流动性过剩问题？（华中科技大学2008研）

答：（1）对货币的需求，又称流动性偏好，是指由于货币具有使用上的灵活性，人们宁愿牺牲利息收入而储存不生息的货币来保持财富的心理倾向。这一概念首先由凯恩斯提出。凯恩斯认为，正是因为货币具有这种使用上的灵活性，故随时可满足以下三类不同的动机：

①交易动机，指个人和企业需要货币是为了进行正常的交易活动。由于收入和支出在时间上不是同步的，因而个人和企业必须有足够的货币资金来支付日常需要的开支。

②谨慎动机或预防动机，指为预防意外支出而持有一部分货币的动机，如个人或企业为应付事故、失业、疾病等意外事件而需要事先持有一定数量货币。

③投机动机，指人们为了抓住有利的购买有价证券的机会而持有一部分货币的动机。假定人们一时不用的财富只能用货币形式或有价债券形式来保存，债券能带来收益，而闲置货币则没有收益，那么人们不是全部购买债券而是要在二者间做出选择，这是因为人们想利用利率水平或有价证券价格水平的变化进行投机。

（2）对货币的总需求是人们对货币的交易需求、预防需求和投机需求的总和。货币的交易需求和预防需求决定于收入，而货币的投机需求决定于利率，因此，对货币的总需求函数可描述为 $L=L_1+L_2=ky-hr$，其中 k 表示货币需求对收入的敏感程度，y 为具有不变购买力的实际收入，h 表示货币需求对利率的敏感程度，r 为利率。在其他因素不变的情况下，实际收入越高，货币需求越多；货币需求对利率越不敏感，利率越低，货币需求越多。

（3）流动性过剩及原因。

流动性过剩指宏观经济中有过多的货币投放量，而这些多余的资金需要寻找投资出路，于是就有了投资、经济过热以及通货膨胀等现象。

流动性过剩可由单个原因或多个原因导致。总体来说，这些因素包括了中央银行实行扩张性货币政策（一般手段包括调降准备金率和利率，回购国债以投放资金到市场）、经济周期的变化、汇率制度的缺陷、热钱（即投机资本）大量涌入等。一方面，这些因素皆可大大提高流动性，当政策过度时便会引起流动性过剩。另一方面，流动性过剩也可理解为伴随或缘于通货膨胀，即部分引起通货膨胀的因素也可能引起流动性过剩。

对于我国而言，由于在拉动经济增长时，长期依靠投资和出口，而且由于汇率相对较低，有很大的贸易顺差，所以造成目前流动性过剩的根源主要来自不断推升的贸易顺差，出口企业不断把收回的美元兑换给国家，国家就得不断向经济体系投放人民币，这就造成了流动性过剩的现象。另一个主要原因就是我国的资本市场尚不发达，投资者可选择的投资渠道有限，因此居民的现金大都是持有在手中或者是存入银行，这也造成我国的流动性过剩。此外，其他造成通货膨胀的因素也是引起流动性过剩的原因。

我国目前采取的政策是逐步提高存款准备金率，同时提高利率，并伴随人民币的缓慢升值。升值后，出口相对减少，在一定程度上降低了贸易顺差，但是由于实行的是缓慢升值，故大量热钱流入，这也是亟须解决的一个问题。另一个手段就是不断完善资本市场，扩张居民的投资渠道，合理引导居民的货币投向，从而缓解流动性过剩。

考研真题及解答（四）

（一）名词解释

1. 古典总供给曲线（上海理工大学 2004 研）

答：古典总供给曲线又称为长期总供给曲线。按照古典学派的说法，在长期中，价格和货币工资具有伸缩性，因此，经济的就业水平就会处在充分就业的状态上。当经济处于充分就业时，经济的产量水平也将位于潜在产量或充分就业的水平上，不受价格变动的影响。因此，古典学派认为，总供给曲线是一条位于经济的潜在产量或充分就业产量水平上的垂直线。

古典总供给曲线为一条垂直线，其原因在于工资的充分弹性或劳动市场的充分竞争性。劳动市场的充分竞争性保证了劳动市场经常处于均衡位置即充分就业，从而使产量或国民收入也总是处于充分就业的水平，不受价格的影响。

2. 总需求函数（武汉大学 2001 研；中国海洋大学 2001 研）

答：总需求函数描述产品市场和货币市场同时达到均衡时的价格水平与国民收入之间的依存关系。总需求函数被定义为以产量（国民收入）所表示的需求总量和价格水平之间的关系。它表示在某个特定的价格水平下，经济社会需要多高水平的产量。在以价格水平为纵坐标、产出水平为横坐标的坐标系中，总需求函数的几何表示被称为总需求曲线。

所谓总需求指整个经济社会在每一个价格水平下对产品和劳务的需求总量，它由消费需求、投资需求、政府需求和国外需求构成。在其他条件不变的情况下，当价格水平上升时，国民收入水平就下降；当价格水平下降时，国民收入水平就上升。因此，总需求函数对应的总需求曲线向右下方倾斜。

3. 实际余额效应（Real balance effect）（华中科技大学 2006、2016 研；南京财经大学 2007 研；中央财经大学 2014 研）

答：实际余额效应是关于价格总水平的降低导致消费和投资两者都增加的理论。实际余额效应是以色列经济学家帕廷金把庇古效应与凯恩斯效应结合起来提出的。它既考虑了价格水平变动对产品市场的影响，也考虑到了价格水平变动对货币市场的影响。

实际余额效应理论在揭示这些影响时遵循的思路是：①个人在处理持有的货币余额与在商品和服务上的消费的关系时，具有一种理想的模式；②价格水平下降，持有的货币实际价值上升；③一定数量的货币能买到的商品和服务增加了；④原来的理想模式被打破，且个人的流动资产有多余；⑤一部分增加的流动资产被用来购买商品和服务，消费增加；⑥一部分增加的流动资产被借出去，这使货币市场上的资金供应量增加，利率降低；⑦利率降低，引起投资增加。这样，实际余额效应既增加了消费，也增加了投资。

4. 总需求曲线（上海交通大学2007研；厦门大学2007研；深圳大学2019研）

答：总需求曲线是表示产品市场和货币市场同时达到均衡时价格水平与国民收入之间依存关系的曲线。所谓总需求指整个经济社会在每一个价格水平下对产品和劳务的需求总量，它由消费需求、投资需求、政府需求和国外需求构成。在其他条件不变的情况下，当价格水平提高时，国民收入水平就下降；当价格水平下降时，国民收入水平就上升。总需求曲线向下倾斜，其机制在于：当价格水平上升时，将会同时打破产品市场和货币市场上的均衡。在货币市场上，价格水平上升导致实际货币供给下降，从而使*LM*曲线向左移动，均衡利率水平上升，国民收入水平下降。在产品市场上，一方面，由于利率水平上升造成投资需求下降（即利率效应），总需求随之下降；另一方面，价格水平的上升还导致人们的财富和实际收入水平下降以及本国出口产品相对价格的提高，从而使人们的消费需求下降，本国的出口也会减少，国外需求减少，进口增加。这样，随着价格水平的上升，总需求水平就会下降。

总需求曲线的斜率反映价格水平变动一定幅度使国民收入（或均衡支出水平）变动多少。*IS*曲线斜率不变时，*LM*曲线越平缓，则*LM*曲线移动时收入变动就越大，从而*AD*曲线越平缓；相反，*LM*曲线斜率不变时，*IS*曲线越平缓（即投资需求对利率变动越敏感或边际消费倾向越大），则*LM*曲线移动时收入变动越大，从而*AD*曲线也越平缓。

政府采取扩张性财政政策（如政府支出扩大）或扩张性货币政策，都会使总需求曲线向右上方移动；反之，则向左下方移动。

（二）问答题

1. 简要说明简单的凯恩斯支出模型（收入—支出模型）、*IS—LM*模型和*AD—AS*模型各自的基本特征。这三个模型之间有何内在的联系？（辽宁大学2005研）

答：（1）收入—支出模型、*IS—LM*模型和*AD—AS*模型各自的基本特征

简单的凯恩斯支出模型（收入—支出模型）之所以被称为简单国民收入决定理论，是因为它仅考虑到产品市场，不涉及货币市场和劳动市场。在分析中，投资被作为外生变量进行分析，因此不受利率和收入水平的影响。简单的凯恩斯支出模型（收入—支出模型）假设价格不变、利率不变，用乘数理论刻画财政政策效果，该模型对总产出决定和政策效应的分析实际上是总需求分析。

*IS—LM*模型将产品市场和货币市场结合起来进行分析，是产品市场和货币市场同时达到均衡的模型，用来确定均衡时的利率和收入。与简单的凯恩斯支出模型（收入—支出模型）不同的是，*IS—LM*模型中投资是一个内生变量，受利率和收入水平的影响。*IS—LM*模型在利率可变情况下分析总产出决定，并分析了利率决定。对财政政策效应的分析既保留了乘数效应，又引入了挤出效应。此外，*IS—LM*模型还分析了货币政策效应。但是，*IS—LM*模型仍然是总需求分析。

简单的凯恩斯支出模型（收入—支出模型）和*IS—LM*模型都属于短期分析，在分

析过程中，都假定价格不变，即认为价格是刚性的。而 *AD—AS* 模型属于中期分析，该模型取消了价格水平固定不变的假定，着重说明产量和价格水平的关系。另外，*AD—AS* 模型将产品市场、货币市场和劳动市场结合起来，分析的是三个市场同时达到均衡时产量和价格水平的关系。*AD—AS* 模型在价格可变的情况下分析总产出决定，并分析了价格水平决定。此外，*AD—AS* 模型不仅分析了需求管理政策的产出效应，而且还分析了它的价格效应。最后，*AD—AS* 模型不仅是总需求分析，还是总供给分析。

（2）三个模型之间的内在联系

事实上，简单的凯恩斯支出模型（收入—支出模型）、*IS—LM* 模型和 *AD—AS* 模型之间存在着内在的联系。取消投资不受利率和收入水平影响的假定，*IS—LM* 模型中的 *IS* 曲线可以根据简单的凯恩斯支出模型（收入—支出模型）予以推导；取消价格水平固定不变的假定，*AD—AS* 模型中的 *AD* 曲线可以根据 *IS—LM* 模型予以推导。

2. 总供给曲线有哪些类型？请分别说明。（中南财经政法大学 2011 研）

答：总供给曲线的理论主要由总量生产函数和劳动力市场理论来反映，在劳动力市场理论中，经济学家对工资和价格的变化及调整速度的看法存在分歧，因此不同的经济理论推导出不同的总供给曲线。总供给曲线主要有三类：古典供给曲线、凯恩斯供给曲线和常规供给曲线。

（1）古典总供给曲线理论认为，劳动力市场运行没有阻力，在工资和价格可以灵活变动的情况下，劳动力市场得以出清，使经济的就业总量维持充分就业状态，从而在其他因素不变的情况下，经济的产量总能保持在充分就业的产量或潜在产量水平上。因此，在以价格为纵坐标、总产量为横坐标的坐标系中，古典供给曲线是一条位于充分就业产量水平的垂直线。

（2）凯恩斯的总供给曲线理论认为，在短期，一些价格是刚性的，从而不能根据需求的变动而调整。由于工资和价格刚性，短期总供给曲线不是垂直的，凯恩斯总供给曲线在以价格为纵坐标、收入为横坐标的坐标系中是一条水平线，表明经济中的厂商在现有价格水平上，愿意供给所需的任何数量的商品。凯恩斯总供给曲线的基础思想是，作为工资和价格刚性的结果，劳动力市场不能总维持在充分就业状态，由于存在失业，厂商可以在现行工资下获得所需劳动，因而它们的平均生产成本被认为是不随产出水平变化而变化的。

（3）一些经济学家认为，古典的和凯恩斯的总供给曲线分别代表劳动力市场的两种极端的说法。在现实中，工资和价格的调整经常介于两者之间。在这种情况下，以价格为纵坐标、产量为横坐标的坐标系中，总供给曲线是向右上方延伸的，这即为常规的总供给曲线。

总之，针对总量劳动市场关于工资和价格的不同假设，宏观经济学中存在着三种类型的总供给曲线。

（三）计算题

1. 假定一个经济的消费函数是 $C=400+0.5Y$，投资函数为 $I=1200-20r$，经济中货

币的需求函数为 $L=0.5Y-20r$，中央银行的名义货币供给量为 $M=1000$，其中 C、I、Y 分别表示消费、投资和总产出（单位是 10 亿元），r 表示利率，按照百分率计量。假设经济的一般价格水平为 P。

（1）推导这个经济的 IS 曲线。

（2）推导这个经济的 LM 曲线。

（3）推导这个经济的总需求函数。（中国人民大学 2014 研）

解：（1）由两部门经济国民收入恒等式 $Y=C+I$ 可得

$$Y=400+0.5Y+1200-20r$$

化简可得经济的 IS 曲线方程为 $Y=3200-40r$。

（2）由货币市场的均衡条件 $L=M/P$ 可得

$$0.5Y-20r=1000/P$$

化简可得经济的 LM 曲线方程为 $Y=2000/P+40r$。

（3）联立 IS 曲线方程和 LM 曲线方程有

$$\begin{cases}Y=3200-40r\\ Y=\dfrac{2000}{P}+40r\end{cases}$$

消去利率 r 可得总需求函数为 $Y=1600+1000/P$。

2. 某个经济体的初始状态如下：

$C=500+0.75(Y-T)$，$I=1000-5r$，$L=Y-200r$，$G=1000$，$T=1000$，$M=6000$，$P=2$。

（1）写出 IS 方程和 LM 方程，计算均衡利率和均衡收入水平。

（2）假设政府减税 15%，央行则想通过调节货币供给保证利率不变，那么新的收入水平是多少？新的货币供给是多少？

（3）保持原有税收和货币供给水平，写出总需求方程。（武汉大学 2019 研）

解：（1）由三部门经济核算方程：$Y=C+I+G=500+0.75(Y-1000)+1000-5r+1000$

得到 IS 方程：$Y=7000-20r$

由 $M/P=6000/2=Y-200r$ 得到 LM 方程：$Y=3000+200r$。

联立 IS 方程和 LM 方程，解得均衡利率 $r=200/11$，均衡收入水平 $Y=73000/11$

（2）政府减税 15%后 $T'=1000\times(1-15\%)=850$。

由三部门经济核算方程得到新的 IS 方程：$Y=7450-20r$。

要保持利率 $r=20/11(r=200/11)$ 不变，新的收入水平为 $Y'=7450-20\times200/11=77950/11$。

新的货币供给 $M'=2\times(77950/11-200\times200/11)=6900$。

（3）联立 IS 方程 $Y=7000-20r$ 和 LM 方程 $6000/P=Y-200r$，得总需求方程：

$Y=(6000+70000P)/(11P)$。

（四）论述题

1965 年，美国经济在接近其潜在生产能力的状态下运行。约翰逊总统面临一个问题：他想在越南开战，但是他又不想让美国人知道一场战争要耗费多少钱，结果他决定不提高税收，至少是不完全用提高税收来支付战争的费用。另外，他不打算削减政府支出，不仅如此，他还提出向贫困开战的计划，该计划包括很多费用极高的新的社会方案。请使用总供给和总需求的框架对上述情况加以分析，并推测 20 世纪 60 年代末，美国的宏观经济运行状况。（东北财经大学 2010 研）

答：约翰逊总统实行的这些政策无疑使总需求增加，在总供给不变的情况下，最终使物价水平上升过快，产量增加较少。

如图 9-9 所示，初期，AD_0 和 AS 相交于代表接近充分就业的 E_0 点。E_0 点的产量为 Y_0，价格水平为 P_2。总需求增加，总需求曲线向右移动到 AD_1 的位置，这样，AD_1 和 AS 相交于 E_1 点。E_1 点的产量为潜在产出水平 Y_f，价格水平为 P_1。通过比较可以看出，这一情况表示经济处于过热的状态。这时产量增加的可能性越来越小，而价格上升的压力越来越大。

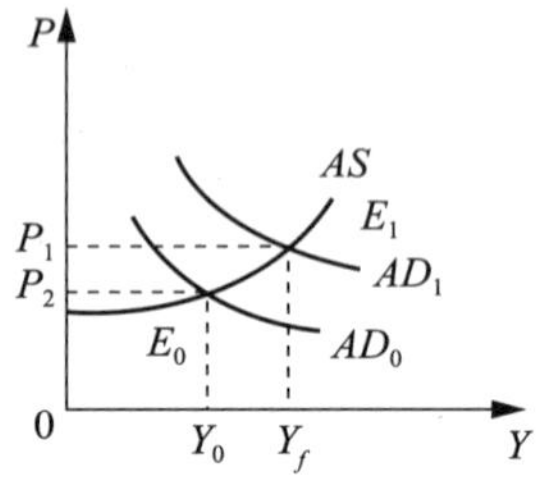

图 9-9　总需求曲线向右移动的后果

可以看出，总需求曲线向右移动的过程中，价格和产量增加的比例并不相同。在 E_0 的右方，总需求曲线越向右移动，价格上升的幅度越大，产出增加的空间越来越小。当产出接近于潜在产出水平时，总需求曲线向右移动更多地体现为价格的上涨。也就是说，在 E_0 的右方，总需求曲线向右方移动的距离越大，价格上升的比例越要高于产量上升的比例。

结合总需求—总供给模型可以推测出：约翰逊总统实行的这些政策无疑会给美国 20 世纪 60 年代末宏观经济运行带来风险，这种风险体现为高通货膨胀率。此时经济一旦遭遇不利的供给冲击，如 20 世纪 70 年代的石油危机，美国经济便会出现滞胀，即生产停滞与通货膨胀并存。

考研真题及解答（五）

（一）名词解释

1. 自然失业率（Natural rate of unemployment）（南京财经大学 2012 研；南京大学 2012 研；北京师范大学 2015 研；暨南大学 2017 研；东北财经大学 2018 研）

答：自然失业率又称“有保证的失业率”“正常失业率”“充分就业失业率”等，指在没有货币因素干扰的情况下，让劳动市场和商品市场自发供求力量起作用时，总供给和总需求处于均衡状态时的失业率。所谓没有货币因素干扰，指的是失业率的高低与通货膨胀的高低之间不存在替代关系。

自然失业率取决于经济中的结构性和摩擦性的因素，即劳动市场的组织状况、人口组成、失业者寻找工作的愿望、现有工作的类型、经济结构的变动、新加入劳动者队伍的人数等众多因素。

自然失业率是充分就业时仍然保持的失业水平。任何把失业降低到自然失业率以下的企图都将造成加速的通货膨胀。任何时候都存在着与实际工资率结构相适应的自然失业率。自然失业率是弗里德曼对菲利普斯曲线发展的一种观点，他将长期的均衡失业率称为“自然失业率”，它可以和任何通货膨胀水平相对应，且不受其影响。

2. 奥肯定律（中央财经大学 2007、2015 研；首都对外经济贸易大学 2007 研；云南大学 2008 研；西南大学 2012 研；南京财经大学 2015 研；山东大学 2017 研；武汉大学 2006、2012、2019 研）

答：奥肯定律说明的是实际国内生产总值与失业率之间的关系。该定律是美国经济学家阿瑟·奥肯在研究上述两者之间关系时发现的一种规律，奥肯利用美国 55 个季度（从 1947 年第二季度到 1960 年第四季度）中失业率变化和实际国内生产总值变化的资料，通过简单的回归方程，估算出反映两者之间变化关系的一个数值。奥肯定律的内容是：失业率每高于自然失业率 1 个百分点，实际 GDP 将低于潜在 GDP 2 个百分点。奥肯定律用公式表示为

$$\frac{Y-Y_f}{Y_f}=-\alpha\ (u-u^*)$$

其中，Y 为实际产出，Y_f 为潜在产出，u 为实际失业率，u^* 为自然失业率，α 为大于零的参数。

奥肯定律的一个重要结论是：为防止失业率的上升，实际 GDP 必须保持与潜在 GDP 同样快的增长。也就是说，GDP 必须不断增长才能保证失业率留在原地，如果想让失业率下降，实际 GDP 的增长必须快于潜在 GDP 的增长。

不同的国家有不同的国情，奥肯定律所揭示的数量关系未必适用于所有国家，但它毕竟说明了经济增长与就业或失业之间存在着相关关系。

3. 结构性失业（南京大学 2009、2017 研；北京科技大学 2011 研；厦门大学 2014 研；中国人民大学 2017、2019 研；中央财经大学 2018 研）

答：结构性失业指劳动力的供给和需求不匹配所造成的失业，其特点是既有失业，又有职位空缺，失业者或者没有合适的技能，或者居住地点不当，因此无法填补现有的职位空缺。

根据凯恩斯的观点，结构性失业既有失业，也有职位空缺，两者并存，但不匹配。结构性失业经常被认为是摩擦性失业的极端形式，它不能通过扩大总需求予以解决。一般认为对就业有严重影响的结构变化有消费者偏好的变化、技术水平的变化、人口增长速度的变化以及政府政策的变化。消费者偏好和技术水平的长期变化会产生一些新行业，也会淘汰一些旧行业，从而造成失业。人口的增长由于它既能影响生产又能影响劳动力供给，所以也会影响失业。随着政府在经济中的作用越来越大，政府的开

支和税收政策对失业影响也在增加。

在宏观经济学术界，对结构性失业还存在另一种观点。新古典经济学派认为，通过劳动者相对工资的调整，可以反映出引起劳动力需求结构性失调的根本性需求变化，可以消除结构性失业，因而结构性失业不可能长期存在。他们还认为，自然失业率包含摩擦性和结构性因素。结构性因素来自劳动力和商品市场的特征以及社会和法律的障碍。因此他们认为，失业和空缺的并存与结构性失业无关。

4. 摩擦性失业（南京大学 2011、2014 研；湖南大学 2012、2017 研；中国人民大学 2017 研）

答：摩擦性失业指在生产过程中由于难以避免的摩擦而造成的短期、局部性失业。摩擦性失业是劳动力在正常流动过程中所产生的失业。在一个动态经济中，各行业、各部门和各地区之间劳动需求的变动是经常发生的。即使在充分就业状态下，由于人们从学校毕业或搬到新城市而要寻找工作，总是会有一些人的周转，所以摩擦性失业的存在也是正常的。摩擦性失业量的大小取决于劳动力流动性的大小和寻找工作所需要的时间。

5. 通货膨胀（Inflation）（暨南大学 2017 研；大连理工大学 2018 研）

答：当一个经济中的大多数产品和劳务的价格连续在一段时间内普遍上涨时，宏观经济学就称这个经济经历着通货膨胀。理解通货膨胀这个概念的关键在于：第一，通货膨胀这个概念引入了时间维度，价格水平的变化是在一段时间内发生的；第二，价格水平的变化在该时间段内是持续的；第三，价格水平的变化是显著的。

宏观经济学用价格指数来描述整个经济中的价格水平。宏观经济学中常涉及的价格指数主要有 GDP 折算指数、消费价格指数和生产者价格指数。有了价格水平（价格指数）这一概念，就可以将通货膨胀更为精确地描述为经济社会在一定时期价格水平持续地和显著地上涨。通货膨胀的程度通常用通货膨胀率来衡量。对于通货膨胀可以从不同的角度进行分类，具体分类如下：

（1）按照价格上升的速度，通货膨胀可分为爬行的通货膨胀（温和的通货膨胀）、加速的通货膨胀（奔驰的通货膨胀）和超速的通货膨胀（恶性通货膨胀）。其中，爬行的通货膨胀指每年物价上升的比例在 10%以内；加速的通货膨胀指年通货膨胀率在 10%以上但在 100%以内；超速的通货膨胀指通货膨胀率在 100%以上。

（2）按照对不同商品的价格影响的大小加以区分，通货膨胀可分为平衡的通货膨胀和非平衡的通货膨胀。其中，平衡的通货膨胀即每种商品的价格都按相同比例上升；非平衡的通货膨胀即各种商品价格上升的比例并不完全相同。

（3）按照人们的预期程度加以区分，通货膨胀可分为未预期到的通货膨胀和预期到的通货膨胀。其中，未预期到的通货膨胀即价格上升的速度超出人们的预料，或者人们根本没有想到价格会上涨。在一个开放世界中，由于影响价格水平变动的因素多种多样，并且变化莫测，因此，在大多数情况下，通货膨胀都是不可预期的。

6. 通货紧缩（上海理工大学 2005 研；首都对外经济贸易大学 2006 研；华中科技大学 2006 研；财政部财政科学研究所 2016 研；中央财经大学 2016 研）

答：通货紧缩是与通货膨胀相对立的概念，指由于货币供应量相对于经济增长和劳动生产率增长等要素减少而引起的有效需求严重不足、一般物价水平持续下跌、货币供应量持续下降和经济衰退等现象。

通货紧缩从本质上来说是一种货币现象，它在实体经济中的根源是总需求对总供给的偏离，或现实经济增长率对潜在经济增长率的偏离。当总需求持续小于总供给，或现实经济增长率持续低于潜在经济增长率时，则会出现通货紧缩现象。

通货紧缩的特征表现为物价水平持续与普遍地下跌。这个物价水平，严格来说应包括资产价格如股票、债券、房地产及商品和服务在内的价格指数，但基于统计上的局限性，一般在国内用全国零售物价上涨率，在国外用消费价格指数（CPI）作为度量指标。如果全国零售物价上涨率在零值以下，且持续时间超过 6 个月，人们在理论上就将其界定为典型的通货紧缩。

通货紧缩是一种实体经济现象。它通常与经济衰退相伴随，表现为投机机会相对减少和投资的边际收益下降，由此造成银行信用紧缩，货币供应量增长持续下降，信贷增长乏力，消费和投资需求减少，企业普遍开工不足，非自愿失业增加，收入增长速度持续放慢，各个市场普遍低迷。同时，通货紧缩也是一种普遍的经济现象。

7. 理性预期（东南大学 2018、2012、2009 研；中南财经政法大学 2018 研；华中科技大学 2016、2005 研；上海大学 2015、2000 研；山东大学 2014、2013 研；中央财经大学 2012 研）

答：理性预期指在有效地利用一切信息的前提下，对经济变量做出的在长期中平均来说最为准确的，而又与所使用的经济理论、模型相一致的预期。理性预期由约翰·穆思在其《合理预期和价格变动理论》（1961 年）一文中首先提出。实际上，理性预期包含以下三个含义：

（1）做出经济决策的经济主体是有理性的。为了追求最大利益，他们总是力求对未来做出正确的预期。

（2）为了做出正确的预期，经济主体在做出预期时会力图得到有关的一切信息，其中包括对经济变量之间因果关系的系统了解和有关的资料与数据。

（3）经济主体在预期时不会犯系统的错误。

简言之，理性预期的意思是：在长期中，人们会准确地或趋向于准确地预期到经济变量所应有的数值。

8. 菲利普斯曲线（大连理工大学 2018 研；厦门大学 2018 研；东南大学 2017、2014 研；中南大学 2016 研；北京师范大学 2016 研；广东外语外贸大学 2015 研；中央

财经大学 2009、2007 研）

答：英国经济学家菲利普斯根据 1861—1957 年英国的失业率和货币工资增长率的统计资料，得出货币工资增长率与失业率之间存在替换关系，故称为菲利普斯曲线。后来的学者用物价上涨率（即通货膨胀率）代替货币工资上涨率，以表示物价上涨率与失业率之间也有对应关系：物价上涨率增加时，失业率下降；物价上涨率下降时，失业率上升。这就是一般所说的经过改造后的菲利普斯曲线。菲利普斯曲线如图 9-10 所示。

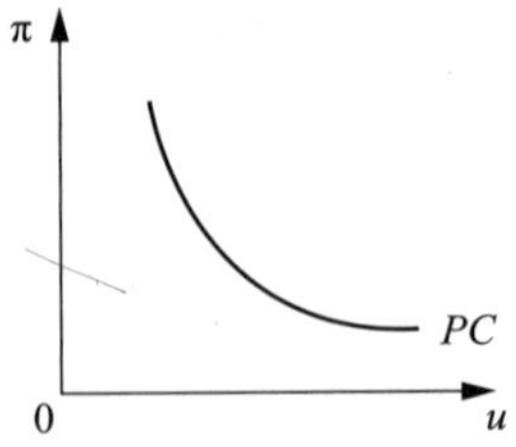

图 9-10　菲利普斯曲线

菲利普斯曲线提供的失业率与通货膨胀率之间的关系为实施政府干预、进行总需求管理提供了一份可供选择的菜单。它意味着当通货膨胀率过高时，可通过紧缩性的经济政策使失业率提高，以换取低通货膨胀率；当失业率过高时，采取扩张性的经济政策使通货膨胀率提高，以获得较低的失业率。

对于菲利普斯曲线具体的形状，不同学派对此有不同的看法。普遍接受的观点是：在短期内，菲利普斯曲线向右下方倾斜，而长期菲利普斯曲线是一条垂直线，表明失业率与通货膨胀率之间不存在替换关系。

9. 通货膨胀税（中南财经政法大学 2016 研；厦门大学 2006、2014、2015 研；中央财经大学 2009 研；武汉大学 2008 研；中山大学 2007 研）

答：通货膨胀税指通货膨胀引起的一部分货币购买力由资产持有者向货币发行者转移的现象，这种转移犹如一种赋税，因而称为通货膨胀税。通货膨胀税的计算公式是

$$T=i/(1+i)M$$

式中，T 为通货膨胀税，M 为一年中平均货币余额，i 为通货膨胀率，$i/(1+i)$ 为每 1 单位货币所丧失的购买力。

通货膨胀税的主要受益者是国家政府，政府在通货膨胀过程中，可以得到三方面的收益：①扩大货币供应量能直接增加其收入。②通过单位货币购买力的降低而减少未偿还国家债务的实际价值。③直接增加税收收入，因为通货膨胀会使企业和个人的收入在名义上增加，纳税等级自动上升，政府可获得更多的收入。

（二）问答题

1. 什么是短期的菲利普斯曲线？其移动的原因是什么？对失业和通货膨胀有什么影响？（中国人民大学 2004 研）

答：（1）短期的菲利普斯曲线是一条描述失业率和通货膨胀率之间交替变动的曲线，该曲线说明失业率和通货膨胀率之间存在替换关系，失业率高则通货膨胀率低，失业率低则通货膨胀率高。

（2）菲利普斯曲线并不是一种固定不变的替换关系，当通货膨胀预期发生改变时，菲利普斯曲线会发生移动。对于这种移动，经济学家做出了如下两种解释：

第一，通货膨胀率预期变化导致短期菲利普斯曲线的移动。将适应性预期应用到菲利普斯曲线中，则失业率不仅与实际的通货膨胀率有关，还与通货膨胀率的预期值有关。每一个既定的预期通货膨胀率都有一条短期的菲利普斯曲线与之相对应，当预期的通货膨胀率发生变化时，短期的菲利普斯曲线也会发生移动。

第二，自然失业率变化导致短期菲利普斯曲线移动。经济学家认为，经济中存在着最低可持续的失业率，即自然失业率。经济中的自然失业率并不是长期不变的，由于技术变动、劳动力在部门之间和地区之间的流动等因素会使自然失业率发生变化，当通货膨胀率的预期不变时，自然失业率的变动会使菲利普斯曲线发生移动。

（3）由于菲利普斯曲线的移动，失业率和通货膨胀率之间没有了原来的替换关系。事实上，在长期中，不管实际的通货膨胀率多高，人们都会根据实际情况不断调整自己的通货膨胀率预期，直到通货膨胀率预期与实际通货膨胀率相等。因此，长期的菲利普斯曲线是一条垂直于失业率轴的垂线，它描述了当菲利普斯曲线移动时，失业率和通货膨胀率之间的关系。即不管通货膨胀率多高，失业率在长期中总是固定在自然失业率水平上。

2. 简述通货膨胀的成因。（中南财经政法大学 2019 研）

答：当一个经济中的大多数产品和劳务的价格连续在一段时间内普遍上涨时，宏观经济学就称这个经济经历着通货膨胀。通货膨胀形成的原因主要有以下几个：

（1）需求拉上

需求拉上型通货膨胀是从总需求的角度解释通货膨胀，认为通货膨胀是总需求超过总供给所引起的一般价格水平的持续显著的上涨，是“过多的货币追求过少的商品”的现象，如图 9-11 所示。

图 9-11 中，横轴 Y 表示总产量（国民收入），纵轴 P 表示一般物价水平。AD 为总需求曲线，AS 为总供给曲线。在达到充分就业的产量 Y_f 以后，如果总需求继续增加，总供给就不再增加，因而总供给曲线 AS 呈垂直状，这时总需求的增加只会引起价格水平的上涨。不论总需求的过度增长是来自消费需求、投资需求，还是来自政府需求、国外需求，都会导致需求拉动的通货膨胀。

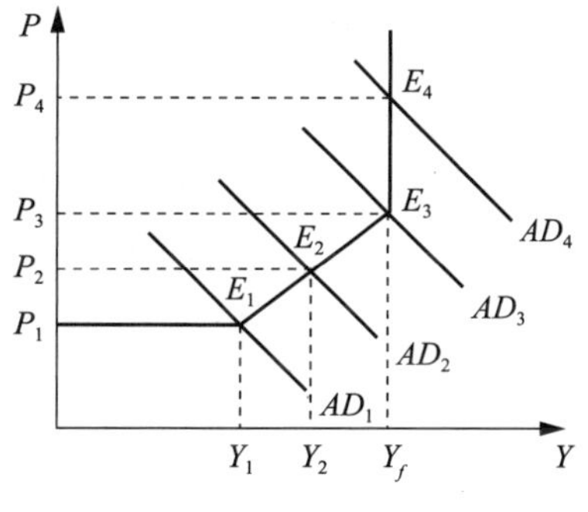

图 9-11　需求拉上型通货膨胀

（2）成本推动

成本推动型通货膨胀是从供给方面来解释通货膨胀成因的，认为在没有超额需求的情况下，供给方面成本的提高也会引起一般价格水平持续和显著地上涨。在总需求曲线不变的情况下，包括工资推动型通货膨胀、利润推动型通货膨胀、进口型通货膨胀。

图 9-12 用来说明成本推动型通货膨胀情形。在图 9-12中，总需求是既定的，不发生变动，变动只出现在总供给方面。当总供给曲线为 AS_1 时，与总需求曲线 AD 的交点 E_1 决定的价格水平为 P_1，产出水平为 Y_1。当总供给曲线由于成本提高而移动到 AS_2 时，与总需求曲线 AD 的交点 E_2 决定的价格水平为 P_2，产出水平为 Y_2。这时，总产量下降，而价格水平上升了。当总供给曲线由于成本进一步提高而移动到 AS_3 时，与总需求曲线 AD 的交点 E_3 决定的价格水平为 P_3，产出水平为 Y_3。这时总产量进一步下降，而价格水平进一步上升。

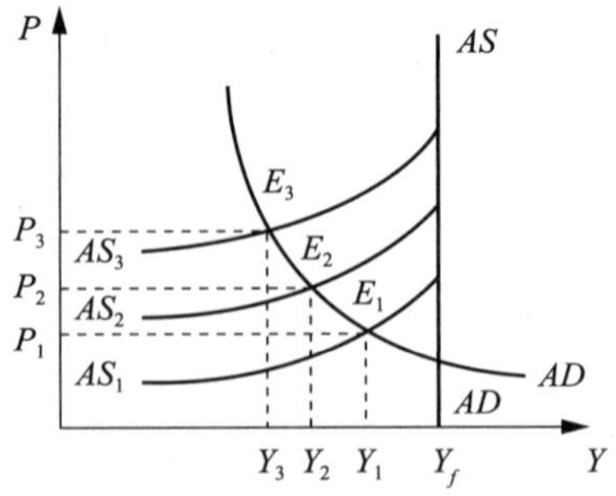

图 9-12　成本推动型通货膨胀

（3）结构型通货膨胀

结构型通货膨胀指在总需求和总供给处于平衡状态时，由于经济结构性因素的变动所引起的物价普遍持续地上涨。这种理论最早出现在 20 世纪 60 年代初，到了 20 世纪 70 年代，结构型通货膨胀理论进一步得到发展。经济结构因素的变动具体表现为两个方面。

一方面是需求结构的变动。第二次世界大战之后世界经济发展迅速，各产业部门的需求状况在不断变化，这样就出现一些部门的需求扩大，而另一些部门的需求减少的情况。尤其是 20 世纪中后期这种现象比较突出。

另一方面是各部门劳动生产率增长速度的差异。一般来说，工业部门生产率的增长快于服务业部门，但两大部门的货币工资增长速度却相同。这是因为劳动生产率提高慢的部门在工资和物价问题上都要求“公平”，这种部门间生产率增长速度的差异和货币工资的一致增长就造成服务部门成本持续上升的压力，从而成为一般物价水平上涨的动因。

（4）货币主义学派对通货膨胀成因的解释

与凯恩斯主义理论不同，货币主义学派强调货币是影响总需求的主要因素。按照货币主义学派的观点，货币流通量与进入流通的产品和服务价格总额之间存在着密切关系。可以用数量方程式来表示交易量与货币供给量之间的关系：$MV=PT$。因对交易总量的衡量有一定的困难，一般用经济中的总产出 Y 来替换 T，则交易方程式为 $MV=PY$。

由于经济中对产品与服务支出的货币额即为产品和服务的总销售价值，因而方程的两边相等。由上述方程可以得到如下关系式：

$$\frac{1}{P}\cdot\frac{\mathrm{d}P}{\mathrm{d}t}=\frac{1}{M}\cdot\frac{\mathrm{d}M}{\mathrm{d}t}+\frac{1}{V}\cdot\frac{\mathrm{d}V}{\mathrm{d}t}-\frac{1}{Y}\cdot\frac{\mathrm{d}Y}{\mathrm{d}t}$$

式中，令 $\mathrm{d}V/\mathrm{d}t=0$，因为货币流通速度的变化率是由社会的制度和技术因素决定的，可假设为常数。这样，通货膨胀率就等于货币增长率减去实际收入的增长率。由于产出的变化率取决于生产函数的技术结构和投入要素的数量，在长期内也是常数，因此，可以得出如下结论：通货膨胀的产生主要是因为货币供给增加，如果中央银行保持货币供给稳定，那么物价水平也将稳定。这就是货币数量论的核心观点。

3. 设一个经济以自然失业率运行，政府可以采取什么方式降低通货膨胀率？（复旦

大学 2015 研）

答：自然失业率指在没有货币因素干扰的情况下，让劳动力市场和商品市场自发供求力量起作用时，总供给和总需求处于均衡状态时的失业率。没有货币因素干扰，指的是失业率的高低与通货膨胀的高低之间不存在替换关系。

加入自然失业率和通胀预期的菲利普斯曲线公式为 $\pi=\pi^e-\alpha(u-u^e)$，所以当经济保持在自然失业率下运行时有 $\pi=\pi^e$，即现实通货膨胀率等于通货膨胀预期。所以，政府要降低通货膨胀率，等价于要降低通货膨胀预期。主要措施如下：

（1）通货紧缩加预期管理。通货紧缩加预期管理主要是货币当局通过政策宣示向公众承诺一个低的通货膨胀率，从而降低公众通货膨胀的预期。短期来看，货币当局只需要降低通胀预期就可以降低通货膨胀率，但从中长期来看，货币当局需要配合紧缩性货币政策兑现承诺，才能维持公众对于货币当局的信任，使通货膨胀预期管理政策生效，而避免政策动态的不一致性。

（2）收入政策。收入政策又称工资物价管理政策，指政府制定的一套关于物价和工资的行为准则，由价格决定者（劳资双方）共同遵守，其目的在于限制物价和工资的上涨率，以降低通货膨胀率，同时又不造成大规模的失业。收入政策主要针对成本推动型的通货膨胀，典型的有工资指数化，其最终要成功也是要通过公众的通胀预期的下降来起作用。

（3）结构调整政策。结构调整政策主要是针对结构性通货膨胀，使各产业部门之间保持一定的比例，从而避免某些产品（特别是某些关键性产品，如食品、原材料等）供求结构失调而导致物价上涨，同时不影响失业率的变化。

4. 2010 年初中国各地纷纷调高最低工资标准，用经济学的基本原理分析最低工资标准提高的可能影响。（东北财经大学 2011 研）

答：2010 年，随着经济回升和物价上涨，继江苏省率先提高最低工资标准后，浙江、广东等地陆续调高最低工资标准，调整幅度在 10%以上，一些省份甚至超过 20%。调高最低工资标准，总体来看，利大于弊。分析如下：

（1）调高最低工资标准对个人、对国家、对企业都有好处，值得肯定。对于个人来说，可以提高最低收入者的可支配收入，从而提高他们的生活水平；对于国家而言，此举措的一大意义在于调整产业结构，也有助于缓解收入差距过大的状况；对于企业而言，生产成本的上升会迫使企业向更有技术含量的领域转型。

（2）受最低工资标准的影响，无形中减少弱势群体在劳动市场的生存空间。如图 9-13 所示，如果政府规定的最低工资高于现行的均衡工资，在较高的最低工资水平上，劳动供给会超过劳动需求。图 9-13 中，按竞争性工资 W_c，就业量为 L_c；按最低工资 $\overline{w}$，就业量只有 L_{max}。当然，由于调高后的最低工资标准仍比较低，故对就业市场的影响不是非常明显。

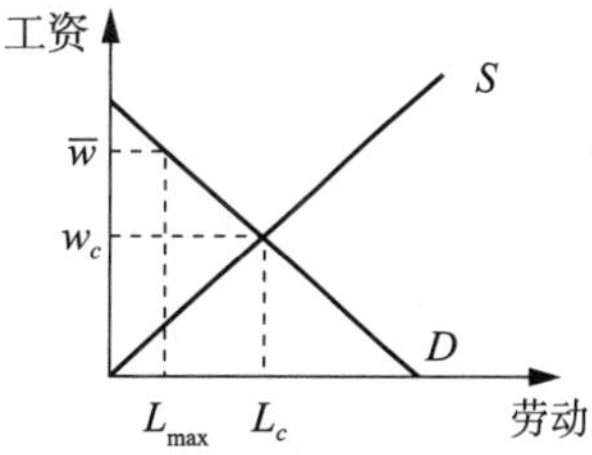

图 9-13　最低工资对就业市场的影响

第九章　考研真题及解答

（3）调高最低工资标准可能加剧我国目前的通货膨胀压力，虽然不明显。相对来说，工资的快速上涨有助于提高收入，特别是低收入家庭收入，对通货膨胀的影响相对有限。事实上，2010年以来的高通货膨胀，使民众特别是低收入家庭生活压力加大，极大地削减了工资调整带来的影响。

5. 经济中达到一般均衡是否意味着充分就业？为什么追求高就业目标会导致通货膨胀？（清华大学2004研）

答：（1）经济中达到一般均衡意味着充分就业。失业分为自然性失业和经济性失业，充分就业指不存在经济性失业的就业状态。当经济达到一般均衡时，意味着工人在愿意接受的工资水平下可以找到工作。这个时候可能还存在自然性失业，但是这并不影响充分就业。

（2）菲利普斯曲线表明，失业率与通货膨胀率之间存在着此消彼长的替换关系，即要使失业率降低就必然引起通货膨胀率的上升。当追求高的就业目标，即要实现低的失业率时，通货膨胀率就会上升。根据原始的菲利普斯曲线，货币工资增长率与失业率之间存在着此消彼长的替代关系。因为成本是决定价格的基础。在短期中，工资和价格之间存在固定比例关系，故可用通货膨胀率代替货币工资增长率。因而，追求高就业目标会导致通货膨胀。

（三）计算题

1. 设某经济体某一时期有1.9亿成年人，其中1.2亿人有工作，0.1亿人在寻找工作，0.45亿人没工作也没在找工作。求：

（1）劳动力人数；

（2）劳动力参与率；

（3）失业率。（武汉大学2012研）

解：（1）由题意可知，劳动力人数=就业人数+失业人数=1.2+0.1=1.3（亿人）。

（2）劳动力参与率=劳动力/成年人口×100%=1.3/1.9×100%=68.4%。

（3）失业率=失业者人数/劳动力×100%=0.1÷1.3×100%=7.69%。

2. 如果一个经济的生产函数为$Y=1000L^{\frac{1}{2}}$，Y为产出水平，L为劳动力，因此而导出的劳动需求函数为$L^d=250000(\frac{P}{W})^2$，如果劳动供给函数$L^s=31250(\frac{W}{P})$，那么：

（1）均衡时劳动实际工资为多少？

（2）如果预期物价$P=10$，而且劳资双方同意名义工资定在$W=20$，但是实际物价最后为$P=20$的话，劳动者实际工资为多少？

（3）实际就业又为多少？

（4）产出又为多少？（西安交通大学2005研）

解：（1）均衡时有$L^d=L^s$，即$250000(\frac{P}{W})^2=31250(\frac{W}{P})$，解得$\frac{W}{P}=2$，即均衡时实

际工资为2。

（2）如果实际物价最后为$P=20$，则劳动者实际工资为$\frac{W}{P}=20/20=1$。

（3）当实际物价最后为$P=20$时，劳动需求函数为$L^d=250000\ (20/20)^2=250000$，而劳动供给函数为$L^s=31250\ (20/10)=62500$，因为$L^d>L^s$，所以实际就业$L^*=L^s=62500$。

（4）产出$Y^*=1000\times\sqrt{62500}=250000$。

3. 设一个经济的总需求（AD）方程为$Y=600+G+\frac{M}{P_t}$，价格调整方程为$\pi_t=\pi_e+(Y_{t-1}-Y^*)/Y^*$，其中，$P_0=1$，自然率总产出$Y^*=1500$，政府购买$G=200$，名义货币供给$M=550$，预期的通胀率$\pi_e=\pi_{t-1}$，$\pi_0=0$。试求：

（1）这个经济从$t=0$开始至$t=3$的运行路径（即顺序列出各期的总产出、通货膨胀率和价格水平）；

（2）这个经济从$t=0$开始至第几期，总产出可以达到$Y=1.18Y^*$的水平？（上海交通大学2005研）

解：（1）$t=0$时，$Y_0=600+200+\frac{550}{1}=1350$，$\pi_0=0$，$P_0=1$

$t=1$时，$\pi_1=\pi^e+(Y_0-Y^*)/Y^*=0+\frac{1350-1500}{1500}=-0.1$

$P_1=P_0+\pi_1=1-0.1=0.9$，$Y_1=600+200+\frac{550}{0.9}\approx1411.1$

$t=2$时，$\pi_e=\pi_{t-1}=-0.1$，$\pi_2=\pi^e+\ (Y_1-Y^*)/Y^*=-0.1+\frac{1411.1-1500}{1500}\approx-0.16$

$P_2=P_1+\pi_2=0.9-0.16=0.74$，$Y_2=600+200+\frac{550}{0.74}\approx1543.2$

$t=3$时，$\pi_e=-0.16$，$\pi_3=\pi^e+(Y_2-Y^*)/Y^*=-0.16+\frac{1543.2-1500}{1500}\approx-0.13$

$P_3=P_2+\pi_3=0.74-0.13=0.61$，$Y_3=600+200+\frac{550}{0.61}\approx1701.6$

（2）$Y_t=1.18Y^*=1.18\times1500=1770$

$t=4$时，$\pi_4=0$，$P_4=0.61$，$Y_4=1701.6=Y_3$

$t=5$时，$\pi_5=0.13$，$P_4=0.74$，$Y_5\approx1543.2=Y_2$

……

所以这样循环下去会形成经济周期，即这个经济社会的最大产出为$Y_3=Y_4=1701.6$，而不会达到$Y_t=1.18Y^*=1.18\times1500=1770$的水平。

4. 假设一国的菲利普斯曲线为$\pi=\pi^E-3(u-u^*)$，自然失业率u^*为5%，对通货膨胀的预期为适应性预期，中央银行对下一年的通货膨胀目标为2%。

（1）如果当前的通货膨胀率为5%，那么中央银行为实现下一年的通货膨胀目标，能够引起的失业率是多少？

（2）如果中央银行在次年继续保持2%的通货膨胀目标，那么失业率将是多少？

（3）根据奥肯定律，计算降低通货膨胀的产出牺牲率。

（4）如果对通货膨胀的预期为理性预期，那么产出牺牲率为多少？（南开大学2007研）

解：（1）由于对通货膨胀的预期为适应性预期，所以 $\pi^E=\pi_{-1}$，$\pi=2\%$，$u^*=5\%$。代入菲利普斯曲线 $\pi=\pi^E-3(u-u^*)$，求解可得 $u=6\%$，即如果当前的通货膨胀率为5%，那么中央银行为实现下一年的通货膨胀目标，将引起6%的失业率。

（2）如果中央银行在次年继续保持2%的通货膨胀目标，即有 $\pi=\pi^E=2\%$。根据菲利普斯曲线，求解可得 $u=u^*=5\%$，即失业率为自然失业率。

（3）根据奥肯定律，失业率每高于自然失业率1个百分点，实际GDP将低于潜在GDP 2个百分点。根据（1）计算可得，降低3个百分点的通货膨胀率，将使失业率高于自然失业率1个百分点，因此实际GDP将低于潜在GDP 2个百分点。所以，牺牲率 $=2\%/3\approx0.67\%$。

（4）理性预期表明 $\pi=\pi^E$，因而 $u=u^*$，无论通货膨胀如何变化，失业率一直处于自然失业率水平，即失业率恒定不变，从而产出不变，因此牺牲率为零。

5. 假定某国经济的总量生产函数为 $Y=4K^{0.2}L^{0.8}$，且 $K=32$，试求：

（1）用实际工资表示的劳动力需求函数。

（2）以实际工资为自变量的产出表达式。

（3）根据黏性工资模型，假定名义工资固定在 $W=2$，求总供给曲线方程。（西安交通大学2007研）

解：（1）当 $K=32$ 时，总量生产函数为 $Y=4\times32^{0.2}L^{0.8}=8L^{0.8}$。关于 L 求偏导，有

$$\frac{dY}{dL}=6.4L^{-0.2}$$

因为 $\frac{dY}{dL}=MPL=W/P$，即边际劳动产量等于实际工资，因此有 $W/P=6.4L^{-0.2}$，整理可得

$$L=(6.4)^5/(W/P)^5$$

此即为用实际工资表示的劳动力需求函数。

（2）将 $K=32$，$L=(6.4)^5/(W/P)^5$ 代入 $Y=4K^{0.2}L^{0.8}$，可得

$$Y=4K^{0.2}L^{0.8}=4\times(32)^{0.2}\left[(6.4)^5/(W/P)^5\right]^{0.8}\approx13421.7728/(W/P)^4$$

即以实际工资为自变量的产出表达式为 $Y\approx13421.7728/(W/P)^4$。

（3）将 $W=2$ 代入 $Y=13421.7728/(W/P)^4$，得

$$Y=13421.7728/(W/P)^4=13421.7728/(2/P)^4\approx838.86P^4$$

即总供给曲线为 $Y=838.86P^4$。

（四）论述题

1. 劳动力市场上，员工的素质、工作努力程度和忠诚度是企业关心的重点之一。工人寻找工作（Job search）时，需要关于工作空位和机会的信息。政府的公共政策会影响劳动力市场和宏观经济状况。

（1）发展中国家和地区，城市用工者到农村招工时，往往优先考虑一些特定的村庄或社区（这些村落中往往有其通过很长时期建立的、相对可靠的招募网络）。对农村外出务工者而言，他们也往往倚重于当地的招工代理人员或已经在外务工的人员获取就业机会。你对这种现象如何理解？请给出你的经济学直觉解释。

（2）即使在市场经济条件下，企业往往也会向其所雇用的工人支付高于劳动市场均衡水平的工资。你认为这对工人供给量、工人需求量和失业量会产生何种影响？

（3）如果政府管理的公共就业服务机构，向处在摩擦失业状态的工人提供就业信息和职业技能培训方面的恰当服务，你认为这对自然失业率可能会产生怎样的影响？

（4）请画图说明（3）中的自然失业率变化后，长期的菲利普斯曲线会发生怎样的变动？并画图说明，此时长期总供给曲线会发生怎样的变动？在总需求一定的情况下，物价水平和通货膨胀率将怎样变化？

（5）如果政府采取扩张性的货币政策，请依据菲利普斯曲线，说明这种政策的短期和长期影响。（中国人民大学 2006 研）

答：（1）在发展中国家和地区，对于城市用工者而言，信息是非对称的，他们不可能充分掌握农民工的足够信息，到农村招工时，往往优先考虑一些特定的村庄或社区，这是因为来自这些地区的工人通过自己的勤劳工作，已经在用工单位树立了一定的信誉度，用工单位对来自该地区的工人较为放心，而且由于当地有许多工人在外务工，会对当地的农民产生一定的“示范效应”，有助于当地农民提高自身的素质。

对农村外出务工者而言，他们也往往倚重于当地的招工代理人员或已经在外务工的人员获取就业机会，这是因为当地信息交流不畅通，政府往往不能够提供相关的信息服务，而通过已经在外务工人员获取信息，较为可靠，而且可以相互照应。

（2）企业往往会向其所雇用的工人支付高于劳动市场均衡水平的工资，这会造成劳动力市场供过于求的状况，从而出现失业。工资高于均衡水平，劳动的供给会增加，而劳动的需求会减少，从而产生失业问题。如图 9-14 所示，高于市场均衡的工资，将使劳动力市场出现 L_2-L_1 的失业。

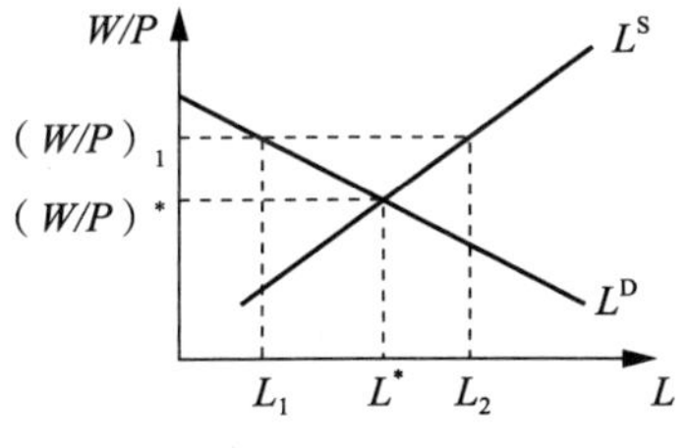

图 9-14　高于市场均衡的工资使劳动力市场发生的变化

（3）如果政府管理的公共就业服务机构，向处在摩擦失业状态的工人提供就业信息和职业技能培训方面的恰当服务，这种做法有可能会降低自然失业率。职业技能培训，提高了处于摩擦性失业状态的工人的素质，使他们能够更好地适应多变的劳动力市场的需要；信息服务，将使失业工人尽快找到适合自己的新岗位，这些都将有效地降低自然失业率。

（4）自然失业率降低以后，长期的菲利普斯曲线将向左移动，如图 9-15 所示。长期的总供给曲线将向右移动，如图 9-16 所示。在总需求一定的情况下，物价水平将下降，通货膨胀率将降低，如图 9-16 所示。

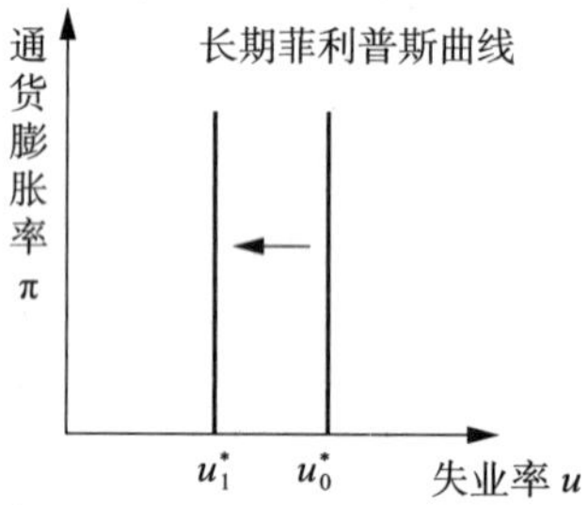

图 9-15　自然失业率下降，长期菲利普斯曲线左移

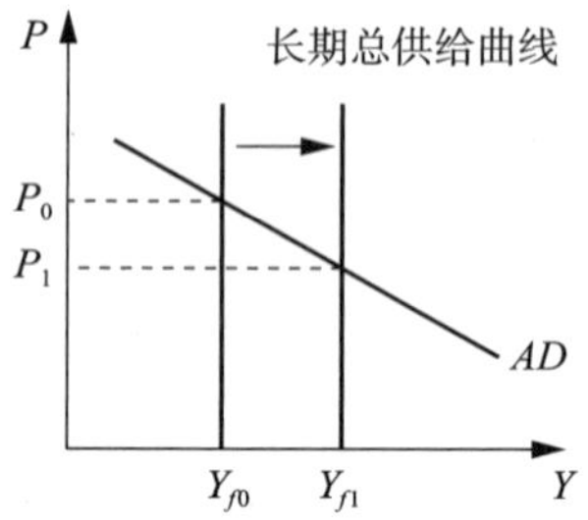

图 9-16　自然失业率下降，总供给曲线右移

（5）如果政府采取扩张性的货币政策，短期内在通货膨胀上升的同时，失业率将下降，经济中的产出将增加，如图 9-17 所示，经济将沿着短期菲利普斯曲线运行到 A 点。长期内，随着通货膨胀的上升，人们将调整其通货膨胀预期，短期菲利普斯曲线将上移，失业率恢复到自然失业率水平，产出恢复到原来的水平，但是通货膨胀率却上升了，如图 9-17 所示，经济将运行到 B 点。

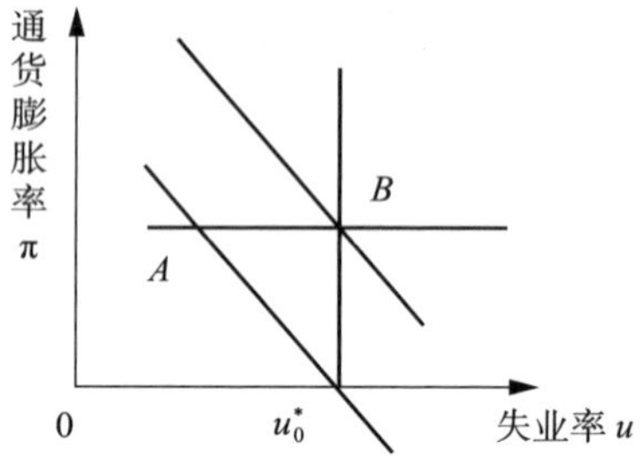

图 9-17　扩张性货币政策的短期和长期影响

2. 运用经济学知识，阐述经济增长、通货膨胀与失业率之间的关系，并分析这些关系在我国经济中的实际表现及其含义。（厦门大学 2011 研）

答：（1）经济增长与失业率的关系可以用奥肯定律来描述：失业率每高于自然失业率 1 个百分点，则实际 GDP 将低于潜在 GDP 2 个百分点。更一般地，奥肯定律可以用下面的公式来表示：

$$\frac{Y-Y_f}{Y_f}=-\alpha(u-u^*)$$

其中，Y 为实际产出，Y_f 为潜在产出（即充分就业产出），u 为实际失业率，u^* 为自然失业率，α 为大于 0 的参数。

奥肯定律的一个重要结论就是，如果政府想让失业率下降，那么该经济社会的实际经济增长就必须快于潜在的经济增长。

（2）通货膨胀和失业率的关系可以用修正的菲利普斯曲线来描述：通货膨胀率=货币工资增长率-劳动生产增长率。根据这一关系，若劳动生产的增长率为0，则通货膨胀率与货币工资增长率相等，而货币工资增长率与失业率呈反向变动关系。因此，修正的菲利普斯曲线就表示了失业率和通货膨胀率之间的替代关系：失业率高，则通货膨胀率低；失业率低，则通货膨胀率高。用公式表示为

$$\pi=-\varepsilon(u-u^*)$$

其中，π 为通货膨胀率，u^* 为自然失业率，ε 为大于0的参数。

菲利普斯曲线的政策含义就是，在失业和通货膨胀之间存在着一种替换关系，即用一定的通货膨胀率的增加来换取一定的失业率的减少，或者用后者的增加来减少前者。

（3）由奥肯定律和修正的菲利普斯曲线不难得到经济增长与通货膨胀的关系：经济增长和通货膨胀相伴而行，它们之间存在着正相关关系。

（4）具体到我国实际情况来看，2008 年底全球金融危机袭来，我国经济陷入低潮，经济增长放缓，失业率增加，同时通货膨胀率大大降低，甚至有出现通货紧缩的苗头。政府为了刺激经济扩大总需求，开始实施积极的财政政策和宽松的货币政策，到 2010 年底，我国经济恢复了强劲的增长势头，失业率大大降低，但与此同时，通货膨胀率开始稳步上升，已经出现了通货膨胀的苗头。

我国的实际情况和奥肯定律相吻合，也和修正的菲利普斯曲线相吻合。

3. 什么是自然失业率？影响自然失业率变化的因素有哪些？随着我国经济的发展，我国的自然失业率有上升的趋势。就此谈谈你的着法。（西南财经大学 2013 研）

答：（1）自然失业率的含义

自然失业率又称“有保证的失业率”“正常失业率”“充分就业失业率”等，指在没有货币因素干扰的情况下，让劳动市场和商品市场自发供求力量起作用时，总供给和总需求处于均衡状态时的失业率。没有货币因素干扰，指的是失业率的高低与通货膨胀的高低之间不存在替换关系。自然失业率为摩擦性失业率与结构性失业率加总之和。

（2）自然失业率变化的影响因素

自然失业率取决于经济中的结构性和摩擦性的因素，取决于劳动力市场的组织状况、人口组成、失业者寻找工作的愿望、现有工作的类型、经济结构的变动、新加入劳动者队伍的人数等众多因素。具体而言：

①劳动者结构的变化。一般来说，青年和妇女的自然失业率高，从而这些人在劳动力中所占比重上升时会导致自然失业率上升。

②政府政策的影响。例如，失业救济制度可能使一些人宁可失业也不愿去从事工资低、条件差的职业，这就会使自然失业率上升；又如，最低工资立法使企业尽量少雇用人，特别是技术差的工人，同时也会加强用机器取代工人的趋势。

③技术进步的因素。新技术、新设备的使用，必然减少对劳动力的需求，尤其会使一些文化技术水平低的工人不断被淘汰。

④劳动市场组织状况，如劳动供求信息状况、职业介绍与指导状况等都会影响自然失业率变化。

⑤劳动市场或行业差别性的增长会提高自然失业率，包括厂商、行业和地区的兴衰，劳动者需要时间来适应形势变化，这些都会影响自然失业率的变化。

（3）对我国自然失业率上升趋势的看法

随着我国经济的发展，使用技术、设备、机器的水平不断提高，我国经济结构转型，就业结构调整，导致结构性失业和摩擦性失业大幅增加，同时面临大量大学毕业生就业难的困境，而新增的劳动岗位供给逐渐萎缩，因而我国的自然失业率有上升的趋势是必然的。但是由于失业无论是对失业者还是社会，成本都是巨大的，所以要想方设法减少失业。

对于我国来说，劳动力市场、劳动力供给信息的传播速度、交通运输状况、个人心理（如频繁跳槽、对外地打工的不偏好等）、户籍制度以及经济结构的调整，都是影响自然失业率的可能因素。为降低我国的自然失业率，可采取以下措施：

①搭建就业信息公众服务平台。即完善信息系统建设，形成集就业登记、劳动合同签订、社会保险缴纳、社保关系转移等为一体的公众信息服务网络。将信息系统向有条件的社区和乡镇延伸，提供劳动保障的个人信息查询，利用现代信息及网络技术，加大网络就业信息系统的建设，从而减少摩擦性失业。

②加强就业服务载体建设。加强劳动保障服务中心、就业训练中心等就业服务机构的建设，为因经济结构调整而失业的公民提供职业培训，减少结构性失业。

③推进户籍改革，消除城乡二元结构，建立全国范围内的社会保障体系。健全劳动标准体系和劳动关系协调机制，加强劳动保障监察和争议调解仲裁，构建和谐劳动关系。

④千方百计增加就业岗位，要贯彻劳动者自主就业、市场调节就业、政府促进就业和鼓励创业的方针，实施就业优先战略和更加积极的就业政策。引导劳动者转变就业观念，鼓励多渠道多形式就业，促进创业带动就业，做好以高校毕业生为重点的青年就业工作和农村转移劳动力、城镇困难人员、退役军人就业工作。

考研真题及解答（六）

（一）名词解释

1. 实际汇率（南京财经大学 2010 研；武汉大学 2014 研；东北财经大学 2017 研；兰州大学 2019 研）

答：汇率有名义汇率与实际汇率之分。名义汇率是两种货币的交换比率，它指 1 单位外币能够交换的本币数量，或 1 单位本币能交换的外币数量。实际汇率是两国产品的相对价格，是以同一货币衡量的本国与外国物价之比，它反映一国商品在国际市场上的竞争力。

如果持有外币只是为了购买外国产品，则本币与外币的交换比率取决于各自的购买力，即取决于物价水平的倒数。由此可得实际汇率的表达式为

$$\varepsilon = e \times (\frac{P}{P_f})$$

其中，ε 表示实际汇率；P 和 P_f 分别为国内与国外的价格水平；e 为名义汇率（采用的是间接标价法）。

2. 浮动汇率制（中央财经大学 2016 研；山东大学 2018 研）

答：浮动汇率制指一国不规定本国货币与他国货币的官方汇率，听任汇率由外汇市场的供求关系自发地决定。1973 年布雷顿森林体系瓦解后，世界各主要国家实行的是浮动汇率制。浮动汇率制又分为自由浮动与管理浮动。其中，前者指中央银行对外汇市场不采取任何干预措施，汇率完全由外汇市场的供求力量自发地决定；后者指实行浮动汇率制的国家，对外汇市场进行各种形式的干预活动，主要是根据外汇市场的供求情况售出或购入外汇，以通过对外汇供求的影响来影响汇率。

在浮动汇率制下，一国货币当局不对外汇市场进行干预，即不通过外汇储备增减来影响外汇供求，而任凭汇率随外汇市场供求变动而变动。这意味着：

（1）本币的汇率会自动地将本币在外汇市场上的供求调整到相一致的状态，即本币在外汇市场上的供求自动相等，这意味着国际收支能自动调节，实现平衡。

（2）浮动汇率制下，中央银行可任意确定货币供给。因为它不再负有干预外汇市场，确保汇率稳定的责任，所以在货币供给与国际收支之间不再存在固定汇率制下的那种联系，于是货币供给成了外生变量。

总之，浮动汇率可自动调节国际收支，使一国经济达到对外平衡。所以，在浮动汇率制下，政府的政策目标只有一个，即通过宏观经济政策的实施达到充分就业和物价稳定。

（二）问答题

1. 在短期模型中，比较开放条件和封闭条件下扩张性货币政策对总需求及其组成部分影响传导机制的差异。（中国人民大学 2013 研）

答：在短期模型中，开放条件下和封闭条件下，扩张性货币政策都会导致总需求增加，但是这两种情况的传导机制是不一样的。

在封闭经济条件下，扩张性货币政策降低了利率水平，使得投资增加，从而增加了任何给定的价格水平上的总需求。

在开放经济条件下，利率为世界利率，所以利率不再是关键因素，汇率变成了影响总需求的关键因素。一旦货币供给的增加开始给国内利率以向下的压力，则由于投资者会把资金投到其他地方寻求更高的收益，资本就会流出。资本的流出使本币贬值，

这一贬值使国内产品相对于国外产品更为便宜，从而刺激了净出口。因此，在一个小型开放经济中，货币政策通过改变汇率而不是改变利率来影响收入，最后的结果也是增加了任何一个价格水平上的总需求。

2. 用蒙代尔—弗莱明模型分析固定利率下的货币政策效果。(武汉大学 2018 研)

答：蒙代尔—弗莱明模型所考察的是资本能够完全自由流动的小国开放经济。小国开放经济指一国对外经济往来的规模较小，其净出口的变化不会对世界价格产生影响，其对外净投资的变化也不会对国际利率水平产生影响，而且资本完全流动，因此该经济的利率是由世界利率决定的，即利率可看成常数。

假设中央银行试图实施扩张性的货币政策，如通过购买公众的债券以增加货币供给，这样，使得曲线 LM^* 从 LM_1^* 向右移动到 LM_2^*，如图 9-18 所示。这一扩张性的货币政策在短期内似乎使得产出 Y 有所增加，但实际上，在资本完全流动的情况下，这一扩张性的货币政策使得利率有微小的变化就会引起资本流出，从而形成名义汇率下降的压力。为了维持汇率的稳定，央行不得不缩减货币供给，使得 LM^* 曲线又回到原来 LM_1^* 曲线的位置。因此，在固定汇率制下货币政策往往是无效的。

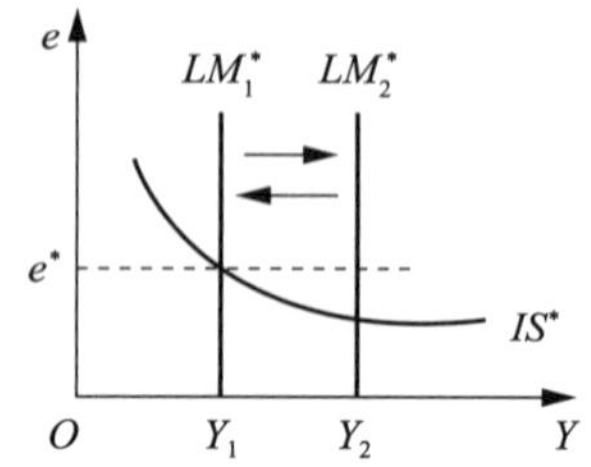

图 9-18　固定汇率下的货币扩张效果

总之，在资本完全流动的情况下，无论是扩张性货币政策还是紧缩性货币政策都是无效的。

(三) 计算题

1. 在不考虑资本流动和汇率变动的情况下，已知某经济社会的宏观模型为

$$Y=C+I+X-M$$

$$C=40+0.8Y$$

$$I=50$$

$$X=100$$

$$M=0.2Y+30$$

充分就业时的产出水平 $Y_f=500$。求：

(1) 外贸乘数；

(2) 产品市场均衡时的产出水平及贸易收支；

(3) 使贸易收支均衡的产出水平；

(4) 实现充分就业时的贸易收支。(首都对外经济贸易大学 2007 研)

解：(1) 外贸乘数 k 与边际消费倾向 β、边际进口倾向 m 有关。根据已知的消费函数及进口函数可知 $\beta=0.8$，$m=0.2$。

所以，外贸乘数为

$$k=\frac{1}{1-\beta+m}=\frac{1}{1-0.8+0.2}=2.5$$

（2）将 C、I、X、M 各式代入 Y 的均衡方程，得

$$Y=C+I+X-M=40+0.8Y+50+100-(0.2Y+30)$$

整理后得均衡产出为 $Y=400$。

此时的贸易收支为

$$X-M=100-(0.2Y+30)=100-(0.2\times400+30)=-10$$

即贸易赤字为 10。

（3）为使贸易收支均衡，要求 $X-M=0$，即

$$100=0.2Y+30$$

所以，使贸易收支均衡的产出水平为

$$Y=\frac{100-30}{0.2}=350$$

（4）在 $Y=Y_f$ 的情况下，贸易收支为

$$X-M=100-(0.2Y_f+30)=100-(0.2\times500+30)=-30$$

即贸易赤字为 30。

2. 考虑一个由以下方程式所描述的经济：$Y=C+I+G+NX$，政府采购 $G=200$；税收 $T=200$；消费 $C=100+0.75(Y-T)$；投资 $I=400-20r$；净出口 $NX=200-200e$；利率 $r=r^*=5$。其中，Y 表示总收入，e 表示汇率，r^* 表示世界利率。又假设货币需求函数为 $(M/P)^d=Y-100r$，货币供给 $M=1000$，物价水平 $P=2$，该经济实行的是浮动汇率制。请问：

（1）该经济 IS^* 曲线和 LM^* 曲线的方程分别是多少？

（2）市场实现均衡时，该经济的国民收入、均衡汇率、贸易余额、投资又为多少？（厦门大学 2013 研）

解：（1）由四部门经济产品市场均衡条件 $Y=C+I+G+NX$ 可得

$$Y=100+0.75(Y-200)+400-20\times5+200+200-200e$$

化简可得 IS^* 曲线方程为

$$Y=2600-800e$$

由货币市场均衡条件 $\left(\frac{M}{P}\right)^d=\frac{M}{P}$，可得

$$Y-100\times5=\frac{1000}{2}$$

可得 LM^* 曲线方程为 $Y=1000$。

（2）当市场实现均衡时，联立 IS^* 曲线和 LM^* 曲线方程：

$$\begin{cases}Y=2600-800e\\Y=1000\end{cases}$$

解得国民收入为 $Y^*=1000$，均衡汇率为 $e^*=2$。

此时贸易余额为 $NX=200-200e=-200$，即出现贸易逆差。

投资为 $I=400-20r=300$。

（四）论述题

1. 在三元悖论说中，在资本账户开放、汇率固定和货币政策独立三个方面，一个国家只能实现其中的两个特性。请问为什么？（武汉大学 2003 研）

答：三元悖论也称“三难选择”，它是美国经济学家保罗·克鲁格曼就开放经济下的政策选择问题，在蒙代尔—弗莱明模型的基础上提出的，其含义是：本国货币政策的独立性、汇率的稳定性和资本的完全流动性不能同时实现，最多只能同时满足两个目标，而必须放弃另外一个目标。

本国货币政策的独立性指一国执行宏观稳定政策进行反周期调节的能力，这里主要指一国是否具有使用货币政策影响其产出和就业的能力；汇率的稳定性指保护本国汇率免受投机性冲击、货币危机等的冲击，从而保持汇率稳定；资本的完全流动性即不限制短期资本的自由流动。三元悖论主要包括以下三种情况：①保持本国货币政策的独立性和资本的完全流动性，必须牺牲汇率的稳定性，实行浮动汇率制；②保持本国货币政策的独立性和汇率稳定，必须牺牲资本的完全流动性，实行资本管制；③维持资本的完全流动性和汇率的稳定性，必须放弃本国货币政策的独立性。

三种选其中的两种是国际货币体系三元悖论的根本特性。根据三元悖论，在资本流动、货币政策的有效性和固定汇率制度三者之间只能进行以下三种选择：

（1）保持本国货币政策的独立性和资本的完全流动性，必须牺牲汇率的稳定性，实行浮动汇率制。实行浮动汇率制，发挥汇率的调节作用，实际上是以牺牲汇率的稳定为代价，来达到货币政策的独立性与资本的完全流动性。这是由于在资本完全流动的条件下，频繁出入的国内外资金带来了国际收支状况的不稳定，如果本国的货币当局不进行干预，亦即保持货币政策的独立性，那么本币汇率必然会随着资金供求的变化而发生频繁的波动。利用汇率调节将汇率调整到真实反映经济现实的水平，可以改善进出口收支，影响国际资本流动。虽然汇率调节自身具有缺陷，但实行汇率浮动确实较好地解决了“三难选择”。对于发生金融危机的国家来说，特别是发展中国家，信心危机的存在会大大削弱汇率调节的作用，甚至起到了恶化危机的作用。当汇率调节不能奏效时，为了稳定局势，政府的最后选择是实行资本管制。

（2）保持本国货币政策的独立性和汇率稳定，必须牺牲资本的完全流动性，实行资本管制。在金融危机的严重冲击下，在汇率调节无效的情况下，唯一的选择是实行资本管制，实际上是政府以牺牲资本的完全流动性，来维护汇率的稳定性和货币政策的独立性。大多数经济不发达的国家，比如说中国，就是实行这种政策组合。这一方面是由于这些国家需要实行相对稳定的汇率制度来维持对外经济的稳定，另一方面是由于它们的监管能力较弱，无法对自由流动的资本进行有效的管理。

（3）维持资本的完全流动性和汇率的稳定性，必须放弃本国货币政策的独立性。根据蒙代尔—弗莱明模型，资本完全流动时，在固定汇率制度下，本国货币政策的任何变动都将被引致的资本流动的变化抵消其效果，本国货币政策丧失自主性。在这种情况下，本国或者参加货币联盟，或者更为严格地实行货币局制度，基本上就很难根据本国经济情况来实施独立的货币政策，对经济进行调整，最多是在发生投机冲击时，短期内被动地调整本国利率以维护固定汇率。可见，为实现资本的完全流动与汇率的稳定，本国经济将会付出放弃货币政策的巨大代价。

如果以三角形的三个顶点分别表示构建国际货币体系旨在实现的三个目标，那么每一条边均代表一类可能的国际货币体系安排。克鲁格曼将此三角形称作“永恒的三角形”（The eternal triangle），其妙处在于它提供了一个一目了然地划分各种国际货币体系的方法，如图 9-19 所示。事实上，在国际货币体系的发展过程中，三角形的三条边所代表的不同的国际货币体系安排都曾经在现实中实施过。比如，在 1944—1973 年的布雷顿森林体系中，各国货币政策的独立性和汇率的稳定性得到实现，但资本流动受到严格限制。而 1973 年以后，布雷顿森林体系解体，各国汇率开始自由浮动，因此货币政策独立性和资本自由流动得以实现，但汇率稳定不复存在。今天的欧洲货币联盟、货币局制度和历史上的金本位制均选择汇率稳定和资本自由流动，牺牲本国货币政策独立性。而现今中国大陆则是选择汇率稳定和货币政策独立性，放弃资本自由流动，即只开放经常账户，不开放资本账户。

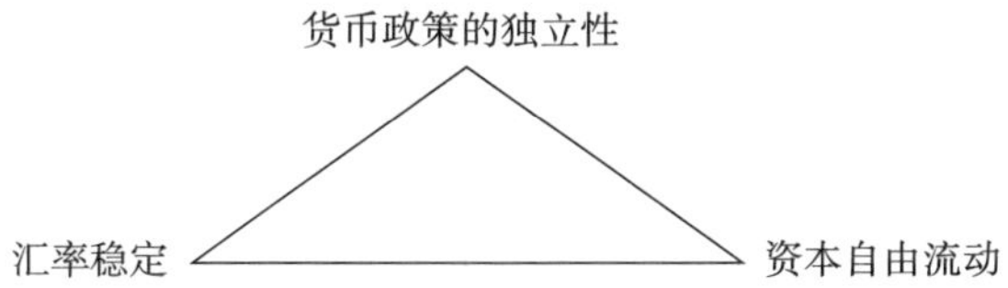

图 9-19　三元悖论

2. 结合克鲁格曼提出的三难悖论（不可能三角形），分析中国资本市场对外开放和人民币汇率制度改革之间的关系与发展前景。（南开大学 2005 研）

答：（1）三难悖论的含义

三难悖论也称三元悖论，它是美国经济学家保罗·克鲁格曼就开放经济下的政策选择问题，在蒙代尔—弗莱明模型的基础上提出的，其含义是：本国货币政策的独立性、汇率的稳定性、资本的完全流动性不能同时实现，最多只能同时满足两个目标，而放弃另外一个目标。其中，本国货币政策的独立性指一国执行宏观稳定政策进行反周期调节的能力，这里主要指一国是否具有使用货币政策影响其产出和就业的能力；汇率的稳定性指保护本国汇率免受投机性、货币危机等的冲击，从而保持汇率稳定；资本的完全流动性即不限制短期资本的自由流动。

（2）我国资本市场对外开放和人民币汇率制度改革之间的关系

对于我国这种经济大国来说，货币政策必须保持独立性。因此，根据三难悖论，资本的自由流动与固定的汇率制度不能同时存在。这就决定了我国资本市场的开放与人民币汇率制度的改革必须同时进行。

目前，我国实行实质上的固定汇率制度，也在一定程度上管制资本的流出流入。

因此，理论上还没有遇到“不可能三角形”的问题。但是，随着我国对外交流的增加，资本逐步或明或暗地实行了自由流动，这必然会倒逼我国汇率制度进行相应的改革，表现出来的就是人民币升值压力或者贬值压力。

因此，我国资本市场的开放与人民币汇率制度的改革是紧密联系的，在两者不能同时改革的情况下，必然会形成倒逼机制，使得后改革者进行改革。这就决定了我国必须统一考虑两者的改革，不能顾此失彼。

（3）我国资本市场对外开放和人民币汇率制度改革的发展前景

从我国的经济规模和经济影响力来说，独立的货币政策、自由的资本流动和浮动的汇率制度是我国必然要实现的目标。但是，实现这些目标的措施和过程应该充分考虑我国经济的承受能力，逐步实行。总体上来说，我国资本市场的开放应该是渐进式的，而在适当的时候则需进行人民币汇率制度的改革。

首先，资本市场对外开放是一个国家发展到一定阶段，与世界经济、贸易进一步融合所必须面临的问题，是全方位参与世界竞争的必然要求。但是，资本市场对外开放需要一定的金融条件，要充分考虑国际资本流动对国内金融市场的冲击，给国内金融体系安全和稳定带来的风险。因此，需要在有效防范风险的前提下，有选择、分步骤地放宽对跨境资本交易活动的限制，逐步实现人民币资本项目可兑换。

其次，在资本市场对外开放达到一定程度时，要考虑人民币汇率制度的改革。人民币汇率制度的改革与资本市场的开放不同，资本市场的开放实际上是包括很多子项目的，因此在一定程度上可以有选择、有步骤地进行。人民币汇率制度的改革则没有这种阶段性。一般来说，人民币汇率制度的改革必须满足以下几个基本条件：第一，金融环境比较成熟；第二，资本市场应该在一定程度上已经开放；第三，市场化的汇率形成机制已经初步形成。在满足这些基本条件下，人民币汇率制度可以由目前的实质固定汇率制度改为真正的有管理的浮动汇率制度。

3. 英国脱欧为什么会导致汇率下降，黄金价格上涨？脱欧后对英国的宏观经济形势有什么影响？英国政府应该采取什么政策？（东北财经大学 2019 研）

答：（1）英国脱欧导致汇率下降，黄金价格上涨的原因

英国脱欧会导致英镑贬值，原因在于：①英国此前的贸易逆差居高不下，通过国债发行以及资本流入来弥补，但脱欧所引起的避险情绪导致二者会出现明显萎缩；②由于脱欧对英国经济造成的不确定性，企业会保持观望情绪，暂停或延迟投资需求；③从长远来看，脱欧造成的劳动力流入减少以及脱离欧盟这个单一最大经济体所造成的贸易和投资下降，会对英国的长期增长造成负面冲击。英国脱欧导致外国投资者对英国经济看跌，从而在外汇市场上抛出英镑买进美元等坚挺货币，导致英镑汇率下降。

英国在欧洲、全球经济体中的影响力不容小觑，其在欧洲、全球经贸往来中的作用十分重要，英国脱欧后，容易产生多米诺骨牌效应，不但可能引发其他国家纷纷效仿脱欧，还将对全球经济以及金融市场造成较大影响。黄金的流通性、变现性及保值性较强，在经济、金融风险较大的情况下，将有大量避险资金涌入黄金市场，从而促

使黄金价格上涨。

(2) 脱欧后对英国宏观经济形势的影响

①脱欧后英国失去了与欧洲各国贸易中的低税收优势，从而降低了净出口；

②英国脱欧后增加了英国市场的不确定性，从而英国国内及国外的企业很有可能会缩减投资计划及招聘计划，从而减少投资，增加失业；

③随着英镑的大幅贬值，也会导致英国国内商品价格上涨，进而会减少国内消费支出。

(3) 英国政府应该采取的政策

脱欧后英国经济面临总需求下降、失业增加、经济衰退的风险。对此，英国政府应该考虑实行增加政府支出和降低税收的扩张性财政政策以增加总需求。同时，退出欧盟意味着英国能够实行独立的货币政策，因此，为提高刺激经济的效果，英国政府可以考虑增加货币供给以实行扩张性货币政策刺激总需求，从而增加总产出，防止经济陷入衰退。另外，为抑制因英镑贬值导致的国内价格的大幅上升，英国应该降低关税，以降低进口产品价格，进而防止因进口产品价格上升引起国内通货膨胀的发生。

考研真题及解答（七）

（一）名词解释

1. 米德冲突（Meade conflict）（武汉大学 2008 研；暨南大学 2009 研）

答：米德冲突指由英国经济学家詹姆斯·米德于 1951 年提出的在固定汇率制下的内外均衡冲突问题。他指出，在汇率固定不变时，政府只能主要运用影响社会总需求的政策来调节内外均衡。这样在开放经济运行的特定区间，便会出现内外均衡难以兼顾的情形。在米德的分析中，内外均衡的冲突一般指在固定汇率下，失业增加、经常账户逆差或通货膨胀、经常账户盈余这两种特定的内外经济状况组合。

2. 自动稳定器（Automatic stabilizer）（中南财经政法大学 2010 研；南京大学 2011 研；东北财经大学 2015 研；广东外语外贸大学 2017 研）

答：自动稳定器也称内在稳定器，指经济系统本身存在的一种会减少各种对国民收入冲击的机制，能够在经济繁荣时期自动抑制通货膨胀，在经济衰退时期自动减轻萧条，无须政府采取任何行动。

例如，一些财政支出和税收制度就具有某种自动调整经济的灵活性，可以自动配合需求管理，减缓总需求的摇摆性，从而有助于经济的稳定。在社会经济生活中，通常具有内在稳定器作用的因素主要包括个人和公司所得税、失业补助和其他福利转移支付、农产品维持价格以及公司储蓄和家庭储蓄等。例如，在萧条时期，个人收入和公司利润减少，政府所得税收入自动减少，从而相应增加了消费和投资。同时，随着失业人数的增加，政府失业救济金和各种福利支出必然要增加，又将刺激个人消费和投资。

但是，内在稳定器的作用是有限的。它只能配合需求管理来稳定经济，而本身不足以完全维持经济的稳定，它只能缓和或减轻经济衰退或通货膨胀的程度，而不能改变它们的总趋势。因此，稳定经济还必须采用更有力的财政政策措施。

3. 公开市场业务（Open market operations）（财政部财政科学研究所 2008、2015 研；华中科技大学 2010 研；东南大学 2015 研；东北大学 2019 研）

答：公开市场业务指中央银行在金融市场上公开买卖有价证券（主要是政府公债、国库券和银行承兑票据等），以期调节信用和货币供应量的一种业务活动，是中央银行实施货币政策的三大法宝之一。

公开市场业务的目的是：①通过政府债券的买卖活动收缩或扩大会员银行存放在中央银行的准备金，从而影响这些银行的信贷能力；②通过影响准备金的数量控制市场利率；③通过影响利率控制汇率和国际黄金流动；④为政府证券提供一个有组织的市场。公开市场业务被认为是实施货币政策、稳定经济的重要工具。例如，经济扩张时，实行卖出政府债券的政策，可以减少商业银行的准备金，降低它的信贷能力，促使贷款利率上涨，遏制过度的投资需求；经济萧条时，则买进政府债券，以便提高商业银行的准备金，扩大它们的信贷能力，促使利息率下降，从而扩大投资需求。

作为中央银行最重要的货币政策工具之一，公开市场业务具有明显的优越性，这主要体现在：①通过公开市场业务可以直接调控银行系统的准备金总量，使其符合政策目标的需要；②中央银行通过公开市场业务可以“主动出击”，避免“被动等待”；③公开市场业务操作可以对货币供应量进行微调，也可以进行连续性、经常性、试探性甚至逆向性操作，以灵活调节货币供应量。

但是，公开市场操作受到诸如商业周期、货币流通速度变化、商业银行的信贷意愿等因素的影响，同时还要求必须具备一个高度发达的证券市场。

4. 基础货币（Monetary base）（兰州大学 2014 研；北京师范大学 2016 研；东南大学 2018 研；南京大学 2019 研）

答：基础货币又称为货币基础、货币基数，指商业银行存入中央银行的准备金与社会公众所持有的现金之和，是中央银行直接控制的变量，也是银行体系的存款扩张、货币创造的基础。由于基础货币会派生出货币，因此是一种高能量的或者说活动力强大的货币，故又称高能货币或强力货币。

当中央银行提高或降低法定准备金率时，各商业银行就要调整资产负债表项目，相应地增加或减少其存放在中央银行的法定准备金，这会使银行体系产生一系列的变化。按照乘数理论，这就会对货币供应量产生紧缩或扩张的作用。社会公众持有的现金的变动也会引起派生存款的变化，从而引起货币供应量的增加或减少。当公众将现金存入银行时，银行就可以按一定比例发放贷款，从而在银行体系内产生一系列的存款扩张过程；当公众从银行提取现金时，又会使银行体系内不断进行的派生存款过程部分中止。但一般来说，除季节性变动外，公众持有的现金额度比较稳定。

基础货币具有以下四个属性：第一，可控性，它是中央银行能调控的货币；第二，负债性，它是中央银行的负债；第三，扩张性，它能被商业银行吸收作为其创造存款货币的基础，具有多倍扩张的功能；第四，初始来源唯一性，即其增量只能来源于中央银行，不能来源于商业银行，也不能来源于公众。

5. 相机抉择（Discretionary）（中央财经大学 2009 研；兰州大学 2015 研）

答：相机抉择指政府根据市场情况和各项调节措施的特点，机动灵活地采取一种或几种措施，使财政政策和货币政策相互搭配的需求管理政策。根据宏观财政政策和宏观货币政策在决策速度、作用速度、预测的可靠程度和中立程度这四方面的差异，相机抉择一般具有以下三种搭配方式：

（1）宽松的财政政策与宽松的货币政策搭配；

（2）紧缩的财政政策与紧缩的货币政策搭配；

（3）宽松的财政政策与紧缩的货币政策搭配或紧缩的财政政策与宽松的货币政策搭配。

实行相机抉择的目的在于既保持总需求，又不引起较高的通货膨胀率。

6. 挤出效应（Crowding-out effect）（厦门大学 2009、2017 研；财政部财政科学研究所 2012 研；中国社科院 2014 研；四川大学 2018 研）

答：挤出效应指政府支出增加所引起的私人消费和投资降低的效果。挤出效应的作用机制是：①政府支出增加，产品市场上竞争加剧，价格上涨，实际货币供应量减少，因而用于投机目的的货币量减少；②用于投机目的的货币量减少引起债券价格下降，利率上升，结果投资减少。由于存在着货币幻觉，在短期内，将会有产量的增加，但在长期内，如果经济已经处于充分就业状态，那么增加政府支出只能挤占私人支出。货币主义者认为，当政府增加政府支出而没有增加货币供给时，那么实际上是用政府支出代替私人支出，总需求不变，生产也不会增长。所以，货币主义者认为财政政策不能刺激经济增长。

在 *IS—LM* 模型中，若 *LM* 曲线不变，向右移动 *IS* 曲线，两种市场同时均衡时会引起利率的上升和国民收入的增加。但是，这一增加的国民收入小于不考虑货币市场的均衡（即 *LM* 曲线）或利率不变条件下的国民收入的增量，这两种情况下的国民收入增量之差，就是利率上升而引起的挤出效应。挤出效应的大小取决于支出乘数的大小、货币需求对收入变动的敏感程度、货币需求对利率变动的敏感程度、投资需求对利率变动的敏感程度等。其中，货币需求的利率敏感程度和投资的利率敏感程度是挤出效应大小的决定性因素。挤出效应与货币需求的利率敏感程度负相关，与投资的利率敏感性正相关。

7. 财政政策（Fiscal policy）（青岛理工大学 2014 研；中国人民大学 2017 研）

答：财政政策是政府变动税收和支出以便影响总需求进而影响就业和国民收入的政策。变动税收指改变税率和税收结构。变动政府支出指改变政府对产品与劳务的购买支出以及转移支付。

财政政策利用变动政府预算（包括税收和政府支出）来影响总需求，从而达到稳定经济的目的。其特点是政府用政府预算来直接控制消费总量和投资总量，调节国家的需求水平，使总需求和总供给达到理想的均衡状态，从而促进充分就业和控制通货膨胀。

从其内容上看，财政政策包括财政收入政策和财政支出政策。前者的政策手段主要是税率，后者的政策手段主要是政府购买（支出）。从对经济发生作用的结果上看，财政政策分为扩张性财政政策和紧缩性财政政策。前者指降低税率、增加转移支付、扩大政府支出，目的是刺激总需求，以降低失业率。后者则包括提高税率、减少转移支付、降低政府支出，以此抑制总需求的增加，进而遏制通货膨胀。财政政策是需求管理的一种主要手段。

8. 货币政策（Monetary policy）（中国人民大学 2017 研）

答：货币政策指政府通过中央银行变动货币供给量影响利率和国民收入的政策措施。例如，在经济萧条时增加货币供给、降低利息率、刺激私人投资，进而刺激消费，使生产和就业增加。反之，在经济过热、通货膨胀率过高时，可紧缩货币供给量以提高利率，抑制投资和消费，使生产和就业减少些或增长慢一些。

货币政策分为扩张性货币政策和紧缩性货币政策。扩张性货币政策是通过提高货币供应增长速度来刺激总需求，在这种政策下，取得信贷更为容易，利息率会降低。因此，当总需求与经济的生产能力相比很低时，使用扩张性货币政策最合适。紧缩性货币政策是通过削减货币供应的增长率来降低总需求水平，在这种政策下，取得信贷较为困难，利息率也随之提高。因此，在通货膨胀较严重时，采用紧缩性货币政策较合适。

货币政策的工具有公开市场业务、改变贴现率、改变法定准备率以及道义上的劝告等措施。这些货币政策的工具作用的直接目标是通过控制商业银行的存款准备金，影响利率与国民收入，从而最终实现稳定国民经济的目标。

（二）问答题

1. 货币政策应该按固定规则还是相机抉择？请说明理由。（中国人民大学 2006 研；四川大学 2018 研）

答：（1）关于货币政策应该是按照规则还是相机抉择，经济学家们各持己见，没有统一的看法，其分歧在于按规则和相机抉择各有其好处。

（2）固定货币规则指货币当局把货币供应量的增长率稳定在一个确定的数值上的货币政策。这是以弗里德曼为代表的美国货币主义学派极力提倡的货币政策。货币主义学派认为，货币供应与经济增长之间存在着稳定的联系，人们的货币需求与实际收入之间存在着稳定的函数关系。因此，货币供应量的增长必须和实际经济增长保持一致，货币供应量的增长率也应当保持稳定。货币主义学派反对凯恩斯主义以相机抉择的反周期财政政策调控经济，而突出强调货币政策的重要作用，认为通货膨胀和经济变动是货币因素造成的，必须运用货币政策来消除。而货币政策的落脚点不在于控制银行信贷利率，而是直接控制货币供应量的增长率。货币主义学派认为市场经济本身是稳定的，不需要政府干预，只要维持固定的货币增长率，就会消除通货膨胀和经济的不稳定性。政府干预反而有可能造成宏观经济的波动，带来经济的不稳定。

（3）相机抉择的货币政策主要是凯恩斯主义的一种实施总需求管理、根据经济运行的波动情况而机动灵活运用的货币政策。相机抉择的货币政策一般依照逆向规则实施，即当总需求低于充分就业的产量时，实行扩张性货币政策，刺激需求以消除失业；反之，则实行紧缩性货币政策以抑制通货膨胀。这种货币政策曾长期作为各国实施宏观调控政策的主要依据。但这种政策未能考虑政府决策的局限性，对公众预期、货币政策时滞和人的认识能力等因素的影响估计不足。

可见，固定规则和相机抉择都有各自的优缺点，货币政策究竟应该按照固定规则还是按照相机抉择目前仍然处于争论之中，尚无定论。

2. 说明宏观经济目标的一致性和冲突。（中南财经大学 2019 研）

答：（1）宏观经济政策指政府为了增进整体经济福利、改善整体经济运行状况，以达到一定的政策目标而对宏观经济领域进行的有意识的干预。在宏观经济中，无论是财政政策还是货币政策，宏观经济政策的目标都是以下四种：①充分就业；②价格稳定；③经济持续均衡增长；④国际收支平衡。这四种目标之间存在一致性，具体为：为了实现充分就业水平，就要维持必要的经济增长率；当一个国家国际收支处于失衡状态时，也必然会对国内经济形成冲击，从而影响该国国内的就业水平、价格水平及经济增长。

（2）经济政策目标相互之间存在一定冲突，即一个目标的实现可能对另一个有排斥作用。具体为：为了实现充分就业，政府实行扩张性经济政策以刺激总需求、扩大就业量，但由此也会引起物价水平的上升；为了抑制通货膨胀，政府实行紧缩性经济政策，由此又会引起失业率的上升；由于在经济增长过程中，通货膨胀难以避免，预算价格稳定与经济增长之间也有冲突；为了实现国内均衡，就可能降低本国产品在国际市场上的竞争力，从而不利于国际收支平衡；而为了实现国际收支平衡，又可能不利于实现充分就业和稳定物价的目标。

3. 财政政策和货币政策都是政府进行宏观调控经济的手段，为什么有时用财政政策，有时用货币政策，而有时两者同时使用？（东南大学 2010 研）

答：虽然财政政策和货币政策都是政府进行宏观调控经济的手段，但是由于在不同的阶段使用财政政策和货币政策的效果不同，因此有时用财政政策，有时用货币政策，而有时两者同时使用。

比如，在凯恩斯极端的情况下，*LM* 曲线水平，*IS* 曲线垂直，此时货币政策完全失效，而财政政策完全有效，此时就可以使用财政政策；而在古典主义极端情况下，*IS* 曲线水平，*LM* 曲线垂直，此时财政政策完全失效，而货币政策完全有效，此时就可以使用货币政策。

但是一般情况下，政府结合着这两种政策进行宏观经济的调控。比如在经济萧条时，政府可以一方面采取扩张性财政政策以刺激总需求，使产出水平上升；另一方面可以相应地实行扩张性的货币政策（此时称为“适应性”货币政策），使利率保持原有水平以避免产生挤出效应。

（三）计算题

设一经济中自发性消费 $C_0=200$，边际消费倾向为 0.75，政府支出为 100，政府收支平衡，投资函数为 $I=200-25r$，货币需求函数为 $L=Y-100r$，$M=1000$，$P=2$。

（1）写出消费函数；

（2）求出 IS 和 LM 曲线，并求出均衡收入、利率和投资；

（3）政府支出从 100 增加到 150 时，收入、利率和投资如何变化？

（4）政府支出增加存在挤出效应吗？解释为什么存在或不存在挤出效应。（上海财经大学 2010 研）

解：（1）因为政府收支平衡，政府支出为 100，所以税收也为 100，故而消费函数为 $C=C_0+\beta y_d=200+0.75(Y-100)=125+0.75Y$。

（2）根据产品市场的均衡条件 $Y=C+I+G$，可得 $Y=125+0.75Y+200-25r+100$，整理可得 IS 曲线为 $Y=1700-100r$；再根据货币市场的均衡条件 $\frac{M}{P}=L$，可得 $500=Y-100r$，整理可得 LM 曲线为 $Y=500+100r$。将 IS 曲线方程和 LM 曲线方程联立起来求得均衡收入为 $Y=1100$，均衡利率为 $r=6$。将 $r=6$ 代入投资函数，可得投资 $I=50$。

（3）政府支出从 100 增加到 150 时，采用上述计算方法，可得均衡收入为 $Y=1200$，均衡利率为 $r=7$。将 $r=7$ 代入投资函数，可得投资 $I=25$。

（4）政府购买支出乘数为 $k_g=\frac{1}{1-\beta}=\frac{1}{1-0.75}=4$，因此假如不存在挤出效应的话，政府支出增加 50，国民收入则相应增加 200，但是实际上仅增加了 100（$=1200-1100$），说明存在挤出效应。之所以存在挤出效应，是因为扩张性财政政策（这里是政府支出增加）导致了 IS 曲线右移，从而导致均衡利率上升（实际上上升了 1 个百分点），这样导致投资的减少，从而产生了挤出私人投资的效应。

（四）论述题

1. 什么是货币政策？货币政策的主要手段有哪些？并分析它们影响总需求的基本机制。（中南大学 2005 研）

答：（1）货币政策的含义

货币政策指政府通过中央银行变动货币供给量，影响利率和国民收入的政策措施。货币政策的工具有公开市场业务、再贴现率政策、法定准备率以及道义上的劝告等。这些货币政策的工具作用的直接目标是通过控制商业银行的存款准备金，影响利率与国民收入，从而最终实现稳定国民经济的目标。

（2）货币政策的主要手段

①再贴现率政策。通常把中央银行给商业银行及其他金融机构的贷款称为再贴现，把这种贷款的利率称为再贴现率。中央银行可以根据经济情况改变再贴现率。当货币当局认为总支出不足、失业有持续增加的趋势时，就降低再贴现率，扩大再贴现的数量以鼓励商业银行发放贷款，刺激投资。再贴现率的下降表示货币当局要扩大货币和信贷供给，再贴现率的上升表示货币当局要收缩货币和信贷供给。中央银行在降低或提高再贴现率时，用控制银行准备金的办法迫使商业银行及其他金融机构相应地降低或提高贷款利率。

②公开市场业务。所谓公开市场业务，指中央银行在金融市场上公开买进或卖出政府债券以控制货币供给和利率的一种政策行为。公开市场业务是中央银行稳定经济最经常使用的政策手段，也是最灵活的政策手段。公开市场业务是逆经济风向行事的。当经济风向显示出总支出不足，因而失业有持续增加的趋势时，中央银行在公开市场买进政府债券，使政府债券价格提高到现有市场价格以上，而债券价格的上涨就等于利率的下降。反之，当经济风向显示出总支出过大，因而价格水平有持续上涨的趋势时，中央银行在公开市场卖出政府债券，从而引起收入、价格和就业的下降。

③改变法定准备率。法定准备率是银行准备金对存款的比例，由于这一比例是法定的，因而称为法定准备率。中央银行逆经济风向改变法定准备率。货币当局认为总支出不足、失业有持续增加的趋势时，可以降低法定准备率，使商业银行能够按更低的准备率，也就是按更多的倍数扩大贷款；也使商业银行形成超额准备金，超额准备金扩大了商业银行增加信用的基础，提高了发放贷款能力。反之，货币当局认为总支出过多、价格水平有持续增长的趋势时，可以提高法定准备率，使商业银行必须按更高的准备金率也就是按较低的倍数扩大贷款；也使商业银行准备金不足，从而减少了贷款能力。

（3）货币政策影响总需求的基本机制

货币政策通过法定准备金率、再贴现率、公开市场业务等货币政策工具，影响货币供应量，在货币需求量不变的情况下，货币供应量的变动会影响利率水平变化，利率变化影响投资需求，进而影响社会总产出。所以，货币政策影响总需求的机制可以表达为货币政策工具→货币供应量→利率水平→投资需求→社会总需求。

2. 结合你所学的经济学知识，用财政政策和货币政策解决当前中国宏观经济所面临的问题。（中南财经政法大学 2019 研）

答：（1）当前中国宏观经济所面临的问题

中国宏观经济运行具有两面性，一方面外部环境更加严峻复杂，另一方面国内长期积累的结构性矛盾依然突出。

国内家庭与企业债务问题还未解决；消费增速持续下滑，致使企业经营活力下降；

家庭和企业部门间债务的负反馈效应还溢出到银行系统，导致银行坏账率上升；金融去杠杆和强监管尚处于阵痛期内；金融系统结构性问题依然存在，保就业及所有制歧视等因素使得商业银行对“僵尸企业”被动输血，加剧了金融资源的错配等。

外部环境方面，中美贸易摩擦的不断升级增加了进出口的不确定性，与美元指数攀升等因素叠加，共同导致人民币贬值压力上升。

（2）解决宏观经济问题所应采取的财政政策和货币政策

①实施积极的财政政策。如图 9-20 所示，积极的财政政策比如增加政府支出或者减少税收等，使 IS 曲线向右移动，从而使经济的均衡点由 E_1 移动到 E_2，均衡产出由 Y_1 增加到 Y_2。即实施积极的财政政策能够扩大国内总需求，刺激经济总产出的增加。财政政策更加积极，要兼顾当前和长远，在扩内需、调结构上发挥更大作用，加大对“三大攻坚战”、就业、科技、小微企业等关键领域支持力度。要深化推动财税体制改革，加大企业税费减免力度，加快推进个人所得税改革，有序推进房地产税制度的实施，解决地方政府土地财政以及隐性债务问题。

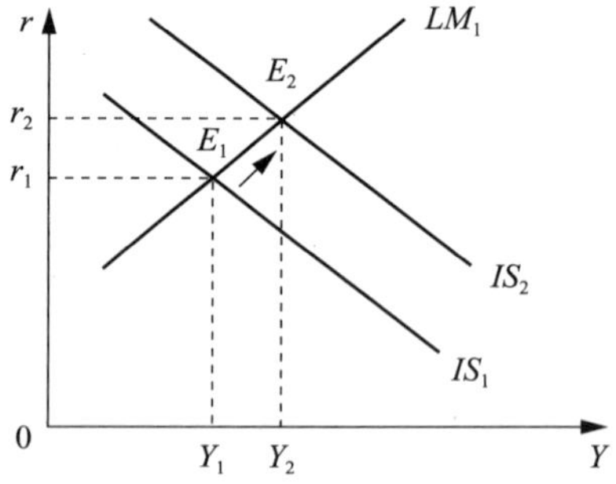

图 9-20　积极的财政政策的影响

②实施稳健的货币政策。稳健的货币政策，即以币值稳定为目标，正确处理防范金融风险与支持经济增长的关系，在提高贷款质量的情况下，保持货币供应量适度增长，支持国民经济持续快速健康发展。当经济出现衰退迹象时，货币政策偏向扩张，当经济出现过热时，货币政策偏向紧缩，最终反映到物价上，就是保持物价的基本稳定。

总体而言，为应对当前中国宏观经济所面临的问题，要实行积极的财政政策和稳健的货币政策。

3. 考虑政府弥补赤字的途径及其可能的经济后果，论述：

（1）什么是财政赤字？政府为了弥补赤字，有几种举债途径？

（2）为什么发行公债往往带来通货膨胀？

（3）同样是为了政府开支融资，让国民上交税收或者购买国债，在国民看来是否相同？

（4）为什么有的经济学家认为增加税收和发行国债，经济效果相同？

（5）为什么有的经济学家认为考虑到后代时，二者的经济效果可能不同？（东北财经大学 2013 研）

答：（1）财政赤字是政府支出大于政府收入的差额。财政收入主要是税收和公债，政府支出主要可分为政府购买和政府转移支付两类。

弥补赤字的途径有借债和出售政府资产。政府的举债途径包括以下两种：

①向中央银行借债，称为货币筹资；

②向国内公众（商业银行和其他金融机构、企业和居民）和外国举债，称为债务筹资。

（2）公债往往带来通货膨胀的原因

①如果用发行公债来弥补财政赤字，而公债主要是由中央银行认购的，即采取货币筹资，则中央银行的证券投资增加，导致基础货币供给增加，由于货币乘数效应引起货币供给大量增加，若货币需求不变则会带来通货膨胀。

②如果向国内公众举债，不过是购买力向政府部门转移，并不立即直接引起通货膨胀，因为基础货币并没有增加。然而，当政府发行公债时往往会引起利率上升，中央银行如果想稳定利率，则必然要通过公开市场业务买进债券，从而增加货币供给。这样，预算赤字增加也会引起通货膨胀。

（3）同样是为了政府开支融资，让国民上交税收或者购买国债，在国民看来并不相同。其原因在于：

①增加税收一般是提高税率或者征收新的税种，从而提高政府财政收入，这是一种强制和无偿性的手段，直接导致国民可支配收入的减少，影响国民消费。

②发行债券是通过发行政府债券，由中央银行或者公众进行认购，到期时返本付息。一般政府债券的利息高于存款利息，这对于国民来讲是一种投资理财的方式，是一种获息保值的手段。

（4）认为增加税收和发行国债经济效果相同是基于李嘉图等价定理。

根据李嘉图的政府债务观点，消费者是理性的和向前看的；消费者并不会遇到约束线的借贷制约；消费者关心子孙后代。这样，用债务筹资的减税并不影响消费。家庭把额外的可支配收入储蓄起来以支付减税所意味的未来更重的税收。这种私人储蓄的增加正好抵消公共储蓄的减少，国民储蓄保持不变。因此，减税对经济没有影响。同样地，增税对经济也没有影响。李嘉图等价指政府用债务筹资和税收筹资是等价的。

（5）支持传统政府债务观点的论据之一是消费者预期隐含的未来税收不会落在他们身上，而要落在子孙后代身上。例如，假定政府今天减税，发行30年期的债券为预算赤字筹款，然后在30年后增加税收以偿还贷款。在这种情况下，政府债务代表财富从下一代纳税人（他们面临税收增加）向当前一代纳税人（他们得到了减税）的转移。这种转移增加了当前一代人的一生资源，从而增加了其消费。从本质上说，以债务筹资的减税刺激了消费是因为它以下一代的损失为代价给了当前一代机会来消费。

考研真题及解答（八）

（一）名词解释

1. 资本深化与资本广化（东南大学 2018 研；北京林业大学 2018 研；东北财经大学 2011 研）

答：新古典增长模型的基本方程为

$$\Delta k=sf(k)-(n+\delta)k$$

式中，$(n+\delta)k$ 为新增劳动力所配备的资本数量和资本折旧，称为资本广化（即意味着为每一个新生的工人提供平均数量的资本存量）；Δk 为人均资本的增加，称为资本深化（即意味着每个工人占有的资本存量上升）。因而新古典增长模型的基本方程又可表述为

资本深化=人均储蓄-资本广化

当 $sf(k)=(n+\delta)k$ 时，$\Delta k=0$，此时实现经济的均衡增长，人均储蓄恰好等于资本广化的需要。因此，要实现稳态，则人均储蓄必须正好等于资本的广化，即新古典增长理论中的稳态的条件是 $sf(k)=(n+\delta)k$。

2. 经济增长（东北财经大学 2006 研；江西财经大学 2004 研；中南财经政法大学 2003 研）

答：在宏观经济学中，经济增长通常被定义为产量的增加。具体理解，经济增长有以下两层含义：

（1）经济增长指一个经济体所生产的物质产品和劳务在一个相当长的时期内持续增加，即实际总产出的持续增长；

（2）经济增长指按人口平均计算的实际产出（人均实际产出）的持续增加。

若用 Y_t 表示 t 时期的总产量，Y_{t-1}表示 $t-1$ 期的总产量，则总产量意义下的增长率可表示为

$$G_t=\frac{Y_t-Y_{t-1}}{Y_{t-1}}$$

若用 y_t 表示 t 时期的人均产量，y_{t-1}表示 $t-1$ 期的人均产量，则人均产量意义下的增长率可表示为

$$g_t=\frac{y_t-y_{t-1}}{y_{t-1}}$$

经济增长率的高低体现了一个国家或地区在一定时期内产出的增长速度，也是衡量国家总体经济实力增长速度的标志。人均总产出增长率的高低则体现了经济效率的高低。

3. 资本的黄金律水平（山东大学 2019 研；中央财经大学 2010 研；北京邮电大学 2009 研；华中科技大学 2007 研；上海交通大学 2007 研）

答：资本的黄金律水平指稳定状态人均消费最大化所对应的人均资本水平，由经济学家费尔普斯于 1961 年提出。他认为如果一个经济的发展目标是使稳态人均消费最大化，那么在技术和劳动增长率固定不变时，稳态人均资本量的选择应使资本的边际产品等于劳动的增长率。用方程表示为

$$f'(k^*)=n$$

上述结论可以用图 9-21 来加以论证。如图 9-21 所示，应选择 k^*，这时稳态的人均消费等于线段 MM'的长度。可以看出，在 k^*处，曲线 $f(k)$ 的斜率与直线 nk 的斜率应相等，由于直线 nk 的斜率为 n，而曲线 $f(k)$ 在 k^* 处的斜率为 $f'(k^*)$，故有 $f'(k^*)=n$。

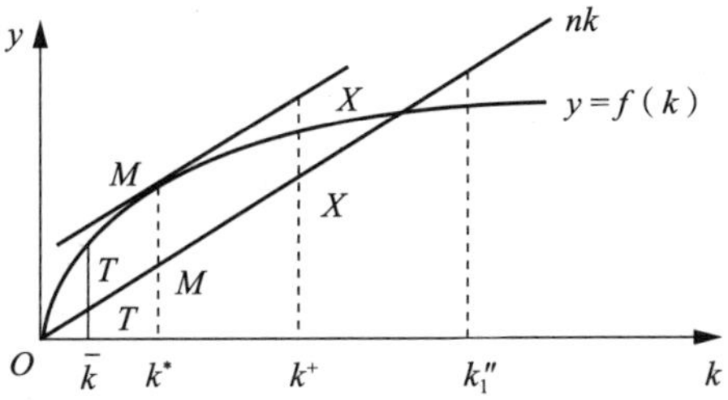

图 9-21　经济增长的黄金分割律

黄金分割律具有如下两个性质：①在稳态时如果一个经济中人均资本量多于其黄金分割律的水平，则可以通过消费掉一部分资本使平均每个人的资本下降到黄金分割律的水平，就能够提高人均消费水平；②如果一个经济拥有的人均资本少于黄金分割律的数量，则该经济提高人均消费的途径是在目前缩减消费，增加储蓄，直到人均资本达到黄金分割律的水平。

4. 内生增长理论（东南大学 2007 研；华中科技大学 2005 研）

答：内生增长理论是经济增长理论中的一种，它与新古典增长理论不同，内生增长理论用规模收益递增和内生技术进步来说明一个国家长期经济增长和各国增长率差异，认为经济的长期增长依赖于储蓄率和其他因素，而不仅仅依赖于劳动力的增长率。其重要特征就是试图使增长率内生化。

根据其依赖的基本假定条件的差异可以将内生增长理论分为完全竞争条件下的内生增长模型和垄断竞争条件下的内生增长模型。按照完全竞争条件下的内生增长模型，使稳定增长率内生化的两条基本途径就是：①将技术进步率内生化；②如果可以被积累的生产要素有固定报酬，那么可以通过某种方式使稳态增长率被要素的积累影响。

5. 稳定状态（华中科技大学 2004 研）

答：稳定状态指长期中经济增长达到的一种均衡状态：投资等于资本扩展化水平，人均资本存量维持不变。这个维持不变的人均资本存量 k^*，称为稳定状态的人均资本存量。

在稳定状态下，不论经济初始位于哪一点，随着时间的推移，经济总是会收敛于

该资本水平 k^*。在稳定状态，由于人均资本存量保持不变，所以人均产出也保持不变，即人均产出增长率为零。

（二）问答题

1. 说明内生经济增长理论和新古典经济增长理论的主要区别。（北京师范大学 2018 研；暨南大学 2011 研）

答：内生经济增长理论也称为新经济增长理论，是继新古典经济增长理论之后的又一经济增长理论，产生于 20 世纪 80 年代后期与 90 年代初期，代表人物有罗默、卢卡斯和阿罗等经济学家。新古典经济增长理论是美国经济学家索洛提出的，产生于 20 世纪 50 年代后期与整个 60 年代。内生经济增长理论和新古典经济增长理论的主要区别有以下三个：

（1）假设条件不同。新古典经济增长理论假设资本边际收益递减，而内生经济增长理论则假设资本边际收益不变。这是内生经济增长理论和新古典经济增长理论的关键区别。另外，新古典经济增长理论假设技术是外生的，而内生经济增长理论则认为技术和资本一样，是内生的。

（2）模型形式不同。内生经济增长理论模型中的生产函数为 $Y=AK$，其中 Y 是产出，K 是资本存量，而 A 是一个常量。新古典经济增长理论模型中的生产函数为 $Y=F(N,\ K)$，其中 Y 是产出，K 是资本存量，而 N 是投入的劳动量。这里，对 $Y=F(N,\ K)$ 的假设包括规模报酬不变。

（3）结论不同。内生经济增长理论的结论是经济增长率是内生的，即促使经济增长的因素是模型内决定的，储蓄和投资会引起经济的长期增长。新古典经济增长理论的结论则是经济增长取决于外生的技术进步，而储蓄只会导致经济的暂时增长，资本边际收益递减最终使经济增长只取决于外生技术进步的稳定状态。

2. 简述实际经济周期理论。（西北大学 2017 研；华中科技大学 2007、2016 研；中央财经大学 2015 研）

答：实际经济周期理论是新古典宏观经济学的代表性理论之一。自 20 世纪 80 年代以来，以索洛为代表的新古典宏观经济学试图用实际因素解释宏观经济波动。实际经济周期理论认为经济波动之源是技术冲击，分析了波动传导以及货币与产出的关系。

（1）技术变革是引起经济波动的实际因素中至关重要的一个

实际经济周期理论认为，引起经济波动的实际因素很多，其中技术是一个重要的因素。按照实际经济周期理论，在人口和劳动力固定的情况下，一个经济中所产生的实际收入便取决于技术和资本存量，从而总量生产函数可以表示为 $y=zf(k)$，其中，y 为实际收入，K 为资本存量，z 为技术状况。于是生产中的技术变动便反映在 z 值的变动上，z 值的变动表现为生产函数的变动。由此可知，技术变动能够引起产出、消费、投资及就业等实际变量的波动。实际经济周期理论认为，技术的冲击具有持续的影响，产出的波动是持续的。技术的随机冲击是负的，经济从较低的水平开始增长；技术的随机冲击是正的，经济从较高的水平上开始增长。产出的变化是永久的，而不是如同自然率假说认定的，任何产出的波动都是对自然率水平的暂时偏离。工资和价格的弹性不是使经济回到自然率水平，而是使经济回到稳定增长的路径。值得注意的是，技术变动主要影响供给，所以实际经济周期理论等价于供给周期理论。

（2）波动的传导

经济的周期变动是经济中所有部门共同变动的综合体现。技术变动同时对经济的各个部门产生冲击是不常见的。整个经济应该存在一个传导机制，它通常发生在某一个特定的部门内，称为部门性波动源，然后，这个部门的技术变化能够传导到整个经济中去。如果一个部门出现了技术变革，如机械工业出现了机器人，那么，跟随其后，诸如食品制造业、汽车生产企业等从该项技术创新中获利的部门和企业将向生产机器人的企业订货，引起对机器人需求的增长，生产机器人的企业增加，生产扩张，从而部门的冲击引起了整个经济的波动。

（3）货币与实际变量

实际经济周期理论认为，即使在短期内货币也是中性的。名义货币量的变化不能引起产出和就业等实际变量的变化。实际经济周期理论的代表人物基德兰德和普雷斯科特在其模型中引入货币和银行系统，得出了产出决定货币的结论。该模型阐明两点：一是内部货币（银行系统的存款）与产出的关系比外部货币（基础货币）更密切，产出运动引起内部货币变化；二是价格运动主要与外部货币有关，与内部货币关系不大。

新古典宏观经济学的实际经济周期理论认为，宏观经济经常受到一些实际因素的冲击，如石油危机和农业歉收，还有诸如战争、人口增减、技术革新等。虽然冲击的具体原因很多，但是它们引起经济波动的途径是有限的，要么使人们的偏好发生变动，要么改变技术状况（生产率），或者使可利用的资源发生变动等。

3. 在不考虑技术进步和人口增长的索洛增长模型中，假设经济体初始处于稳态且资本量处于黄金律水平以下，如果政府准备一次性提高储蓄率以使经济在长期内达到黄金律资本水平，画图说明政府提高储蓄率对产出、消费和投资影响的动态过程（提示：以时间为横轴刻画产出、消费和投资的变化过程）。（中央财经大学 2011 研）

答：（1）在不考虑技术进步和人口增长的索洛模型中，假设经济体初始处于稳态且资本量处于黄金律水平以下，如图 9-22 所示，此时储蓄率为 s_1，人均资本为 k_1^*。

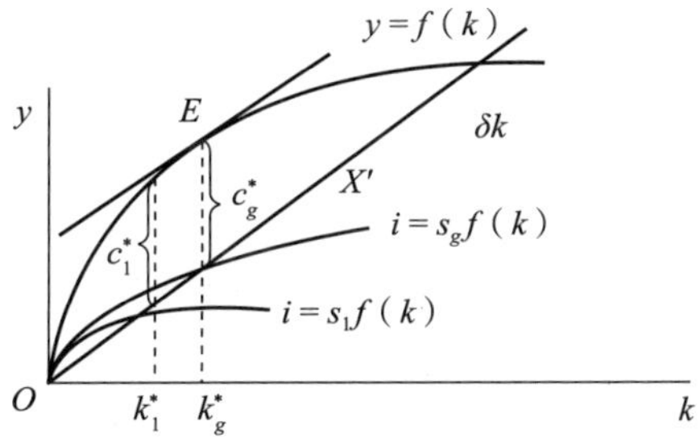

图 9-22　提高储蓄率以达到资本积累的黄金律水平

第九章　考研真题及解答

（2）需要注意的是，虽然一个经济会自动收敛于一个稳定状态，但并不会自动收敛到黄金律的稳定状态。事实上，要让一个经济有黄金律的稳定状态，政府要通过对储蓄率的选择，使稳定状态的资本存量水平正好是黄金律水平。现政府准备一次性提高储蓄率到 s_g，以使经济在长期内达到黄金律资本水平 k_g^*。

（3）假设政策能够成功，储蓄率将在时刻 t_0 降到最终会实现黄金律稳态的水平。如图 9－23 反映了当储蓄率提高的时候，对产出、消费和投资分别产生的影响。

（4）储蓄率在 t_0 的提高会引起消费的下降和投资的增加，长期中，较高的投资会使资本存量提高，产出和消费等都将逐步增加，最终实现黄金律稳态的水平。在新的黄金律稳态水平的消费必然高于原来的稳态消费。

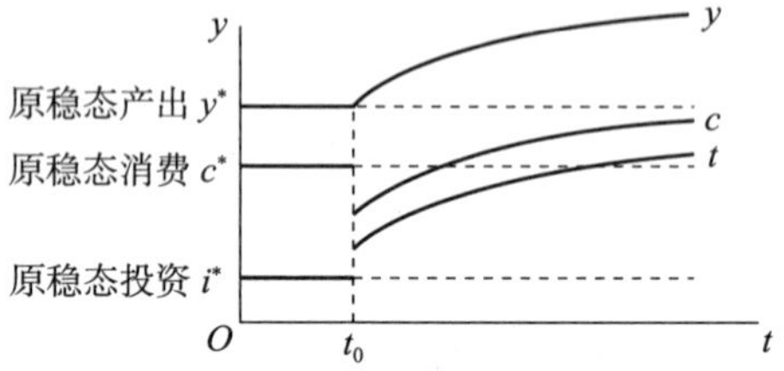

图 9－23　资本过少时提高储蓄率的影响

4. 在索洛增长模型中，什么因素决定了稳定状态下的人均收入增长率？一国储蓄率的变化如何影响稳定状态下的人均收入水平及其增长率？人口增长率的变化如何影响稳定状态的人均收入水平？（厦门大学 2006 研）

答：（1）稳定状态下人均收入增长率的决定

在索洛增长模型中，储蓄率和人口增长率都不影响稳定状态下的人均收入增长率。索洛增长模型得出的核心结论是：技术进步是影响稳定状态下的人均收入增长率的关键因素，技术进步解释了长期内的经济增长。但遗憾的是，在索洛增长模型中，这个关键因素——技术进步只是个外生假设。

（2）储蓄率的影响

在索洛增长模型中，高储蓄率使得达到稳态时的资本存量和总产量更大，低储蓄率对应于稳态时低的资本存量和总产量。但是，储蓄率的增加只能在短期内提高经济增长速度，并不能引起长期的经济增长。

（3）人口增长率的影响

索洛增长模型认为，人口增长率越高，稳态时人均资本存量就越低，人均收入水平也越低。如图 9-24 所示，当人口增长率从 n_1 提高到 n_2，使收支相抵的投资线向上移动。新的稳定状态的人均资本存量水平 k_2^* 低于初始稳定状态的 k_1^*。因此，索洛增长模型预言，人口增长率较高的经济体，人均资本水平较低，从而人均收入水平也较低。

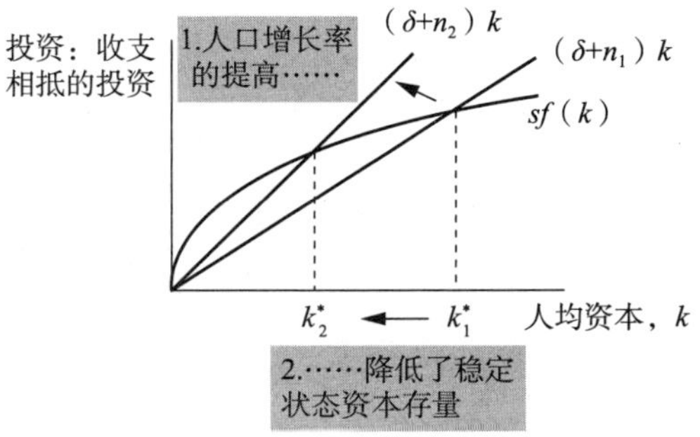

图 9-24　人口增长的影响

（三）计算题

1. 已知资本增长率为 4%，劳动增长率为 2%，产出增长率为 8%，资本的国民收入份额 $\alpha=0.4$。在这些条件下，全要素生产率的增长率为多少？

解：由题意知：$\frac{\Delta K}{K}=4\%$，$\frac{\Delta L}{L}=2\%$，$\frac{\Delta Y}{Y}=8\%$，$\alpha=0.4$，经济增长的核算方程为

$$\frac{\Delta Y}{Y}=\frac{\Delta A}{A}+\alpha\frac{\Delta K}{K}+(1-\alpha)\frac{\Delta L}{L}$$

所以全要素生产率的增长率为：

$$\frac{\Delta A}{A}=\frac{\Delta Y}{Y}-\alpha\frac{\Delta K}{K}-(1-\alpha)\frac{\Delta L}{L}=8\%-0.4\times4\%-0.6\times2\%=5.2\%$$

根据内生增长理论，全要素生产率的增长率取决于经济产出 Y 的增长率和要素的积累。

2. $Y=AK^{\alpha}L^{1-\alpha}$，$\dot{Y}=\mathrm{d}Y/\mathrm{d}t$。

（1）写出全要素增长公式。

（2）以下是 A 国和 B 国的增长情况（见表 9-2），它们的技术增长分别是多少？对它们的增长模式做出评价。（复旦大学 2008 研）

表 9-2　A 国和 B 国的增长情况

	初期 GDP	资本	劳动	末期 GDP	资本	劳动
A 国	100	500	500	120	600	600
B 国	200	1000	500	210	1100	500

解：（1）由产出函数可得 $\ln Y=\ln A+\alpha\ln K+(1-\alpha)\ln L$

对时间求导数可得

$$\frac{\dot{Y}}{Y}=\frac{\dot{A}}{A}+\alpha\frac{\dot{K}}{K}+(1-\alpha)\frac{\dot{L}}{L}$$

所以，全要素增长率为$\frac{\dot{A}}{A}=\frac{\dot{Y}}{Y}-\alpha\frac{\dot{K}}{K}-(1-\alpha)\frac{\dot{L}}{L}$。

（2）由表 9-2 中数据可得，A 国和 B 国的 GDP、资本和劳动的增长率如表 9-3 所示。

表 9-3　A 国和 B 国的 GDP、资本和劳动的增长率

	GDP 增长率	资本投入增长率	劳动投入增长率
A 国	0.2	0.2	0.2
B 国	0.05	0.1	0

同时，由于 α 未知，所以必须对其进行估计。可得 $\alpha=\frac{\partial Y}{\partial K}\cdot\frac{K}{Y}=\frac{\Delta Y}{\Delta K}\cdot\frac{K_0+K_1}{Y_0+Y_1}$。

所以，对于 A 国而言，$\alpha_A=\frac{120-100}{600-500}\times\frac{500+600}{100+120}=1$。

因而 A 国的全要素增长率为$\frac{\dot{A}}{A}=0.2-0.2=0$。

同理，对于 B 国而言，$\alpha_B=\frac{210-200}{1100-1000}\times\frac{1100+1000}{200+210}=\frac{21}{41}$。

因而 B 国的全要素增长率为$\frac{\dot{A}}{A}=0.05-0.1\times\frac{21}{41}=-0.001$。

从以上计算可知，A 国的全要素增长率为 0，其经济增长主要是依靠生产规模的扩大（即劳动和资本投入的不断提高）来实现的；而 B 国的全要素增长率略接近于 0，为负数，表明该国并没有出现技术进步、制度创新等引致的全要素生产率提高，相反可能由于制度方面等原因，出现了经济发展的障碍和阻力。

3. 生产函数 $Y=F(K, L)=\sqrt{KL}$。

（1）求人均生产函数 $y=f(k)$；

（2）忽视人口增长、技术进步，求稳态经济下人均资本存量、人均产量和人均消费水平；

（3）求黄金律经济时期人均资本存量、人均产量和人均消费水平。（北京大学 2003 研）

解：（1）根据生产函数，人均生产函数 $y=f(k)=\frac{Y}{L}=\frac{\sqrt{KL}}{L}=\sqrt{\frac{K}{L}}=\sqrt{k}$。

（2）经济稳态条件为 $\Delta k=sf(k)-\delta k=0$，将人均生产函数代入经济稳定条件可得 $sk^{0.5}-\delta k=0$，求解得到人均资本存量 $k=(\frac{s}{\delta})^2$，代入人均生产函数可得人均产量$f(k)=\frac{s}{\delta}$，人均消费水平 $c=(1-s)\frac{s}{\delta}$。

（3）黄金律经济时期，$f'(k^*)=n$，即 $0.5(k^*)^{-0.5}=n$，于是人均资本存量 $k^*=0.25n^{-2}$，人均产量 $y^*=0.5n^{-1}$，人均消费水平 $c^*=0.5n^{-1}-0.25^{n-2}$。

4. 在新古典增长模型中，集约化生产函数为 $y=f(k)=2k-0.5k^2$，人均储蓄率为0.3，设人口增长率为3%，求：

（1）使经济均衡增长的 k 值；

（2）黄金律所要求的人均资本量。（中央财经大学2018研；暨南大学2015研；中南财经政法大学2015研）

解：（1）经济均衡增长时，$sy=(n+\delta)k=nk$（假设折旧 δ 为0），将 $s=0.3$，$n=3\%$ 代入稳态条件得

$$0.3\times(2k-0.5k^2)=0.03k$$

解得 $k=3.8$。

即使经济均衡增长的 k 为3.8。

（2）按黄金律要求，对每个人的资本量的选择应使得资本的边际产品等于劳动的增长率，即 $f'(k)=n$。于是有

$$2-k=0.03$$

解得 $k=1.97$。

即黄金律所要求的人均资本量为1.97。

（四）论述题

1. 试述新古典增长模型的主要内容。（西安交通大学2006研）

答：（1）新古典增长模型的基本方程

新古典增长模型的基本假设有：社会储蓄函数为 $S=sy$；劳动力按一个不变的比率 n 增长；生产的规模报酬不变。

在上述假设条件下，索洛得到新古典增长模型的基本方程 $\Delta k=sy-(n+\delta)k$，这一关系式表明，人均资本的增加等于人均储蓄 sy 减去 $(n+\delta)k$ 项。$(n+\delta)k$ 为新增劳动力所配备的资本数量和资本折旧，称为资本广化（即意味着为每一个新生的工人提供平均数量的资本存量）；Δk 为人均资本的增加，称为资本深化（即意味着每个工人占有的资本存量上升）。因而新古典增长模型的基本方程又可表述为

资本深化=人均储蓄-资本广化

（2）稳定增长的条件

在新古典增长模型中，稳态指一种长期均衡状态。要实现稳态，则人均储蓄必须正好等于资本的广化。即新古典增长理论中稳态的条件是

$$sy=(n+\delta)k$$

稳态中（人均资本不变，即 $\Delta k=0$），总产量（或国民收入）的增长率和总的资本存量的增长率均等于劳动力的增长率，且这一增长率是独立于储蓄率的（等式中无 s）。

(3) 新古典增长模型的结论

①稳态中的产量增长率是外生的。在上面的模型中为 n，它独立于储蓄率 s。

②尽管储蓄率的增加没有影响到稳态增长率，但是通过增加资本—产出比率，它确实提高了收入的稳态水平。

③产量的稳态增长率保持外生。人均收入稳态增长率决定于技术进步率，总产量的稳定增长率是技术进步率和人口增长率之和。

④如果两个国家有着相同的人口增长率、相同的储蓄率和相同的生产函数，那么它们最终会达到相同的收入水平。如果两个国家之间有着不同的储蓄率，那么它们会在稳态中达到不同的收入水平，但如果它们的技术进步率和人口增长率相同，那么它们的稳定增长率也将相同。

(4) 新古典增长模型的经济意义

新古典增长模型的经济意义是，劳动力的增长、资本存量的增长和科学技术的进步对产量的增长产生直接影响。

2. 根据新古典增长理论原理，说明我国转变经济增长方式的必要性和途径。（首都对外经济贸易大学 2018 研；华南师范大学 2011 研）

答：(1) 新古典增长理论认识到除了劳动对经济增长有贡献外，技术的进步和资本积累也可以加快经济增长的速度，技术的进步和资本深化可以克服边际报酬递减规律。该理论认为，人力资源、自然资源、资本及科学技术四种要素是拉动经济增长的“四驾马车”。经济增长同四要素的关系可以用以下公式来表示：$Q=AF(K, L, N)$，Q 表示产出，A 代表技术水平，K 代表资本投入，L 代表人力资源，N 代表自然资源。该理论特别强调科学技术进步在经济增长中的重要作用。

(2) 经济增长方式是经济增长过程中对生产要素的分配和使用方式。从要素投入和产出对比上看，一个国家的经济增长方式可以分为粗放式和集约型两种，前者以高投入、高消耗、高排放、低产出为特征，后者以低投入、低消耗、低排放、高产出为特征；前者表现为效益差、效果差、效率低，后者表现为效益好、效果好、效率高。增长方式反映一个国家的科学技术水平、生产力水平、经营管理水平以及经济体制和机制的完善程度。

(3) 我国过去几十年的经济增长方式属于粗放式增长方式，这种增长方式产生的弊端与问题也日益显露突出，主要表现在：①经济效益低下，影响国力迅速增长；②资源浪费严重，生态环境问题突出；③投资需求一度膨胀，经常造成总量失衡；④随着人民收入水平的不断提高，基本需求已经基本得到满足，但粗放式生产方式不能生产出高质量的新产品，产品在国内市场上的销售越来越困难，已经到了难以为继的地步；⑤我国的资源总量虽然不小，但人均占有量并不丰裕，而且严重不足；⑥生产要素的比例受到限制，投资占国民生产总值的比重，就业人数占劳动力的比例，都有不可突破的上限；⑦西方发达国家早已实现集约型增长方式，我国以粗放式生产的产品，不能参与国际市场上的竞争，迫使我国的出口采取不惜工本、数量取胜的战略，效益很低，造成外贸企业大量亏损。

总之，无论是从国内形势还是国际环境看，无论是从经济增长理论还是从我国经济增长实际看，都必须坚决转变经济增长方式，粗放式的增长方式已经走到了尽头。

（4）根据新古典增长理论和我国的实际情况，认为可以通过以下途径转变经济增长方式。①大力发展循环经济。发展循环经济对环境的破坏降到最低限度，并最大限度地利用资源，从而大大降低了经济发展的社会成本。②建立绿色 GDP 指标体系。实行绿色 GDP 指标的经济发展模式和国民核算新体系，不仅有利于保护资源和环境，促进资源的可持续利用和经济可持续发展，而且有利于加快经济增长方式的转变，提高经济效益，进而增进社会福利。③积极进行技术创新。通过技术创新，提高各种经济资源的使用效率，建立资源节约型的国民经济体系，减轻经济增长对资源和环境的压力。④经济发展转向以内需为主。经济大国应该以内需为主，这可以说是学术界的共识。因此，我国不能总指望国际市场来消化过剩的生产能力。最近几年，大量的投资和出口形成一个循环，投资主要为出口服务，投资最快的是沿海、外向型的地区，消费服务投资则相形见绌，一旦国际形势发生重大变化，对国内经济就会造成很大的冲击。⑤降低外贸依存度。从国际经验比较看，我国经济增长当前有三个突出问题：一是外贸依存度高，现已高达 70%，在此前的经济发展历史上，还没有出现过一个大国曾有如此高的外贸依存度；二是第二产业的比重高，我国第二产业的比重在 2004 年高达 52.9%，比日本顶峰时期还要高 10 个百分点；三是服务业在 2003 年后比重一直下降，这是不正常的现象。⑥增加居民收入。增加居民收入，提高居民收入占 GDP 比重的同时，健全社会保障体系和社会信用体系，解除老百姓消费的后顾之忧，这是提高内需的必由之路。近年来，我国财政收入占 GDP 的比重已快速上升至 20%，然而，我国居民福利水平的提高速度远远赶不上财政收入的增加速度，国民收入分配出现了财政收入远远高于居民收入增长的格局，我国消费增长缓慢的根源即在于此。

3. 在不考虑人口增长和技术进步的索洛增长模型中，假设经济最初处于非黄金律稳定状态水平，并且人均资本存量 K 高于黄金律水平 K_g。为了实现向黄金律水平变化，储蓄率该如何调整？如果储蓄率调整的时刻为 t_0，自此以后人均产出、消费和投资将会如何变化，在下图中画出各变量的变化轨迹，并阐明其原因。（中国人民大学 2011 研）

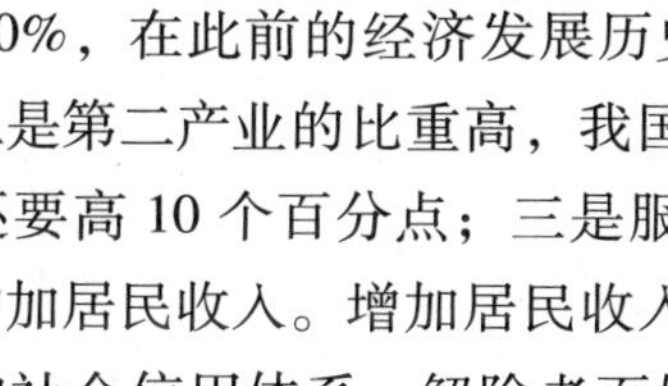

图 9-25　各变量初始状态

答：（1）在人均资本存量 K 高于黄金律水平 K_g 时，为了实现向黄金律水平变化，根据新古典增长模型，可以通过消费掉一部分资本使人均资本下降到黄金律的水平，为此政府应该下调储蓄率。如果储蓄率调整的时刻为 t_0，自此以后人均产出、投资均下降，但消费会上升，最后到时刻 t_1 时人均产出、投资达到一个较低的新稳态水平（或者达到较低的黄金律水平），而消费则达到一个较高的新稳态水平。图 9–25是各自的变化轨迹。

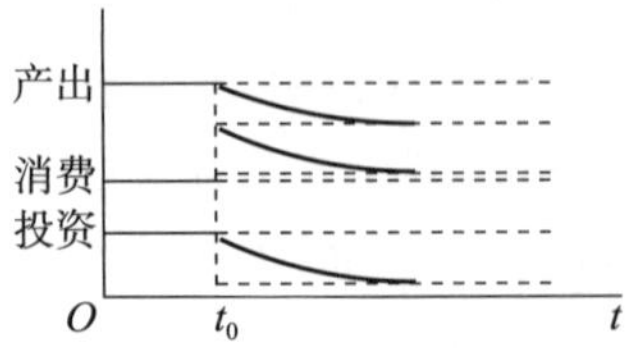

图 9–26　资本过多时降低储蓄率的影响

（2）之所以各变量的轨迹如图 9–26 所示，原因分析如下：

索洛增长模型的基本方程为

$$k=sf(\dot{k})-\delta k$$

其中，k 表示人均资本存量，s 表示储蓄率，δ 表示折旧率，$f(k)$ 表示生产函数，人均产出率为 $y=f(k)$，人均消费率为 $c=(1-s)f(k)$。

现在考虑储蓄率一次性下降（$s\to s'$，$s>s'$）。此时，在时点 t_0 处，资本存量不变，故产出水平不变，但消费上升为 $c'=(1-s')f(k)$，总投资由 $sf(k)$ 下降至 $s'f(k)$，净投资从 0 下降为负数。但是，随着人均资本存量趋于黄金律水平，人均消费稳定下来，对于另外两个变量人均收入和人均投资而言也是如此，一开始有一个脉冲式的减少，但是减少速度越来越慢，最后随着人均资本存量趋于黄金律水平，两个变量也稳定于其黄金律水平。

附录

练习题参考答案（一）

（一）选择题

1. A　2. D　3. A　4. D　5. B　6. C　7. A　8. D　9. B　10. A　11. B　12. C　13. A　14. C　15. D

（二）判断题

1-5　×××××　6-10　√√√√√　11-15　×√√××　16-20　×√√√√　21-25　×√√√×　26-27　√√

（三）计算题

1. 根据 $GDP = C+I+G+NX$

可知 2015 年美国 GDP 为 8746+2105+2363-727=12487（亿美元）

2. 根据

$$通货膨胀率=\frac{当期价格水平-基期价格水平}{基期价格水平}\times 100\%$$

可知中国 2005 年通货膨胀率为$\frac{150-140}{140}\times 100\% = 7.1\%$

3. 根据

$$失业率=\frac{失业人口}{劳动力人口数}\times 100\%$$

可知 2015 年美国失业率为$\frac{444.5}{13890}\times 100\% = 3.2\%$

（四）问答题

1. 答：GDP 指一定时期内在一国（或地区）境内生产的所有最终产品和服务的市场价值总和。它是衡量一国经济总产出的宏观经济指标，从以下四个方面具体理解。（1）是一个市场价值的概念。由于经济中很难将不同种类产品和服务简单加总，所以要考虑这些产品和服务所能实现的市场价值。可以用单位价格乘以产品的数量来计算，一般是用某种货币来表示。(2) GDP 衡量的是最终产品和服务的价值，而不计入中间产品和服务的价值。(3) GDP 是一个国家或地区范围内生产的最终产品和服务的市场价值。(4) GDP 衡量的是一定时期内最终产品或服务的价值。

2. 答：用支出法衡量 GDP，就是衡量一定时期内整个社会购买最终产品和服务的总支出。一个国家经济从对产品或服务的需求角度可划分为四个部门，即家庭部门、企业部门、政府部门和国际部门。家庭部门对最终产品和服务的支出为消费支出，简称消费，用字母 C 表示。企业部门对最终产品和服务的支出为投资支出，简称投资，用字母 I 表示。政府部门对最终产品和服务的支出为政府购买支出，简称政府购买，用字母 G 表示。国际部门则引入净出口支出来体现对最终产品和服务的支出，即出口额与进口额的差额，用字母 NX 表示。将上述四个部门项目加总，用支出法核算 GDP 的公式可表示为 $GDP=C+I+G+NX$。

3. 答：(1) GDP 不能反映经济中的收入分配情况。(2) GDP 只涉及与市场活动有关系的最终产品和服务的价值，忽略了家庭劳动和地下经济因素。(3) GDP 不能反映出为经济增长所付出的资源环境代价。(4) GDP 不能反映人们的生活质量。

4. 答：在宏观经济学中，通货膨胀指一个经济体在一定时期内价格水平持续上升的情况。通货膨胀通常用通货膨胀率来反映，如果以 P_t 表示 t 时期的价格水平，P_{t-1} 表示 $t-1$ 时期的价格水平，π_t 表示 t 时期的通货膨胀率，则有 $\pi_t=(P_t-P_{t-1})/P_{t-1}\times 100\%$，式中价格水平 P 既可以用 GDP 平减指数表示，也可以用 CPI 表示。

5. 答：按照西方劳动经济学的分类，失业可分为三种类型：摩擦性失业、结构性失业和周期性失业。摩擦性失业指由于正常的劳动力周转所造成的失业。结构性失业指由于技术或经济结构变化导致工作所需技能或工作地域变化所带来的失业。周期性失业指一个经济周期内随经济衰退而上升，随经济扩张而下降的波动性失业。

6. 答：尽管失业是一种社会现象，但这一后果是自然规律所导致的，所以，一定程度上也可以把失业现象看成是自然形成的后果。因此，充分就业就可以看成是西方经济运行自然而然达到的结果。当实现充分就业时，即使存在摩擦性失业和自愿性失业，也必然与社会制度无关，前者是不可避免的自然事实，后者来源于人们自身的原因，正是人们无形中所形成的偏好才使得一部分人自愿成为失业人群，这样就很好地掩盖了失业问题的本质，成功地为资本主义做了强有力的辩护。就如一位西方学者写道："把这种失业率称为'自然的'并把它和充分就业联系在一起，是理论为意识形态服务。"

练习题参考答案（二）

(一) 选择题

1. A　2. B　3. D　4. B　5. C　6. B　7. A　8. C　9. D　10. B　11. A　12. A　13. C

14. B　15. D　16. A　17. B　18. C　19. B　20. B

（二）判断题

1-5　√××√√　6-10　√××√×　11-15　×√××√　16-20　×√×√√

21-25　√×√√×　26-30　√√×√×　31-33　×√√

（三）计算题

1.（1）$APC=C/Y=800/1000=0.8$

（2）$APS=S/Y=(1000-800)/1000=0.2$

（3）$MPC=\Delta C/\Delta Y=(900-800)/(1200-1000)=0.5$

（4）$MPS=\Delta S/\Delta Y=(300-200)/200=0.5$

2. 当投资增加 50 亿元时，国民收入会增加

$$\Delta Y=\frac{\Delta I}{1-MPC}=\frac{50}{0.5}=100\text{（亿元）}$$

当投资减少 40 亿元，国民收入会减少

$$\Delta Y=\frac{\Delta I}{1-MPC}=\frac{40}{0.5}=80\text{（亿元）}$$

3.（1）投资乘数为 $k_i=\frac{1}{1-b}=\frac{1}{1-0.9}=10$

根据 $Y=C+I=100+0.9Y+80$

解得 $Y=1800$

（2）储蓄函数为 $S=Y-C=Y-(100+0.9Y)=0.1Y-100$

均衡时的储蓄额为 $S=0.1\times1800-100=80$（亿元）

（3）均衡条件因投资函数的变化而变为

$$Y=C+I=100+0.9Y+0.05Y+30=130+0.95Y$$

解得 $Y=2600$

因投资函数变化而引起的均衡国民收入增加额为 $2600-1800=800$（亿元）

（四）问答题

1. 答：在均衡产出水平上，计划存货投资一般不为 0，而非计划存货投资必定为 0。均衡国民收入（等于总需求水平的产出或收入）就可以用公式表示为 $Y=C+I$，Y、C、I 分别代表除去价格因素变动后的实际产出或国民收入、实际消费和实际投资。但现实中，C 和 I 代表意愿消费和投资的数量，而不是均衡国民收入构成公式中实际达到的消费和投资。例如，企业由于错误估计形势，超过市场需求多生产了 X 亿元产品，这些产品就形成了非计划存货投资，这部分存货投资在国民收入核算中是实际投资支出的一部分，但不是计划投资的部分，所以实际投资等于计划存货投资加非计划存货投资，因此，在均衡产出水平上，计划投资和实际投资正好相等，非计划存货投资就等于 0。

2. 答：消费曲线上任意一点的斜率，就是与这一点相对应的边际消费倾向，而消

费曲线上任意一点与原点相连而成的射线的斜率，则是与这一点相对应的平均消费倾向。

从图 1 中消费曲线的形状可以看到，随着这条曲线向右延伸，这条曲线和 45°线的距离越来越大，曲线上各点的斜率越来越小，说明边际消费倾向有递减的趋势；同时，曲线上各点与原点的连线的斜率也越来越小，说明平均消费倾向也有递减的趋势，但平均消费倾向始终大于边际消费倾向。由于消费增量只能是收入增量的一部分，所以，边际消费倾向总是大于 0 并小于 1，但平均消费倾向则可能大于 1、等于 1 或小于 1，因为消费可能大于、等于或小于收入。如果消费曲线是一条直线，则边际消费倾向就是始终不变的。

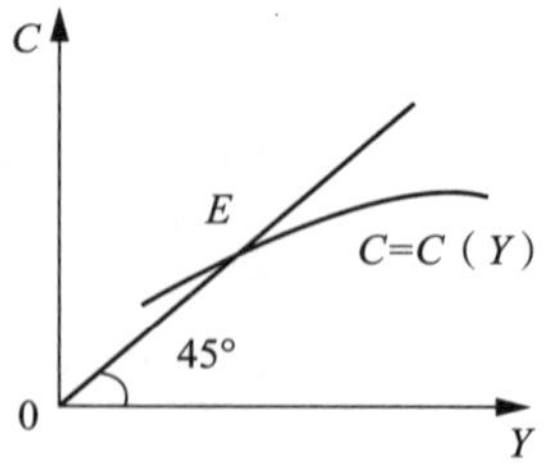

图 1　消费曲线

3. 答：均衡国民收入决定了经济中总供求相等，即总投资等于总储蓄，$I=S$。凯恩斯主义关于均衡国民收入决定的基本原理是：总需求水平决定均衡国民收入水平。当储蓄增加时，减少了消费需求，从而降低了总需求，总需求下降导致均衡收入下降。

4. 答：（1）消费函数与储蓄函数互补，消费和储蓄之和等于收入。（2）*APC* 和 *MPC* 都随收入增加而递减，但 *APC*>*MPC*；*APS* 和 *MPS* 都随收入增加而递增，但 *APS*<*MPS*。（3）*APC* 和 *APS* 之和恒等于 1，*MPC* 和 *MPS* 之和也恒等于 1。

5. 答：凯恩斯所提出的消费函数，它假定消费是收入的函数。这种消费函数是宏观经济学中消费函数的最简单的形式，被称为凯恩斯的绝对收入消费函数理论。其理论不足之处在于：凯恩斯在其《就业、利息和货币通论》中提出，只是把现期收入和现期消费联系在一起，这显然是不全面的。一些经济学家的验证和研究结果表明，在凯恩斯消费函数理论提出初期，基本上与经验数据是相吻合的。但第二次世界大战后的经验数据却表明，凯恩斯这一理论在说明消费和储蓄、收入方面，存在着某种矛盾和不一致，因为从长期来看，平均消费倾向一直是比较稳定的。鉴于凯恩斯消费函数理论和现实之间的矛盾，有的经济学家又提出了一些不同的消费函数理论，从消费者个人选择的角度对消费需求理论进行了进一步的研究和补充。

6. 答：投资需求的决定取决于投资者在投资项目上的利弊权衡，因此，投资需求决定的原则是能够获取净利润收益。具体而言，投资的收益要大于成本，其最低界限是投资收益等于投资成本。决定投资的实际因素有很多，一般来说，最主要的因素有作为投资成本因素的实际利率水平、预期收益率和投资风险的考虑等。凯恩斯认为，企业是否要对新的实物资本（如机器、设备、厂房、仓库等）进行投资，既取决于这些新投资的预期利润率（资本边际效率），也取决于为购买这些资产所需要借入的款项（借款筹资的方式可有多种多样）所要求的利率之间的比较。前者大于后者时，投资是有利的；前者小于后者时，投资就是不利的。所以，在决定投资的各种因素中，当预期利润率（资本边际效率）既定时，利率就是考虑的首要因素。

7. 答：按照凯恩斯的定义，资本边际效率（MEC）是一种贴现率，这种贴现率正好使一项资本品在使用期内各预期收益的现值之和等于这项资本品的供给价格或者重置成本。它表明一个投资项目的收益应该按照什么比例增长才能达到预期的收益，因此，它也代表了该投资项目的预期利润率。如果按照投资的原则，即收益与成本相等，该贴现率（资本边际效率）和利率就应该是相等的。如果资本边际效率大于市场利率，该项投资就值得进行；否则，就不值得进行。也即在资本边际效率既定时，市场利率越低，投资需求量越大，如图 2 中 *MEC* 曲线所示。

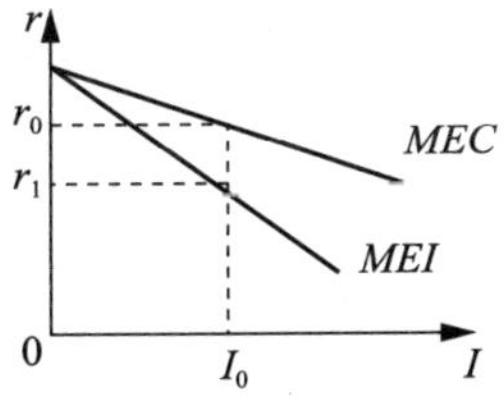

图 2　资本边际效率曲线和投资边际效率曲线

西方学者认为，*MEC* 曲线还不能准确代表企业的投资需求曲线，因为当利率下降时，如果每个企业都增加投资，资本品的价格就会上涨。在相同的预期收益情况下，r 必然缩小；否则，公式两边就无法相等，由于 R_0 上升而被缩小了的 r 的数值就被称为投资边际效率（MEI）。所以，在相同的预期收益下，投资的边际效率小于资本的边际效率。因此，投资边际效率曲线比资本边际效率曲线更为陡峭。*MEI* 和 *MEC* 曲线同样都能表示利率和投资量之间存在的反方向变动关系，只是在使用投资边际效率曲线的情况下，利率变动对投资量变动的影响较小一些。西方学者认为，更精确地表示投资和利率之间关系的曲线，是投资边际效率曲线。所以，西方经济学著作一般都用 *MEI* 曲线来表示利率与投资量的关系，投资需求曲线指的就是 *MEI* 曲线。

8. 答：消费需求是总有效需求的一个重要组成部分，有效需求不仅涉及需求的意愿，更涉及对需求的支付能力，即收入或财富的水平。在资本主义经济中，财富和收入的极大不均是十分重要的问题。这是由资本主义私有制的性质和雇用劳动制度决定的，只要这些制度不改变，消费不足的问题就无法得到根本解决。

9. 答：对于消费需求不足的解释，可以用凯恩斯提出的边际消费倾向递减规律来解释。边际消费倾向规律是凯恩斯经济学的三大心理法则之一，边际消费倾向规律之所以被凯恩斯看作心理法则，是因为消费需求在一定程度上取决于消费者的主观意愿及偏好。而这对于不同的消费者来说，又是各不相同的，甚至不能完全显现出来。在很多条件相同的情况下，不同的消费者却可能表现出不同的偏好，因而产生不同的消费需求。对于边际消费倾向递减的问题，凯恩斯曾经说过，“无论我们是从现已了解的人类本性上看，还是从经验中的具体事实来看，我们可以具有很大的信心来使用一条基本心理规律。这条规律就是：在一般情况下，平均说来，当人们收入增加时，他们的消费也会增加，但消费的增加不会像收入增加得那样多”。也就是说，人们随收入增加，消费增幅递减而储蓄增幅递增，会导致全社会消费需求不足。

凯恩斯的投资曲线是由资本的边际效率曲线推导而来，资本的边际效率规律之所以被看作心理法则，是因为预期的未来收益是没有客观确定因素的，完全是投资者的主观估计。由于这种估计既取决于未来的客观条件，也取决于投资者的知识、经验和心理状态，因此，资本边际效率就具有很大的不确定性。凯恩斯指出，投资的不稳定性是造成经济中有效需求不足和经济波动的最重要原因。

练习题参考答案（三）

（一）选择题

1. B　2. D　3. D　4. C　5. A　6. A　7. A　8. B　9. D　10. B　11. D　12. D　13. B　14. A　15. C　16. C　17. B　18. C　19. A

（二）判断题

1–5　××××√√　　6–10　××√×√

（三）计算题

1. 答：（1）这是一个三部门经济模型，由恒等式 $Y=C+I+G$ 可得 IS 曲线为 $Y=0.8\times(1-0.25)Y+900-50r+800$，$Y=4250-125r$。

（2）LM 曲线为 $0.25Y-62.5r=500$，整理得 $y=2000+250r$。

（3）解方程组 $\begin{cases}Y=4250-125r\\Y=2000+250r\end{cases}$，得 $\begin{cases}r=6\\Y=3500\end{cases}$

因此均衡利率为 6%，均衡收入为 3500。

2. 答：（1）在价格水平不变即 $P=1$ 时，若已知货币需求函数为 $L=0.2Y-5r$ 和名义货币供给量为 150，则 LM 曲线为 $0.2Y-5r=150$，即 $r=-30+(1/25)Y$。

（2）若名义货币供给量为 200，同样根据（1）中所用的方法可得，货币需求与货币供给均衡时的 LM 曲线为 $0.2Y-5r=200$，即 $r=-40+(1/25)Y$。

与（1）中的 LM 曲线 $r=-30+(1/25)Y$ 相比，（2）中的 LM 曲线位于（1）中的 LM 曲线的右下方，且两者平行，这说明货币供给增加会引致 LM 曲线向右下方平行移动。

（3）当 $r=10$，$Y=1100$ 时，货币需求量为 $L=0.2\times1100-5\times10=170$，对于（2）中的 LM 曲线来讲，货币供给为 200，此时货币需求小于货币供给，处于非均衡状态，存在利率下降的压力。

（四）问答题

1. 答：（1）流动性陷阱是凯恩斯流动偏好理论中的一个概念。流动性陷阱的基本原理是，凯恩斯认为，对利率的预期是人们调节货币和债券配置比例的重要依据，利率越高，货币需求量就越小，当利率极高时，这一需求量等于零，因为人们认为这时利率不大可能再上升，或者说有价证券价格不大可能再下降，因而将所持有的货币全部换成有价证券。反之，当利率极低时，人们会认为这时利率不大可能再下降，或者说有价证券市场价格不大可能再上升而只会跌落，因而会将所持有的有价证券全部换成货币。人们有了货币也决不肯再去购买有价证券，以免证券价格下跌时遭受损失，即人们不管有多少货币，都愿意持有在手中，这种情况被称为“流动性陷阱”或“凯恩斯陷阱”。

（2）处于流动性陷阱时扩张性货币政策的效应。在流动性陷阱情况下，货币的投机需求无限，货币供给的增加不会使利率下降，从而也就不会增加投资引诱和有效需求，表现为流动偏好曲线或货币需求曲线的右端会变成水平线。此时采取扩张性货币政策不能降低利率，不能增加收入，货币政策无效，而财政政策极为有效。

2. 答：（1）*LM* 曲线上斜率的三个区域分别指 *LM* 曲线从左到右所经历的水平线、向右上方的倾斜线和垂直线这三个阶段。*LM* 曲线的这三个区域分别称为凯恩斯区域、中间区域和古典区域。

（2）从 *LM* 曲线的斜率来看。由 $r=(k/h)y-m/h$ 可看出，*LM* 曲线的斜率为 k/h。*LM* 曲线斜率的大小取决于以下两个因素：①货币需求对收入的敏感系数 k。h 一定时，k 越大，*LM* 曲线的斜率越大，*LM* 曲线越陡峭。②货币需求对利率的敏感系数 h。k 一定时，h 越大，*LM* 曲线的斜率越小，*LM* 曲线越平缓。一般情况下，*LM* 曲线的斜率为正值，*LM* 曲线由左下向右上倾斜，这一区域被称为中间区域。当利率下降到很低时，货币的投机需求将趋于无限大，即 h 无穷大，*LM* 曲线斜率为零，*LM* 曲线成为一条水平线，这一区域被称为凯恩斯区域。当货币的投机需求为零，即 h 为零时，*LM* 的斜率无穷大，*LM* 曲线为竖直曲线，这一区域被称为古典区域。凯恩斯区域和古典区域之间的区域即为中间区域。

（3）从三个区域的经济含义来看：①在水平线阶段的 *LM* 曲线上，货币需求曲线已处于水平状态，对货币的投机需求已达到“流动性陷阱”阶段，货币需求对利率敏感性极大，也就是货币需求的利率弹性无穷大。凯恩斯认为，当利率很低，即债券价格很高时，人们觉得用货币购买债券的风险极大，债券价格只会跌，不会涨，因此购买债券很可能亏损，人们愿意长期持有货币，不肯去购买债券，这时，货币的投机需求无限大，从而使 *LM* 曲线呈水平状态。由于这种分析是凯恩斯提出的，所以水平的 *LM* 区域被称为凯恩斯区域。在凯恩斯区域，经济一般处于萧条时期，货币政策无效，而财政政策有很大效果。②在垂直阶段，*LM* 曲线的斜率无穷大，或货币的投机需求对利率已毫无敏感性，从而货币需求曲线的斜率（$1/h$）趋于无穷大；货币需求曲线呈垂直状态，表示不论利率怎样变动，货币的投机需求均为零，从而 *LM* 曲线呈垂直状态（k/h 趋于无穷大）。由于古典学派认为只有交易需求而无投机需求，货币需求的利率无弹性，因此垂直的 *LM* 区域被称为古典区域。在古典区域，经济一般处于繁荣时期，财政政策无效，而货币政策有效。③在古典区域和凯恩斯区域之间的这段 *LM* 曲线是中间区域，*LM* 曲线的斜率在古典区域为无穷大，在凯恩斯区域为零，而在中间区域则为正值。因此，在中间区域货币需求的利率弹性及经济状况介于凯恩斯区域和古典区域之间。

3. 答：只要生产能随产品市场供求而变动，利率能随货币市场供求而变动，则产品市场和货币市场中的非均衡可以通过调整逐步走向均衡。例如，若利率和收入的组合点在 *IS* 曲线和 *LM* 曲线之上，则一方面表示这时储蓄大于投资；另一方面表示货币供给大于货币需求，在这种非均衡情况出现时，只要市场机制能充分起作用，则储蓄大于投资（即产品市场上供过于求）会导致生产收缩，货币供给大于货币需求会导致利率下降，经过多次调整，一定会使收入和利率趋向两个市场同时达到均衡的状态。

练习题参考答案（四）

（一）选择题

1. B　2. D　3. B　4. A　5. D　6. A　7. B　8. C　9. B　10. A　11. D　12. A　13. A　14. D　15. C　16. C　17. B　18. C　19. D　20. A

（二）判断题

1-5　√×√√√　6-10　√××√√　11-14　×√××

（三）计算题

1. 答：（1）*IS* 方程：$Y=C+I+G=120+0.75(Y-80)+140-10r+100$，整理得 $Y=1200-4r$。

LM 方程：$0.25Y-8r=150/1.25$，整理得 $Y=480+32r$。

（2）*IS* 方程和 *LM* 方程联立得方程组：

$$\begin{cases} Y=1200-40r \\ 0.25Y-8r=\dfrac{150}{P} \end{cases}$$

消除 r 得总需求曲线：$Y=\dfrac{1600}{3}+\dfrac{1000}{3P}$。

2. 答：（1）当产品市场均衡时，有 $Y=C+I+G$，即 $Y=100+0.8(Y-50)+150-6r+40$。整理后，我们得到 *IS* 方程为 $Y=1250-30r$。

（2）当 $P=1$ 时，*IS*、*LM* 方程分别为

$$IS：Y=1250-30r$$

$$LM：Y=750+20r$$

从 *IS* 和 *LM* 联立方程求解，即可得 $Y=950$，$r=10$。

当 $P=1.2$ 时，*IS*、*LM* 方程分别为

$$IS：Y=1250-30r$$

$$LM：Y=625+20r$$

从 *IS* 和 *LM* 联立方程求解，即可得 $Y=875$，$r=12.5$。

当 $P=1.5$ 时，*IS*、*LM* 方程分别为

$$IS：Y=1250-30r$$

$$LM：Y=500+20r$$

从 IS 和 LM 联立方程求解，即可得 $Y=800$，$r=15$。

这就意味着，总需求水平随价格水平的上升而减少，即 AD 曲线为负斜率；在一定的水平下，价格水平上升，实际货币供给减少，利率水平上升。

（3）如果在 $P=1$ 的价格水平下，名义货币供给从 150 元分别下降到 125 元和 100 元，实际货币供给水平也就相应从 150 元分别下降到 125 元和 100 元。货币市场利率水平上升，国民收入水平将从 950 元分别下降到 875 元和 800 元。

（四）问答题

1. 答：所谓总需求，指整个经济社会在每一个价格水平下对产品和劳务的需求总量，它由消费需求、投资需求、政府需求和国外需求构成。在其他条件不变的情况下，当价格水平提高时，国民收入水平就下降；当价格水平下降时，国民收入水平就上升。总需求曲线向右下方倾斜的机制在于：

（1）财富效应：当价格水平下降时，提高了经济中货币的真实价值，并使消费者感到更富有，这会鼓励人们支出更多，支出的增加意味着对产品和劳务的需求量更大。相反，价格水平上升，降低了货币的真实价格，并使消费者感觉变穷，减少消费者支出以及对产品和劳务的需求量。上述价格水平影响消费者以货币表示的财富的实际购买力，进而对消费产生影响的现象被称为财富效应，又称实际余额效应。

（2）利率效应：价格总水平下降，人们交易中所需货币量减少，在货币供给不变的情况下，将导致利率下降，进而导致投资增多。反之，当价格总水平上升时，人们交易中所需货币量增多，在货币供给不变的情况下，将导致利率上升，进而导致投资减少。这种价格水平变动通过影响利率进而影响企业投资的现象被称为利率效应。

（3）税收效应：价格总水平上升会导致人们名义收入增加，从而使税负增加，进而使消费和投资水平下降。

（4）进出口效应：物价总水平上升会使进口增加，出口减少，国内生产成本上升，从而导致国内投资水平下降。

2. 答：一般价格水平影响总供给的过程可以表述如下：一般价格水平的变动影响实际工资（实际工资等于名义工资与一般价格水平之比），实际工资的变动影响劳动需求量和劳动供给量进而影响实际就业量，最后实际就业量的变动影响总供给量（若技术等其他条件不变，总供给是就业量的增函数）。

垂直的长期总供给曲线根源于劳动市场完全竞争，货币工资自由地升降，劳动需求量正好等于劳动供给量，此时的实际工资为均衡实际工资，就业量为均衡就业量或充分就业量。与充分就业量相对应的收入为充分就业收入。由于名义工资能够随着价格水平的变动做相应的变动，使实际工资始终处于均衡实际工资水平即保持不变，从而实际就业量始终为充分就业量，实际收入始终为充分就业收入，故长期总供给曲线垂直。

3. 答：在古典总供给曲线模型中，货币供给增加会使价格水平上升，总产出不变，名义 GNP 增大，利率下降，就业量不变。

在凯恩斯主义总供给曲线模型中，货币供给增加时，价格水平不变，总产出增大，名义 GNP 增大，利率下降，就业量扩大。

练习题参考答案（五）

（一）选择题

1. A　2. D　3. C　4. C　5. A　6. A　7. C　8. B　9. A　10. C　11. A　12. B　13. A　14. C　15. B　16. C　17. B　18. D　19. C　20. D　21. D　22. C　23. C　24. B　25. A　26. A　27. B　28. A

（二）判断题

1-5　××√×√　6-10　×√×√√　11-15　√√×√√　16-20　√×√√×　21-25　√×√×√　26-28　×√√

（三）计算题

1. 答：（1）由所给的菲利普斯曲线可知，当 $u-0.06=0$ 时，即失业率为 6%时，经济达到充分就业状态，即经济的自然失业率为 6%。

（2）由所给的菲利普斯曲线，得

$$\pi-\pi^E=-0.5(u-0.06) \tag{1}$$

使通货膨胀率减少 5 个百分点，即在式（1）中，令 $\pi-\pi^E=-5\%=-0.05$，则式（1）变为

$$-0.05=-0.5(u-0.06)$$
$$u-0.06=10\%$$

所以，为使通货膨胀率减少 5%，必须有 10%的周期性失业。

2. 答：（1）按照奥肯法则，在 6%的自然失业率水平下，各年的 GDP 缺口分别为

1991 年：$(Y_{91}-Y_f)/Y_f=-3(5\%-6\%)=3\%$。

1992 年：$(Y_{92}-Y_f)/Y_f=-3(4\%-6\%)=6\%$。

1993 年：$(Y_{93}-Y_f)/Y_f=-3(5\%-6\%)=3\%$。

1994 年：$(Y_{94}-Y_f)/Y_f=-3(6\%-6\%)=0$。

（2）由（1）可知，在 1991 年、1992 年、1993 年，实际 GDP 都高于潜在 GDP 水平；1994 年缺口消除。可见，1991 年、1992 年、1993 年的价格水平存在上升压力。

（3）若 1993 年的实际 GDP 为 2000 亿元，由已知条件和奥肯法则可得

$$(2000-Y_f)/Y_f=-3\ (5\%-6\%)$$

解得 $Y_f=1941.75$。

也即 1993 年的潜在 GDP 水平为 1941.75 亿元。

（四）问答题

1. 答：一般来说，坐公交车比较费时，坐出租车比较省时，超速的通货膨胀发生

时，相对价格水平每分每秒都在上升，货币流通速度极大地加快。人们手中的货币像烫手的山芋，必须越快越好地把它使用出去，否则会很快地贬值。人们坐公共汽车所节省的钱，也许比坐公共汽车所耗费的时间里发生的货币贬值造成的损失要少得多；而坐出租车虽多费钱，但可以抵消货币贬值带来的损失。这样，从机会成本角度考虑，人们就宁愿坐出租车而不愿坐费时的公交车。

2. 答：把一定时期各种商品的价格与商品的交易量相乘后相加，可得到某一时期的价格总额。选一个时期为基期，购买同等量商品的本期价格总额除以基期价格总额，就得到本期的一个价格指数，这个价格指数反映了本期经济的物价总水平或一般物价水平。因此，一般物价水平的高低是衡量一定数量的商品购买所需支付的货币数量的多少，或一定数量的货币所能购买的商品和劳务多少的指标。通货膨胀是价格水平的增长率，它衡量的是从一个时期到另一个时期一般价格水平变动的百分比。因而，通货膨胀率的高低是反映价格水平变动幅度大小的指标。

3. 答：不可。工资推动型通货膨胀属成本推进型通货膨胀，因为工资是产品成本的主要构成部分。工资上涨虽然会使消费增加，并引起总需求增加，但总需求增加并不会在任何情况下都引起通货膨胀。按需求拉动型通货膨胀定义，需求拉动型通货膨胀是由于需求增长过度，超过了产量增长速度而引起的通货膨胀。在工资上升从而消费需求上升进而推动总需求水平上升时，如果经济中有大量过剩生产能力存在，并不一定引起通货膨胀，而可能主要是刺激生产，增加就业。

4. 答：不是。自愿失业指劳动者不愿意接受现行劳动力市场的工资条件而自愿选择的失业。当工资条件发生变化时，这些人再决定是否就业。摩擦性失业并不具有自愿性。它是因劳动力市场运行机制不完善或因经济变动过程中工作转换而产生的失业。它被看作一种求职性失业，即一方面存在职位空缺，另一方面存在着与此数量对应的寻找工作的失业者。这是因为劳动力市场的信息具有不完备性，厂商找到所需要的雇员和失业者找到合适的工作都需要花一定的时间。产业结构的调整也会相应引起劳动力在各行业间的调整，通常由于流动成本、职业技能、个人特长或居住地区等原因的存在，会造成劳动者暂时找不到工作。摩擦性失业任何时期都存在，并随着经济结构变化的加快而逐渐增大。

5. 答：一般来说，结构性失业比摩擦性失业问题更严重。因为摩擦性失业是由于劳动市场运行机制不完善或者经济变动过程中的工作转换而产生的失业。摩擦性失业的失业者都可以胜任可能获得的工作，所以增强失业服务机构的作用、增加就业信息、协助劳动者迁移等都有助于减少摩擦性失业。而结构性失业是由经济结构变化、产业兴衰转移造成的失业，是劳动市场失衡造成的失业，一些部门需要劳动力，存在职位空缺，但失业者缺乏到这些部门和岗位就业的能力，而这种能力的培训需要一段较长的时间才能完成，所以结构性失业的问题更严重一些。

6. 答：这属于理性预期。这是人们根据失业率与通货膨胀的关系做出的判断。如果失业率较高，根据失业率与通货膨胀之间存在的此消彼长的关系，人们预计政府会提高通货膨胀率以降低失业率。于是人们抢先一步把预期的通货膨胀率考虑到工资合同中去，这样在政府推行扩张性政策时，由于货币工资率与物价同步上涨，实际工资没有下降，所以厂商并不扩大产量和增雇工人，政府即使在短期也不能用提高通货膨胀率的方法来降低失业率。这里，人们对通货膨胀所做的判断不是依据过去通货膨胀的经验做出的，因此，不属于适应性预期。

7. 答：恶性通货膨胀对宏观经济运行效率产生的不利影响主要包括：

（1）恶性通货膨胀使价格信号扭曲，使厂商无法根据价格提供的信号来决策，造成经济活动的低效率；

（2）恶性通货膨胀使厂商必须经常性地改变其产品或服务的价格，产生因价格改变而发生的菜单成本；

（3）恶性通货膨胀使不确定性提高，引发资源配置向通货膨胀预期有利的领域倾斜，不利于经济的长期稳定发展；

（4）恶性通货膨胀降低人们的货币需求，这会使往返银行的次数增多，以至于磨掉鞋底，经济学上将这种成本被称为“鞋底成本”。

8. 答：西方学者认为，对于由摩擦性失业和结构性失业所构成的自然失业，只能降低其失业程度，而不可能完全消除，因为摩擦性失业产生的主要原因是劳动力市场的不断变化（如工作岗位、工作单位、家庭地点等的不断变化）及信息不完备性（一些工作岗位需要人，一些人要寻求工作，但互相不通信息），在这两个条件约束下，劳动力流动需要一个过程，因而摩擦性失业不可避免。结构性失业产生于经济结构的变化，而这种结构的变化在经济增长过程中是必然会发生的，从衰落行业中游离出来的劳动者一时适应不了新兴行业的就业要求时，结构性失业必然要发生。因此，摩擦性失业和结构性失业是无法完全消除的。另一些失业，如需求不足型失业是有效需求不足引起的。对于这种失业，按凯恩斯主义者看法，通过国家积极干预经济，设法刺激有效需求，是可以消除的。

练习题参考答案（六）

（一）选择题

1. C　2. D　3. B　4. C　5. D　6. A　7. C　8. D　9. C　10. B　11. B　12. A　13. C　14. C　15. B　16. D　17. D　18. B　19. A　20. D　21. D　22. B　23. D　24. A

（二）判断题

1–5　√×√√×　6–10　×√××√　11–14　×××√

（三）计算题

1. 答：（1）用美元表示的人民币汇率是 1÷8.30≈0.12。

（2）该电视机的美元价格为 1245÷8.30＝150（美元）。

（3）该电脑的人民币价格为 800×8.30＝6640（元）。

2. 答：（1）将有关函数及数值代入收入恒等式 $Y=C+I+G+(X-M)$，有

$$Y=40+0.8Y+25+25+100-(30+0.2Y)$$

解得 $Y=400$。

此时的贸易收支为

$$X-M=100-(0.2Y+30)=100-(0.2\times400+30)=-10$$

该经济的贸易赤字为 10。

（2）为使贸易收支平衡，要求 $NX=X-M=0$，即 $100=0.2Y+30$，解得 $Y=350$。

3. 答：（1）由题意，第一年的实际汇率为

$$实际汇率=名义汇率\times\frac{P_{1f}}{P_1}=2\times\frac{100}{100}=2$$

即实际汇率也是每英镑 2 美元。由于第 1～2 年间没有实质性失调，故保持原实际汇率水平，则第 2 年的名义汇率 e_2 为：

$$e_2=实际汇率\times\frac{P_2}{P_{2f}}=2\times\frac{180}{130}\approx2.77$$

即每英镑为 2.77 美元。

（2）如果第二年的汇率下降 50%，则

$$第二年实际汇率=第一年实际汇率\times(1-50\%)=2\times(1-50\%)=1$$

$$第二年的名义汇率\ e_2=第二年实际汇率\times\frac{P_2}{P_{2f}}=1\times\frac{180}{130}\approx1.38$$

即每英镑为 1.38 美元。

（四）问答题

1. 答：这主要是由于本国货币对外国货币的交换比价变化后，会影响两国的进出口商品及劳务的国内价格，从而影响到各自的进出口数量。例如，如果本国货币对外国货币升值，即本国货币汇率上升，则使外国的进口商品价格以本币表示时会下降，有利于促进销售，使进口增加；而本国商品出口时，以外国货币表示的本国商品价格则上涨，不利于在外国市场上的销售，使出口受阻。因此，本国货币升值可以使进口增加，出口减少；反之，本国货币贬值可以使出口增加，进口减少。故可以通过调整汇率，来调整一国的国际贸易状况。打个比方，当 1 美元值 150 日元变为值 100 日元时，这表示日元升值，美元贬值。因此，某件美国产品单价为 2 美元的话，日元未升值时，在日本要卖 300 日元，日元升值后，则只卖 200 日元了，即价格下降了，这有利于美国产品在日本市场上销售，从而日本进口要增加。相反，从日本出口看，本来 300 日元 1 件的日本产品在美国市场上只卖 2 美元，日元升值后要卖 3 美元了，即在美国市场上价格上升了，这不利于日本产品在美国市场上销售，因而会减少日本的出口。可见，汇率上升，可以消除国际贸易顺差；而汇率下降，则有利于消除国际贸易逆差。

2. 答：国际金融三元悖论（The impossible trinity）是美国经济学家保罗·克鲁格曼就开放经济下的政策选择问题在蒙代尔—弗莱明模型基础上提出的，又称不可能的

附录

三位一体。其含义是：一个经济体不可能同时实现资本完全流动、固定汇率和独立的货币政策，即这三个政策目标不可能三合一地同时出现，每次只能出现两个。

国际金融三元悖论主要包括以下三种情况：一国保持货币政策的独立性和资本的完全流动性，就只能牺牲汇率的稳定性，实行浮动汇率制度；一国保持货币政策的独立性和汇率的稳定性，就只能牺牲资本的完全流动性，实行资本管制；一国保持汇率的稳定性和资本的完全流动性，就必须放弃本国货币政策的独立性。

3. 答：(a) 美元贬值。因为日本利率升高会诱使美元流向日本，使美元供给增加而对日元需求也增加。

(b) 美元贬值。因为德国经济增长速度加快，人们就会预期德国的投资收益率上升，从而诱使美国资金流向德国，增加对德国马克的需求和美元的供给，使美元贬值。

(c) 美元贬值。因为如果两个国家通货膨胀率不同，经过长期经济运行，汇率将抵消通货膨胀率的变化，如果美国通货膨胀率是3%，日本没有通货膨胀，则每年美元会比日元贬值3%。可见，在其他情况不变时，美国通货膨胀率增高，美元会贬值。

(d) 美元会升值。因为美国通货紧缩，利率会上升，资金会流入，增加对美元需求，从而使美元升值。

(e) 美国的扩张性财政政策对美元汇率的影响较复杂。一方面，财政扩张易引起通胀，这会给美元造成贬值压力；另一方面，财政扩张又往往使利率上升，而利率上升又会使美元升值。究竟会使美元升值还是贬值，取决于这两方面情况的对比。

4. 答：政府应采取扩张性货币政策，使利率下降，资本流出增加，减少对本币的需求，增加对外币的需求，从而使本币贬值，以减少进口，增加出口，减少贸易赤字。

5. 答：资本完全流动指一国居民可完全进入世界金融市场，该国政府不阻止国际借贷。这意味着，该国在世界金融市场上想借入或借出多少就可以借入或借出多少。这种流动对小国和大国带来的结果是不同的。

小国只是世界金融市场的一小部分，其本身对世界利率的影响微不足道。因而在资本完全流动条件下，该国的利率必定等于世界利率，如果高于或低于，资本的流入或流出必然促使其等于世界利率。

但大国利率通常不由世界利率决定，因为该国大到足以影响世界金融市场。当该国给国外贷款越多时，世界经济中贷款的供给量就越大，从而世界利率会越低。反之，当该国从国外借贷越多时，世界经济中贷款的需求量就越大，从而世界利率会越高。

6. 答：(a) 是美元的供给者，在欧洲旅行的美国人需要把美元换成欧元；

(b) 是美元的需求者，英国投资者想购买美国公司的股票，就必须在外汇市场上把手中的英镑换成美元；

(c) 是美元的供给者，日本企业把商品出口到美国，就会增加美国人的消费；

(d) 是美元的需求者，巴西人要到美国旅行，首先要把手中的本币换成美元；

(e) 是美元的需求者，德国企业要想从美国进口货物，就必须把手中的德国马克换成需要的美元；

(f) 是美元的供给者，美国投资者想在澳大利亚购置房产，就必须在外汇市场上把美元换成澳元。

7. 答：小国开放经济如果实行固定汇率制度，则财政政策不但可以直接影响经济，还可以间接通过影响货币政策而影响宏观经济，所以效果比较显著。

以扩张性财政政策为例。扩张性财政政策使该国经济具有利率上升和国民收入上升的趋势。但小国的国内利率水平必须与国际利率水平保持一致，因此利率上升的压力最终表现为大量资本的流入。资本的大量流入使本币具有升值压力。而该国实行的是固定汇率制度，为维持汇率稳定，货币当局必然在外汇市场购进外汇，抛出本币，从而本国的货币供给增加。货币的扩张会进一步推动国民收入增加。因此，在实行固定汇率制度的开放小国，财政政策效果比较显著。

小国开放经济如果实行固定汇率制度，其货币政策会失效。以扩张性货币政策为例，扩张性货币政策使货币供给增加，在货币需求稳定的情况下，本国的利率水平将面临下降的压力。但小国的国内利率水平必须与国际利率水平保持一致，因此利率下降的压力最终表现为国内大量资本的外流。资本的大量外流使本币具有贬值压力。而该国实行的是固定汇率制度，为维持汇率稳定，货币当局必然在外汇市场抛出外汇储备，回笼本币，本国的货币供给量相应下降。这样，最初实施的扩张性货币政策所增加的货币供给被抵消，货币政策失效。可见在固定汇率制度下，货币当局为维持固定汇率制度，其货币政策的自主权被大大削弱。

8. 答：(1) 浮动汇率制与固定汇率制的含义

①浮动汇率制指一国不规定本币与外币的黄金平价和汇率上下波动的界限，货币当局也不承担维持汇率波动幅度的义务，汇率随外汇市场供求关系变化而上下自由浮动的一种汇率制度。

②固定汇率制是在金本位制度和布雷顿森林体系下通行的汇率制度。这种制度规定本国货币与其他国家货币之间维持一个固定比率，汇率波动被限制在一定范围内，由官方干预来保证汇率的稳定。

(2) 浮动汇率制与固定汇率制的优点

①浮动汇率制的优点：可以保证货币政策的独立性；可以帮助减缓外部的冲击；干预减少，汇率将由市场决定，更具有透明性；不需要维持巨额的外汇储备。

②固定汇率制的优点：汇率波动幅度小，波动的不确定性将降低；促进物价水平和通货膨胀预期的稳定。

9. 答：汇率变动和净出口变动之间具有相互影响的关系。

一方面，汇率的变动会影响净出口的变动，如果本国货币贬值，则本国同类产品在国外市场上的价格下降，具有价格竞争优势。而外国产品在本国市场上的价格升高，不利于销售，从而使本国出口增加，进口减少，净出口额相应增加。反之，如果本国货币升值，则本国同类产品在国外市场上的价格上升，使出口困难；而外国产品在本国市场上的价格下跌，有利于促进销售，使进口增加，从而净出口额相应减少。

另一方面，在浮动汇率制度下，净出口变动亦会影响汇率的变动。如果本国的净出口额增加，将使外国资金净流入额增加，外汇供给量增加，需求量减少，外币就会贬值，本国货币升值。反之，如果本国的净出口减少，将使国际间资金净流出额增加，外汇供给量减少，需求量增加，外币就会升值，使本国货币贬值。

练习题参考答案（七）

（一）选择题

1. D　2. A　3. C　4. C　5. B　6. C　7. A　8. C　9. A　10. C　11. D　12. B　13. A　14. A　15. B　16. A　17. B　18. D　19. B　20. C　21. D　22. A　23. C　24. C　25. B　26. D　27. A　28. B

（二）判断题

1-5　√√×××　6-10　×√√×√　11-15　√×√√×　16-18　√√×

（三）计算题

1. 答：（1）求 IS 方程：

由 $c=100+0.8y_d$ 得 $s=y_d-c=-100+0.2y_d$，由 $i=s$ 得 *IS* 方程为 $-100+0.20y=140-5r$，即 $y=1200-25r$。

求 *LM* 方程：

当货币供给为 200 亿美元时 *LM* 方程为 $200=0.20y$，即 $y=1000$。

IS 和 *LM* 曲线如图 3 所示。

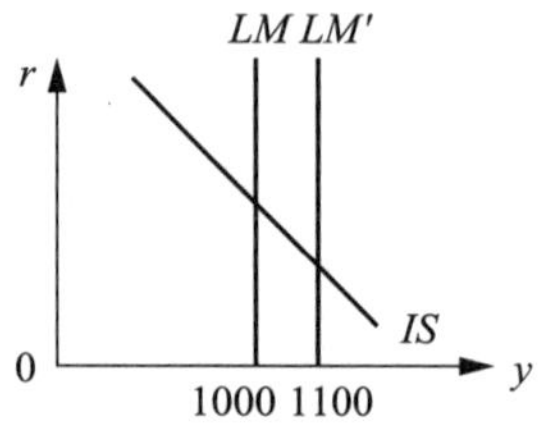

图 3　IS 和 LM 曲线

（2）当货币供给为 220 亿美元时 *LM* 方程为 $200=0.20y$，即 $y=1100$。

LM 曲线向右平行移动 100 个单位。

由 *IS* 方程、*LM* 方程得 *IS—LM* 模型方程组：

$$\begin{cases} y=1200-25r \\ y=1100 \end{cases}$$

解得 $r=4$，$y=1100$，$c=100+0.8\times1100=980$，$i=140-5\times4=120$。

（3）因为 *LM* 曲线是垂直的，即货币需求的利率系数为零，说明人们不愿为投资需求而持有货币，收入水平会提高到正好将所增加的货币额全部吸收到交易需求中，所以均衡收入增加量等于 *LM* 曲线移动量。

2. 答：（1）求 IS 方程：

$$s=y_d-c=y_d-90-0.8y_d=-90+0.2y_d=-90+0.2(y-50)$$

由 $i=s+(t-g)$ 得

$$140-5r=-90+0.2(y-50)+(50-50)$$

解得 IS 方程为 $y=1200-25r$。

求 LM 方程：

令 $M=L$ 得

$$200=0.20y$$

解得 LM 方程为 $y=1000$。

由 IS 方程、LM 方程得 IS—LM 方程模型组：

$$\begin{cases}y=1200-25r\\y=1000\end{cases}$$

解得 $r=8$，$y=1000$，$i=140-5\times8=100$。

（2）$\Delta g=20$，$\Delta y=20\times\dfrac{1}{1-0.8}=100$，所以 IS 方程为 $y=1200+100-25r=1300-25r$，LM 方程不变，还是 $y=1000$。

由 IS 方程、LM 方程得 IS—LM 方程模型组：

$$\begin{cases}y=1300-25r\\y=1000\end{cases}$$

解得 $r=12$，$y=1000$，$i=140-5\times12=80$，$\Delta i=80-100=-20$。

（3）存在完全挤出效应。政府购买增加 20，投资减少 20，政府购买增加并没有带来国民收入增加。

（4）如图 4 所示。

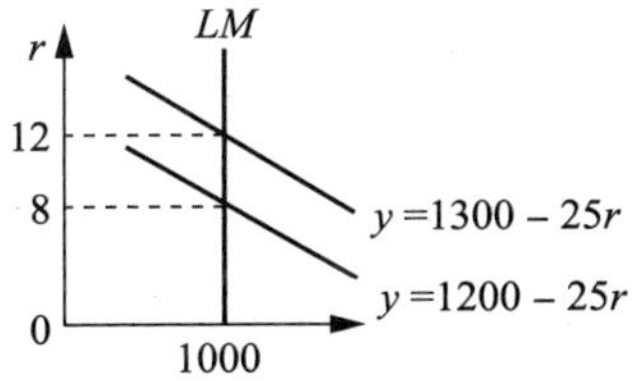

图 4　IS—LM 方程模型

（四）问答题

1. 答：货币需求对利率变动越敏感，则政府支出增加使货币需求增加一定量时，只会使利率上升较少，在其他情况不变时，对私人投资的挤出也就较少，从而会有较大的财政政策效果。在 IS—LM 模型中，货币需求对利率越敏感，LM 曲线就越平缓，这时，财政政策效果就越明显。

2. 答：中央银行的货币政策工具主要有再贴现率政策、公开市场业务、变动法定准备率。当经济衰退时，政府应通过在金融市场上买进有价证券、降低贴现率和准备率以增加货币供给。反之，当出现通货膨胀时，政府应在金融市场上卖出有价证券、提高贴现率和准备率以减少货币供给量来抑制总需求。

3. 答：财政政策的有效性同 *LM* 曲线的斜率有关。如果 *LM* 曲线是一条垂直线，即货币需求对利率变动的敏感性为零，*IS* 曲线的移动将不会对均衡产出水平发生影响。在这种情况下，财政政策是无效的。如果 *LM* 曲线是一条水平线，即货币需求对利率变动的敏感性无穷大，*IS* 曲线的移动将不会导致利率的变化。在这种情况下，乘数等于其可能达到的最大值。换言之，财政政策最充分地发挥其效用。总之，对应于给定的 *IS* 曲线，*LM* 曲线越是陡峭，即货币需求的利率弹性越小，财政政策的有效性就越小；反之，则相反。

4. 答：政府开支增加所引起的私人消费或者投资支出减少称为挤出效应。财政政策产生挤出效应的重要原因是政府支出增加引起了利率上升，而利率上升会引起私人投资与消费减少。这是因为在非充分就业的经济下，如果政府支出增加会使社会总需求增加，导致国民收入增加，实际货币供应量减少，货币需求大于货币供给，因而引起利率上升，利率上升又会使私人投资水平下降，即政府支出部分挤出私人投资支出。在充分就业的经济下，政府支出增加会完全挤出私人投资支出。

财政政策挤出效应的大小取决于多种因素。

第一，支出乘数的大小。政府支出增加会使利率上升，乘数越大，利率提高使投资减少所引起的国民收入减少也越多，挤出效应越大。

第二，货币需求对产出水平的敏感程度，即货币需求函数 $L=kY-hr$ 中的 k 值。k 越大，政府支出增加引起的一定量产出水平增加所导致的对货币的交易需求增加越大，使利率上升得越多，挤出效应越大。

第三，货币需求对利率变动的敏感程度，即货币需求函数中的 h 值。h 越小，货币需求稍有变动，就会引起利率的大幅变动，因此当政府支出增加引起货币需求增加所导致的利率上升越多，挤出效应越大；反之，h 越大，挤出效应越小。

第四，投资需求对利率变动的敏感程度。其敏感程度越高，一定量利率水平的变动对投资水平的影响就越大，因而挤出效应就越大；反之，越小。

这四个因素中，支出乘数主要取决于边际消费倾向，而它一般被认为是稳定的；货币需求对产出水平的敏感程度 k 取决于支付习惯和制度，一般认为也较稳定；因而挤出效应的决定性因素为货币需求及投资需求对利率的敏感程度。

5. 答：（1）滞胀指经济生活中出现了生产停滞、失业增加和物价水平居高不下同时存在的现象，它是通货膨胀长期发展的结果。以弗里德曼为代表的货币主义者直接批判凯恩斯主义的通货膨胀政策，认为滞胀是长期实施膨胀性经济政策的必然结果，以增加有效需求的办法来刺激经济，实质上是过度发行货币，经济中的自然失业率是无法通过货币发行来消除的。

（2）财政政策是为了促进就业水平的提高、减轻经济波动、防止通货膨胀、实现稳定增长，而对政府收支、税收和借债水平所进行的选择，或对政府收入和支出水平所做的决策。西方国家的政府为了实现既定的经济政策目标，主要是通过政府预算变动等财政政策工具来调整政府支出和收入。其中，政府支出包括政府购买，以及转移支付、净利息支付等，政府收入包括征税、发行公债等。

货币政策是货币当局即中央银行，通过控制货币供应量来调节金融市场信贷供给与利率，从而影响投资和社会总需求，以实现既定的宏观经济目标的经济政策。货币政策目标是通过一定的货币政策工具来实现的，公开市场业务、法定准备金率、再贴现率是中央银行间接调控金融市场的三大货币工具。这些货币政策的工具作用的直接目标是通过控制商业银行的存款准备金，影响利率与国民收入，从而最终实现稳定国民经济的目标。

（3）当经济出现滞胀时，应采取扩张性财政政策和紧缩性货币政策。扩张性财政政策旨在拉动经济增长；紧缩性货币政策可以抑制社会总需求，防止经济过热和制止通货膨胀。因此，这种政策组合的效应就是在控制通货膨胀的同时，保持适度的经济增长。

6. 答：可用紧缩性财政政策和扩张性货币政策的组合，紧缩的财政政策如增加所得税或减少转移支付，使人们可支配收入下降，从而减少消费，而增加货币供给的政策会使利率下降，刺激投资。这种政策可用图 5 表示：*IS* 左移至 *IS′* 表示紧缩财政，而 *LM* 右移至 *LM′* 表示货币扩张，利率从 r_1 降为 r_2，而总需求保持在充分就业水平上。

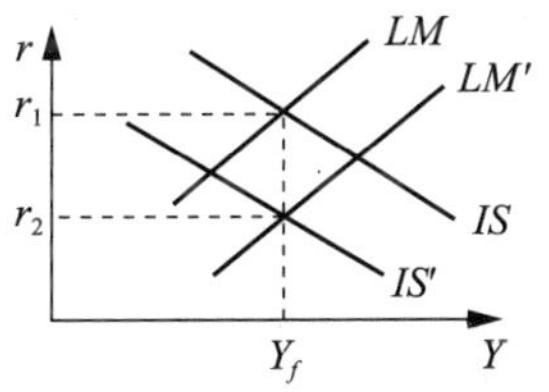

图 5　紧缩性财政政策和扩张性货币政策的组合

练习题参考答案（八）

（一）选择题

1. C　2. D　3. A　4. D　5. B　6. C　7. A　8. B　9. B　10. B　11. C　12. C　13. C　14. D　15. C　16. C　17. C　18. D　19. C　20. B　21. C　22. D　23. D

（二）判断题

1–5　√×√√√　6–10　√√×√√　11–15　√×√√√

（三）计算题

1. 答：（1）人均产出函数：$y=\frac{Y}{L}=\frac{K^{1/2}L^{1/2}}{L}=(\frac{K}{L})^{\frac{1}{2}}=k^{\frac{1}{2}}$。

附录

（2）$Y=\sqrt{40000\div10000}=2$。产出 $Y=K^{\frac{1}{2}}L^{\frac{1}{2}}=\sqrt{40000}\times\sqrt{10000}=20000$；人均产出 $y=\frac{Y}{L}=\frac{20000}{10000}=2$

（3）在稳态水平上有 $sf(k)=\delta k$，已知 $\delta=10\%$，而人均资本 $k=\frac{K}{L}=\frac{40000}{10000}=4$，可知 $s=\frac{\delta k}{f(k)}=\frac{0.1\times4}{2}=0.2$。

（4）人均消费 $c=y-sy=2-0.2\times2=1.6$。

2. 答：在新古典增长模型中，引入技术进步因素后，资本存量稳定状态的条件可用公式表示为 $sf(k)=(n+\delta+g)k$，式中 g 表示技术进步速率。

将 $s=0.28$，$n=0.01$，$\delta=0.04$ 和 $g=0.02$ 代入上式，得

$$0.28\sqrt{k}=(0.04+0.01+0.02)k$$

从中得 $k=16$，$y=4$。

如果 $s=0.1$，$n=0.04$，其他参数不变，则有 $0.1\sqrt{k}=(0.04+0.04+0.02)k$，得 $k=1$，$y=1$。就是说，人均产出和人均资本水平都降低了。

3. 答：（1）人均生产函数的表达式为

$$y=\frac{Y}{L}=\frac{\sqrt{KL}}{L}=\sqrt{\frac{KL}{L^2}}=\sqrt{\frac{K}{L}}=\sqrt{k}$$

（2）设人口增长率为 n，储蓄率为 s，折旧率为 δ，人均消费为 c，则由稳态条件 $sy=(n+\delta)k$ 有

$$s\sqrt{k}=(n+\delta)k$$

稳态下人均资本量为 $k^*=(\frac{s}{n+\delta})^2$。

人均产量为 $y^*=\frac{s}{n+\delta}$。

人均消费量为 $c^*=(1-s)\ y^*=\frac{(1-s)\ s}{n+\delta}$。

4. 答：（1）新古典增长模型的稳态条件为

$$sy=(n+\delta)k$$

将有关关系式及变量数值代入上式，得

$$0.1(2k-0.5k^2)=(0.05+0.05)k$$

解得 $k=2$。

将 $k=2$ 代入生产函数，得相应的人均产量为

$$y=2\times2-0.5\times2^2=2$$

（2）相应地，人均储蓄函数为

$$sy=0.1\times2=0.2$$

人均消费为

$$c=(1-s)y=(1-0.2)\times 2=1.6$$

（四）问答题

1. 答：对于经济增长的因素或者源泉，经济学家有不少研究和说法。美国经济学家丹尼森把经济增长因素分为两大类：生产要素投入量和生产要素生产率。要素投入指劳动、资本和土地。其中劳动和资本是可变的，土地是不变的。关于生产要素生产率，用产量与投入量之比即单位投入的产出量来衡量，它主要取决于资源配置状况、规模经济状况和知识进展。具体来说可分为六个方面：①劳动；②资本存量的规模；③资源配置状况；④规模经济；⑤知识进展；⑥其他影响单位投入产量的因素。

2. 答：经济增长与经济发展是两个既有联系又有区别的概念。其中，经济增长是产量的增加，这里的产量既可以表示为经济的总产量，也可以表示为人均产量。经济发展的内涵比经济增长丰富，它不仅包括经济增长，还包括国民的生活质量，以及整个社会各个不同方面的总体进步。因此，经济发展是反映一个经济社会总体发展水平的综合性概念。

从经济增长与经济发展的关系来看，经济增长是经济发展的前提、基础和核心，没有一定的经济增长，就不会有经济发展。但是，经济增长不等于经济发展，人均产值或收入的增长并不一定意味着发展，经济高速增长也不一定意味着发展。20 世纪 60—70 年代许多发展中国家的经验证明，经济增长并不一定带来经济发展，即使在经济增长速度很高的情况下，许多发展中国家并没有取得社会经济的普遍进步，反而出现了“有增长无发展”或“没有发展的经济增长”的现象。

虽然经济增长和经济发展都指人均国民收入增加，但经济增长一般指经济发达国家人均实际国民收入的增加。而经济发展理论则专门研究一个国家如何由不发达状态过渡到发达状态，因而主要研究发展中国家经济。如果说经济增长是一个“量”的概念，那么经济发展就是一个比较复杂的“质”的概念。

3. 答：（1）离散形式的新古典增长模型的基本公式为 $\dot{k}=sf(k)-(n+\delta)k$。式中 k 为人均资本，s 为储蓄率，n 为人口增长率，δ 为资本的折旧率。

（2）上述关系式表明，人均资本的增加等于人均储蓄 $sf(k)$ 减去 $(n+\delta)k$ 项。$(n+\delta)k$ 项可以这样来理解：劳动力的增长率为 n，一定量的人均储蓄必须用于装备新工人，每个工人占有的资本为 k，这一用途的储蓄为 nk。另外，一定量的储蓄必须用于替换折旧资本，这一用途的储蓄为 δk。总计为 $(n+\delta)k$ 的人均储蓄被称为资本的广化。人均储蓄超过 $(n+\delta)k$ 的部分则导致了人均资本 k 的上升，这被称为资本的深化。因此，新古典增长模型的基本公式可以表述为

资本深化=人均储蓄-资本广化

上式表明，若其他条件相同，储蓄率或投资率较高的国家通常比较富裕，在这些国家中，劳动力人均资本量较高，因此人均产量也较高。相反，根据新古典增长模型，人口增长率较高的国家通常比较贫穷。在这些国家，面对人口增长，为保持资本—劳动比率不变，需要把更大比例的收入用于储蓄和投资。这种资本广化的要求使得资本

深化变得更为困难，从而使得人均资本量减少。

4. 答：新古典增长理论虽然假定劳动力按一个不变的比率 g_N 增长，但当把 g_N 作为参数时，就可以说明人口增长对产量增长的影响，如图 6 所示。

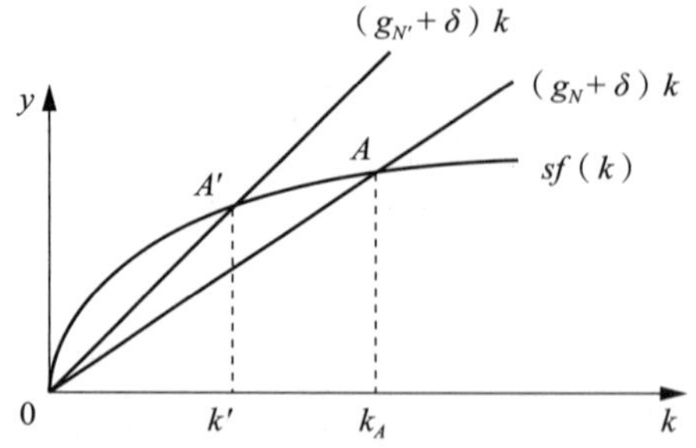

图 6　人口增长对产量增长的影响

图 6 中，经济最初位于 A 点所示的稳态均衡。现在假定人口增长率从 g_N 增加到 $g_{N'}$，则 $(g_N+\delta)k$ 线便移动到 $(g_{N'}+\delta)k$ 线，这时，新的稳态均衡为 A′点。比较 A′点与 A 点可知，人口增长率的增加降低了人均资本的稳态水平（从原来的 k_A 减少到 k'），进而降低了人均产量的稳态水平。这是从新古典增长理论得出的一个重要结论。

对人口增长进行比较静态分析的另一个重要结论是，人口增长率的上升增加了总产量的稳态增长率。这是因为 A′点和 A 点都是稳态均衡点，稳态意味着

$$\frac{\Delta Y}{Y}=\frac{\Delta N}{N}=\frac{\Delta K}{K}=g_N$$

所以，当人口增长率上升，总产量的稳态增长率也上升。另外，由于 A 点和 A′点都是稳态均衡点，故人口增加对人均资本和人均产量的增长率都不产生影响。

5. 答：凯恩斯主义经济学的核心是有效需求理论。这种理论本来是针对 20 世纪 30 年代经济大萧条提出的，而不是用来解决经济如何长期增长，或者如凯恩斯本人所说，至于长期我们这些人都死了。可是，一些发展中国家根据需求能够决定供给的理念，以为只要有市场需求，经济就能增长和发展，于是就把本来是用来解决需求不足的消费、投资和出口当作能够拉动经济增长的“三驾马车”。实际上，经济长期增长问题是如何增加生产能力的总供给问题，而经济短期波动问题是如何稳定总需求问题。如果把消费、投资和出口当作拉动经济增长的“三驾马车”，完全是对凯恩斯主义经济学的误用了。

参 考 文 献

[1] 高鸿业．西方经济学（宏观部分·第六版）（普通高等教育“十一五”国家级规划教材，21 世纪经济学系列教材）[M]．北京：中国人民大学出版社，2016.

[2]《西方经济学》编写组．西方经济学（第二版）下册（马克思主义理论研究和建设工程重点教材）[M]．北京：高等教育出版社，2019.

[3]（美）N. 格里高利·曼昆（N. Gregory Mankiw）．宏观经济学（第十版）（经济学译从；“十三五”国家重点出版物出版规划项目）[M]．卢远瞻，译．北京：中国人民大学出版社．

[4] 圣才考研网，高鸿业．西方经济学（宏观部分）（第 6 版）笔记和课后习题（含考研真题）详解 [M]．北京：中国石化出版社，2017.

[5] 尹伯成．现代西方经济学习题指南（宏观经济学）（第七版）[M]．上海：复旦大学出版社，2009.

后 记

本书是青海省高等学校教研创新团队“西方经济学与青海民族地区社会经济发展教研创新团队”和“青海省一流本科专业（经济学）建设点”的项目建设成果之一。

本书参编人员及分工如下（按参编内容先后排序）：

赵海荣编写各章概要、学习目标和基本概念；

莫乃兴编写各章知识脉络图；

姚红义编写各章重点、难点及疑难解析；

殷颂葵编写各章案例与思考，并对全书汇编定稿；

石鹏娟、张源、孙立霞和刘广明编写各章习题及答案；

王世靓、崔冀娜编写各章考研真题及答案。

徐波、王润娟、陈巧丽、陈晓芝、温今斐、马亚莉、陈艺等同学参与了相关资料的搜集整理及校对工作。

“西方经济学与青海民族地区社会经济发展教研创新团队”负责人王健教授、经济学系主任赵玲教授和曲波教授多次组织全体参编人员讨论本书内容，形成了较为合理的内容体系。建设团队和应用经济学重点建设学科为本书出版提供了资金支持。

本书出版得到了青海大学和财经学院领导的大力支持，在此表示真诚的谢意！本书在编写过程中，参考和借鉴了国内外优秀的宏观经济学教材、配套习题、学习指南及部分知名高校的考研真题，从中汲取了丰富的营养，编委会对此表示诚挚的谢意！中国经济出版社及责任编辑贾轶杰老师对本书的出版予以大力支持，并付出了辛勤劳动，谨此致谢！

当然，由于编者水平有限，书中错误、疏漏及不妥之处在所难免，敬请读者批评指正。

编　者